Einstellungstest
Bankkaufmann / Bankkauffrau

Kurt Guth
Marcus Mery

Einstellungstest Bankkaufmann / Bankkauffrau

Fit für den Eignungstest im Auswahlverfahren

AUSBILDUNGS Park

Kurt Guth • Marcus Mery
Einstellungstest Bankkaufmann / Bankkauffrau: Fit für den Eignungstest im Auswahlverfahren | Allgemeinwissen, Sprache, Mathe, Logik, Konzentration und mehr | Über 800 Aufgaben mit allen Lösungswegen

Ausgabe 2025

2. Auflage

Gestaltung: bitpublishing / s.b. design
Lektorat: Andreas Mohr

Bildnachweis:
Archiv des Verlages
Umschlagfoto: © seventyfourimages – envato.com
S. 22 (Wladimir Putin): www.kremlin.ru; Wladimir Putin; CC- BY-3.0 (https://creativecommons.org/licenses/by/3.0/legalcode); Original entfärbt, beschnitten
S. 278 (Ute Ackermann): © Yuri Arcurs – Fotolia.com
S. 278 (Eveline Fritsch): © creative studio – Fotolia.com
S. 278 (Peter Reinken): © FOTO-RAMMINGER – Fotolia.com
S. 278 (Tim Lorenz): © drubig-photo – Fotolia.com
S. 278 (Silke Männing): © fotum – Fotolia.com
S. 280 (Pierre Frey): © iofoto – Fotolia.com
S. 280 (Henrike Otter): © Robert Kneschke – Fotolia.com
S. 280 ff (Raimund Breit): © Stephen Orsillo – Fotolia.com
S. 280 ff (Margot Ebert): © Dron – Fotolia.com
S. 280 ff (Enrico Felici): © Robert Kneschke – Fotolia.com
S. 280 ff (Bella Fontanella): © Jonas Glaubitz – Fotolia.com
S. 280 ff (Ernst Kirsch): © Robert Kneschke – Fotolia.com
S. 280 ff (Helena König): © iofoto – Fotolia.com
S. 280 ff (Martin Ecker): © Andrew Lever – Fotolia.com
S. 280 ff (Olivia Adam): © Manuel Tennert – Fotolia.com

Bibliografische Information der Deutschen Nationalbibliothek –
Die Deutsche Nationalbibliothek verzeichnet diese Publikation in der Deutschen Nationalbibliografie; detaillierte bibliografische Daten sind im Internet über http://dnb.dnb.de abrufbar.

Gedruckt auf chlorfrei gebleichtem Papier

Bettinastraße 69, 63067 Offenbach am Main
Printed in Germany

Satz: bitpublishing, Schwalbach
Druck: mediaprint solutions, Paderborn

ISBN 978-3-95624-113-0

1623 – AP EBA – 5c03

Inhaltsverzeichnis

Vorwort

Wer in der Finanzbranche Fuß fassen will, muss lernfähig sein – heute womöglich mehr denn je: Denn die Digitalisierung hat Banken und Versicherungen tüchtig in Aufruhr versetzt. Das klassische Filialgeschäft leidet, seit immer mehr Kunden ihre Aufträge online abwickeln. Obendrein drängen junge, innovative Finanzdienstleister auf den Markt und setzen die etablierten Platzhirsche zusätzlich unter Zugzwang.

Ein anspruchsvolles Tätigkeitsfeld also – und die Arbeitgeber prüfen genau, ob ein Bewerber den Anforderungen gewachsen ist. Nahezu alle bekannten Institute führen mehrstufige Assessment Center durch, um soziale und fachliche Kompetenzen genau unter die Lupe zu nehmen.

Was bringt Ihnen dieses Buch?

Mit diesem Buch haben Sie alles zur Hand, was Sie brauchen, um sich auf computergesteuerte und schriftliche Einstellungstests für Bankkaufleute und Kaufleute für Versicherungen und Finanzen vorzubereiten. Sie lernen klassische und ungewöhnliche Aufgabentypen kennen, erfahren die besten Lösungsstrategien und machen sich mit der Prüfungssituation vertraut.

Auf den folgenden Seiten finden Sie eine Fülle typischer Aufgaben aus allen wichtigen Testbereichen: Allgemeinbildung, fachbezogenes Wissen, Sprachbeherrschung, Mathematik, Logik, visuelles Denkvermögen, Konzentration und Merkfähigkeit. Der Lösungsteil am Schluss jedes Kapitels liefert nicht nur die richtigen Antworten, sondern erklärt auch die Lösungswege kompakt und verständlich. Dazu erhalten Sie Tipps und Tricks, um knifflige Aufgaben geschickt zu „knacken".

Eine grobe Richtschnur zur Einordnung Ihrer Ergebnisse: 50–60 % richtig gelöste Aufgaben können als ausreichend gelten, 60–70 % als befriedigend, 70–85 % als gut und höhere Werte als hervorragend – erfahrungsgemäß schafft das allerdings kaum jemand.

Wir wünschen Ihnen viel Erfolg!

Ihr Ausbildungspark-Team

Kontakt

Ausbildungspark Verlag GmbH
Kundenbetreuung
Bettinastraße 69
63067 Offenbach am Main

Telefon +49 (69) 40 56 49 73
Telefax +49 (69) 43 05 86 02
kontakt@ausbildungspark.com
www.ausbildungspark.com

10 Tipps für den Testerfolg

▶ **1. Gut vorbereiten.**
Beginnen Sie rechtzeitig mit der Vorbereitung, portionieren Sie den Lernstoff in kleine Einheiten, planen Sie Pausenzeiten ein. Wer sich in den letzten Tagen vor dem Test zu viel zumutet, läuft Gefahr, das Gelernte weder zu verstehen noch zu behalten.

▶ **2. Informieren.**
Fragen Sie frühzeitig nach: Welche Hilfsmittel (z. B. Taschenrechner) dürfen Sie benutzen? Welche Materialien (z. B. Stift, Papier, Lineal) müssen Sie mitbringen, welche werden Ihnen gestellt?

▶ **3. Entspannungshilfen finden.**
Eignen Sie sich Entspannungstechniken an, zum Beispiel Atemübungen oder autogenes Training. Am Prüfungstag lassen sich Denkblockaden damit leichter überwinden.

▶ **4. Aufgeräumt ankommen.**
Erscheinen Sie ausgeschlafen und pünktlich, achten Sie auf Ihren äußeren Eindruck – die Prüfer tun es auch. Und vergessen Sie das Frühstück nicht: Wer mit nüchternem Magen in die Prüfung startet, baut schneller ab und ist weniger leistungsfähig.

▶ **5. Lieber einmal mehr fragen.**
Nutzen Sie die Möglichkeit, den Testleitern Fragen zu stellen, um Unklarheiten auszuräumen.

▶ **6. Aufgabenstellungen aufmerksam lesen.**
Studieren Sie die Fragen und Bearbeitungshinweise sorgfältig. Manchmal sind kleine Finten eingebaut, die den unkonzentrierten Teilnehmer entlarven.

▶ **7. Zügig arbeiten.**
Behalten Sie die Uhr im Auge und teilen Sie sich Ihre Zeit gut ein. Oft steigt das Schwierigkeitsniveau innerhalb einer Aufgabenkategorie zum Ende hin an. Eventuell hilft es, zuerst in jeder Kategorie die einfachen

Aufgaben zu lösen. Planen Sie etwas Zeit ein, um Ihre Antworten auf Flüchtigkeitsfehler und andere kleine Patzer zu kontrollieren.

- **8. Nicht verrückt machen lassen.**
  Der Test ist in der vorgegebenen Zeit beim besten Willen nicht zu schaffen? Dieser Eindruck kann völlig richtig sein. Viele Prüfungen sind so konzipiert, dass kaum jemand im vorgegebenen Zeitrahmen alle Aufgaben korrekt lösen kann. So wird zugleich das Arbeitsverhalten unter Druck getestet.

- **9. Nicht festbeißen.**
  Anstatt minutenlang an einer Aufgabe zu verzweifeln, gehen Sie lieber zur nächsten über. Mit den übersprungenen Fragen können Sie sich – angefangen bei der leichtesten – später noch beschäftigen. So manch kniffliger Fall entpuppt sich als leichte Übung, wenn die erste Anspannung überwunden ist.

- **10. Zur Not einfach raten.**
  Die schlechteste Antwort ist meistens keine Antwort: Falsche Lösungen werden nur selten mit Punktabzügen bestraft. Bei Multiple-Choice-Aufgaben mit mehreren Antwortvorschlägen lässt sich das richtige Ergebnis einkreisen, indem man die falschen Lösungen eine nach der anderen aussortiert.

Allgemeinwissen

Politik und Gesellschaft

Bearbeitungszeit 3½ Minuten

Beantworten Sie bitte die folgenden Aufgaben, indem Sie jeweils den richtigen Lösungsbuchstaben markieren.

1) Wer wählt in Deutschland den Bundeskanzler?

A. Das Volk
B. Die Minister
C. Der Bundestag
D. Der Bundespräsident
E. Keine Antwort ist richtig.

2) Von wem wird der Bundestag gewählt?

A. Bundesrat
B. Volk
C. Bundesversammlung
D. Bundesminister
E. Keine Antwort ist richtig.

3) Was versteht man unter „Gewaltenteilung"?

A. Die Unabhängigkeit von Legislative, Exekutive und Judikative
B. Die Bundeshoheit des Militärs
C. Die Trennung von Politik und Kirche
D. Die Trennung von Demokraten und Republikanern
E. Keine Antwort ist richtig.

4) Wie oft wird der Bundestag neu gewählt?

A. Alle 3 Jahre
B. Alle 4 Jahre
C. Alle 5 Jahre
D. Alle 6 Jahre
E. Keine Antwort ist richtig.

5) Wer war der erste sozialdemokratische Kanzler der Bundesrepublik Deutschland?

A. Ludwig Erhard
B. Kurt Georg Kiesinger
C. Helmut Schmidt
D. Willy Brandt
E. Keine Antwort ist richtig.

6) Wo residiert der französische Staatspräsident?

A. Montparnasse
B. Louvre
C. Bastille
D. Élysée-Palast
E. Keine Antwort ist richtig.

7) Wer war US-Präsident nach George Bush senior und vor George Bush junior?

A. Bill Clinton
B. Ronald Reagan
C. Al Gore
D. John McCain
E. Keine Antwort ist richtig.

8) Welche Institution wurde durch den Vertrag von Maastricht gegründet?

A. Europäische Union
B. Bund Europäischer Landwirte
C. Europäischer Gerichtshof
D. Europäisches Parlament
E. Keine Antwort ist richtig.

9) Welches Land ist kein Mitglied der Europäischen Union?

A. Schweden
B. Rumänien
C. Portugal
D. Albanien
E. Keine Antwort ist richtig.

10) Unter dem Begriff „Gentrifizierung" versteht man …?

A. die Manipulation von Börsenkursen.
B. die Ausbreitung von Gewerbegebieten in Innenstädten.
C. den Bevölkerungswandel in Großstadtvierteln.
D. die Verarmung mittelständischer Familien.
E. Keine Antwort ist richtig.

Wirtschaft und Finanzen

Bearbeitungszeit 3½ Minuten

Beantworten Sie bitte die folgenden Aufgaben, indem Sie jeweils den richtigen Lösungsbuchstaben markieren.

11) Was bezeichnet man als „wirtschaftliche Depression"?

A. Hochkonjunktur
B. Aufschwungphasen im Konjunkturzyklus
C. Wirtschaftliche Tiefphase
D. Abschwungphasen im Konjunkturzyklus
E. Keine Antwort ist richtig.

12) Wer bestimmt den Leitzinssatz im Euro-Währungsgebiet?

A. Deutsche Bundesbank
B. Deutsche Zentralbank
C. Landesbanken
D. Europäische Zentralbank
E. Keine Antwort ist richtig.

13) Was versteht man unter dem Begriff „Inflation"?

A. Preisniveaustabilität
B. Anstieg des Preisniveaus
C. Sinkende Preise
D. Geldaufwertung
E. Keine Antwort ist richtig.

14) Welches ist die Währung der Schweiz?

A. Euro
B. Schilling
C. Franken
D. Krone
E. Keine Antwort ist richtig.

15) Wo hat die Deutsche Bundesbank ihren Sitz?

A. Karlsruhe
B. Berlin
C. Frankfurt
D. Düsseldorf
E. Keine Antwort ist richtig.

16) Für welche Währung steht das Symbol £?

A. Polnischer Zloty
B. Chinesischer Yuan
C. Türkische Lira
D. Britisches Pfund Sterling
E. Keine Antwort ist richtig.

17) Was verbirgt sich hinter dem Begriff „Dow-Jones-Index"?

A. Australischer Aktienindex
B. Asiatischer Aktienindex
C. Europäischer Aktienindex
D. US-amerikanischer Aktienindex
E. Keine Antwort ist richtig.

18) Wie bezeichnet man in einer Volkswirtschaft das Auf und Ab der wirtschaftlichen Aktivitäten?

A. Rezession
B. Stagnation
C. Inflation
D. Konjunktur
E. Keine Antwort ist richtig.

19) Wie heißt der Index für die 40 größten und umsatzstärksten Unternehmen an der Frankfurter Wertpapierbörse?

A. TecDax
B. MDax
C. SDax
D. Dax
E. Keine Antwort ist richtig.

20) Was versteht man im unternehmerischen Sinne unter „Liquidität"?

A. Die ständige Lieferbereitschaft eines Unternehmens
B. Das Auftragsvolumen eines Unternehmens
C. Die Liquidität eines Unternehmens lässt sich berechnen, indem man den Gewinn ins Verhältnis zum Kapital setzt.
D. Die Fähigkeit eines Unternehmens, seinen Zahlungsverpflichtungen termingerecht nachzukommen
E. Keine Antwort ist richtig.

Geografie und Landeskunde *Bearbeitungszeit 3½ Minuten*

Beantworten Sie bitte die folgenden Aufgaben, indem Sie jeweils den richtigen Lösungsbuchstaben markieren.

21) In welcher Klimazone liegt Deutschland?

A. Subtropen
B. Kalte Zone
C. Subpolare Zone
D. Gemäßigte Breiten
E. Keine Antwort ist richtig.

22) Durch welches Bundesland fließt die Oder?

A. Bayern
B. Hamburg
C. Nordrhein-Westfalen
D. Brandenburg
E. Keine Antwort ist richtig.

23) An wie viele Länder grenzt Deutschland?

A. 5
B. 9
C. 11
D. 14
E. Keine Antwort ist richtig.

24) In welchem Ozean liegt Japan?

A. Atlantischer Ozean
B. Indischer Ozean
C. Pazifischer Ozean
D. Südpolarmeer
E. Keine Antwort ist richtig.

25) Welche Stadt liegt nicht in Bayern?

A. Augsburg
B. Regensburg
C. Oldenburg
D. Würzburg
E. Keine Antwort ist richtig.

26) Wie heißt die Landeshauptstadt von Schleswig-Holstein?

A. Lübeck
B. Flensburg
C. Kiel
D. Neumünster
E. Keine Antwort ist richtig.

27) Welchem Staat ist die falsche Hauptstadt zugeordnet?

A. Belgien – Brüssel
B. Tschechische Republik – Prag
C. Polen – Warschau
D. Schweden – Helsinki
E. Keine Antwort ist richtig.

28) Welches ist der längste Fluss Europas?

A. Donau
B. Elbe
C. Wolga
D. Rhein
E. Keine Antwort ist richtig.

29) Wie heißt die Hauptstadt Australiens?

A. Canberra
B. Sydney
C. Melbourne
D. Perth
E. Keine Antwort ist richtig.

30) Die dunkelgraue Fläche ist das Staatsgebiet …?

A. von Laos.
B. Kambodschas.
C. Vietnams.
D. Thailands.
E. Keine Antwort ist richtig.

Interkulturelles Wissen

Bearbeitungszeit 3½ Minuten

Beantworten Sie bitte die folgenden Aufgaben, indem Sie jeweils den richtigen Lösungsbuchstaben markieren.

31) Auf welchem Kontinent leben die meisten Menschen?

A. Afrika
B. Asien
C. Südamerika
D. Europa
E. Keine Antwort ist richtig.

32) Wer oder was ist ein/e Burka?

A. Ein hoher jüdischer Feiertag
B. Ein Ganzkörperschleier muslimischer Frauen
C. Eine Kopfbedeckung orthodoxer Christen
D. Ein buddhistischer Religionsgelehrter
E. Keine Antwort ist richtig.

33) Wer ist der Gründer der modernen Türkei?

A. Osman I.
B. Orhan Pamuk
C. Recep Tayyip Erdoğan
D. Mustafa Kemal Atatürk
E. Keine Antwort ist richtig.

34) Der Ramadan ist …?

A. der islamische Fastenmonat.
B. das jüdische Neujahrsfest.
C. das buddhistische Weihnachtsfest.
D. das hinduistische Osterfest.
E. Keine Antwort ist richtig.

35) Was enthält die Tora?

A. Verhaltensregeln für Diplomaten
B. Wichtige religiöse Texte des Judentums
C. Völkerrechtliche Verträge
D. Verfassungstexte von UNO-Staaten
E. Keine Antwort ist richtig.

36) Aus welcher Strophe des „Deutschlandliedes" von Hoffmann von Fallersleben (1798–1874) besteht die deutsche Nationalhymne?

A. Aus der ersten Strophe
B. Aus der zweiten Strophe
C. Aus der dritten Strophe
D. Aus der vierten Strophe
E. Keine Antwort ist richtig.

37) Großbritannien, Schweden, Spanien und Japan sind …?

A. Mitglieder der NATO.
B. Einparteiensysteme.
C. konstitutionelle Monarchien.
D. ständige Mitglieder des UN-Sicherheitsrats.
E. Keine Antwort ist richtig.

38) „Freiheit, Gleichheit, Brüderlichkeit" ist der Wahlspruch …?

A. Österreichs.
B. Schwedens.
C. Frankreichs.
D. Russlands.
E. Keine Antwort ist richtig.

39) Der Begriff „Maghreb" bezeichnet eine Region …?

A. in Südamerika.
B. auf der Arabischen Halbinsel.
C. in Afghanistan.
D. in Nordafrika.
E. Keine Antwort ist richtig.

40) Der deutsche Aufklärungsphilosoph Immanuel Kant lebte und starb in …?

A. Berlin.
B. Wien.
C. Moskau.
D. Königsberg.
E. Keine Antwort ist richtig.

Kunst, Musik, Literatur

Bearbeitungszeit 3½ Minuten

Beantworten Sie bitte die folgenden Aufgaben, indem Sie jeweils den richtigen Lösungsbuchstaben markieren.

41) Wessen 9. Sinfonie enthält die Ode „An die Freude"?

A. Gustav Mahler
B. Ludwig van Beethoven
C. Johann Strauß
D. Joseph Haydn
E. Keine Antwort ist richtig.

42) Wer schrieb „Die Räuber"?

A. Gotthold Ephraim Lessing
B. Johann Wolfgang von Goethe
C. Heinrich Heine
D. Friedrich Schiller
E. Keine Antwort ist richtig.

43) In welchem Stil ist der Kölner Dom gebaut?

A. Romantik
B. Renaissance
C. Gotik
D. Barock
E. Keine Antwort ist richtig.

44) Von wem stammt der Ausspruch „Ich denke, also bin ich"?

A. Baruch Spinoza
B. René Descartes
C. Friedrich Nietzsche
D. Immanuel Kant
E. Keine Antwort ist richtig.

45) Zu welcher Stilgruppe der bildenden Kunst zählte Claude Monet?

A. Realismus
B. Symbolismus
C. Impressionismus
D. Expressionismus
E. Keine Antwort ist richtig.

46) Welcher deutsche Barockmusiker komponierte „Das Wohltemperierte Klavier"?

A. Gustav Mahler
B. Johann Sebastian Bach
C. Joseph Haydn
D. Ludwig van Beethoven
E. Keine Antwort ist richtig.

47) Wer schrieb „Die verlorene Ehre der Katharina Blum"?

A. Thomas Mann
B. Heinrich Böll
C. Siegfried Lenz
D. Günter Grass
E. Keine Antwort ist richtig.

48) Welche Töne ergeben den C-Dur-Akkord?

A. c-f-g
B. c-f-a
C. c-e-g
D. c-e-a
E. Keine Antwort ist richtig.

49) Welches dieser Jugendbücher beschäftigt sich mit Rassismus?

A. Der Fänger im Roggen
B. Sofies Welt
C. Wer die Nachtigall stört
D. Oliver Twist
E. Keine Antwort ist richtig.

50) Wie nennt man ein Instrumentalstück für Orchester?

A. Sonate
B. Symphonie
C. Kantate
D. Arie
E. Keine Antwort ist richtig.

Persönlichkeiten, Erfindungen, Entdeckungen *Bearbeitungszeit 3½ Minuten*

Beantworten Sie bitte die folgenden Aufgaben, indem Sie jeweils den richtigen Lösungsbuchstaben markieren.

51) Wer gilt als Erfinder des Buchdrucks in Deutschland?

A. Martin Keppler
B. Albrecht Dürer
C. Martin Luther
D. Johannes Gutenberg
E. Keine Antwort ist richtig.

52) Die Schweizergarde beschützt ...?

A. den Präsidenten der Schweiz in Bern.
B. das Karl-May-Museum in der Sächsischen Schweiz.
C. den Papst im Vatikan.
D. die Staatsgrenze der Schweiz zu Liechtenstein.
E. Keine Antwort ist richtig.

53) Wer war der erste Mensch am Südpol?

A. Reinhold Messner
B. Roald Amundsen
C. Hjalmar Sudstrom
D. Thor Heyerdahl
E. Keine Antwort ist richtig.

54) Welche Leistung vollbrachte der Pilot Charles Lindbergh?

A. Den ersten Hubschrauberflug
B. Den ersten Passagierflug über den Pazifik
C. Den ersten Nonstop-Alleinflug über den Atlantik
D. Den ersten Flug in einem Düsenjet
E. Keine Antwort ist richtig.

55) Nikolaus Kopernikus stellte im 16. Jahrhundert die damals revolutionäre Behauptung auf, ...?

A. den ersten Planeten außerhalb unseres Sonnensystems entdeckt zu haben.
B. dass es Wasser auf dem Mars gibt.
C. ein Schwarzes Loch entdeckt zu haben.
D. dass sich die Erde um die Sonne dreht.
E. Keine Antwort ist richtig.

56) Was entdeckte der Seefahrer Vasco da Gama?

A. Atlantis
B. Die Kanarischen Inseln
C. Hawaii
D. Den Seeweg nach Indien
E. Keine Antwort ist richtig.

57) Wie heißt diese Person?

A. Barack Obama
B. François Hollande
C. Wladimir Putin
D. Silvio Berlusconi
E. Keine Antwort ist richtig.

58) Der US-Amerikaner Edwin Hubble ist Namensgeber eines Geräts, das …?

A. den Weltraum beobachtet.
B. an Land und auf dem Wasser fährt.
C. in die tiefsten Meeresgräben taucht.
D. die polaren Eismassen präzise ausmisst.
E. Keine Antwort ist richtig.

59) „Das Kommunistische Manifest" verfassten Karl Marx und …?

A. Friedrich Engels.
B. Rosa Luxemburg.
C. Louis-Auguste Blanqui.
D. Wladimir Iljitsch Lenin.
E. Keine Antwort ist richtig.

60) „Man wird nicht als Frau geboren: Man wird es." Von wem stammt dieser Satz?

A. Alice Schwarzer
B. Susan Sontag
C. Simone de Beauvoir
D. Judith Butler
E. Keine Antwort ist richtig.

Computer und Internet

Bearbeitungszeit 3½ Minuten

Beantworten Sie bitte die folgenden Aufgaben, indem Sie jeweils den richtigen Lösungsbuchstaben markieren.

61) Wofür steht der Begriff „Web 2.0"?

A. Das Web 2.0 ist stark zentralistisch organisiert.
B. Das Web 2.0 machen Interaktivität und Kooperation aus.
C. Im Web 2.0 zählt vor allem die professionelle Nutzung des Internet.
D. Web 2.0 ist der neueste Entwicklungsstand von Datenverbindungen.
E. Keine Antwort ist richtig.

62) Wie heißt der Arbeitsspeicher eines Computers?

A. Festspeicher
B. ROM (Read Only Memory)
C. RAM (Random Access Memory)
D. Lesespeicher
E. Keine Antwort ist richtig.

63) Bei welcher Datei handelt es sich um eine Powerpoint-Präsentation?

A. powerpoint.xlsx
B. präsentation.pdf
C. meeting.docx
D. technik.pptx
E. Keine Antwort ist richtig.

64) Unter dem Begriff „Intranet" versteht man ein ...?

A. weltweit öffentliches Netzwerk.
B. internes Netzwerk.
C. externes Netzwerk.
D. öffentliches Netzwerk.
E. Keine Antwort ist richtig.

65) Was verstehen Sie unter „SQL"?

A. Eine Datenbanksprache
B. Eine Bildbearbeitungssoftware
C. Ein Textverarbeitungsprogramm
D. Eine Tabellenkalkulationssoftware
E. Keine Antwort ist richtig.

66) Ein Bit ist die kleinste Informationseinheit in der Computertechnik und kann ...?

A. entweder den Wert 0 oder 1 annehmen.
B. entweder den Wert 0 oder 9 annehmen.
C. aus einer Zahl zwischen 0 und 8 bestehen.
D. aus 8 Bytes bestehen.
E. Keine Antwort ist richtig.

67) Was bezeichnet man mit dem Begriff „open source"?

A. Hardwarekomponenten, die sehr einfach gewartet werden können

B. Nachrichten, die über Links einfach nachrecherchiert werden können

C. Software, die kostenlos weiterentwickelt und -verteilt werden darf

D. Hard- und Software, die nicht von einem Markenhersteller stammt

E. Keine Antwort ist richtig.

68) Was ist ein Coprozessor?

A. Der Prozessor-Sockel auf dem Motherboard

B. Der Controller, von dem aus der Prozessor gesteuert wird

C. Ein Interface zur externen Steuerung eines Prozessors

D. Der zweite Mikroprozessor eines Computers

E. Keine Antwort ist richtig.

69) Welche Ansicht müssen Sie in Microsoft Office-Programmen wählen, um zu sehen, wie ein Druck aussehen würde?

A. Vollbildlesemodus

B. Seitenlayout

C. Seitenansicht

D. Gliederungsansicht

E. Keine Antwort ist richtig.

70) Welches Dateiformat fällt aus der Reihe?

A. .jpg

B. .exe

C. .com

D. .bat

E. Keine Antwort ist richtig.

Naturwissenschaften

Bearbeitungszeit 3½ Minuten

Beantworten Sie bitte die folgenden Aufgaben, indem Sie jeweils den richtigen Lösungsbuchstaben markieren.

71) Welche Kulturpflanze wurde nicht aus Amerika nach Europa eingeführt?

A. Tomate
B. Kartoffel
C. Mais
D. Karotte
E. Keine Antwort ist richtig.

72) Wie heißt das abgebildete Biomolekül?

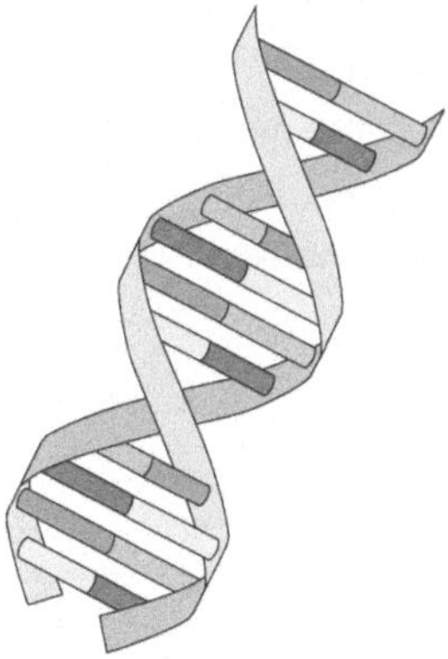

A. Insulin
B. Glutamat
C. DNA
D. Adrenalin
E. Keine Antwort ist richtig.

73) Unter welcher Bezeichnung ist die „Boeing 747" noch bekannt?

A. Antonow
B. Tupolew
C. Jumbo Jet
D. Airbus
E. Keine Antwort ist richtig.

74) Welcher Teil der Zelle schützt sie vor ihrer Umgebung?

A. Mitochondrien
B. Zellmembran
C. Ribosomen
D. Zellkern
E. Keine Antwort ist richtig.

75) Was ist eine Emulsion?

A. Eine besonders kratzfeste Beschichtung
B. Ein ätzendes Reinigungsmittel
C. Ein Gemisch zweier Flüssigkeiten
D. Eine explosive Lösung
E. Keine Antwort ist richtig.

76) Welches Element steht im Zentrum der organischen Chemie?

A. Sauerstoff
B. Magnesium
C. Calcium
D. Kohlenstoff
E. Keine Antwort ist richtig.

77) Welche Reihe ordnet die Tiere aufsteigend nach der Anzahl ihrer Beine?

A. Vogel – Hund – Biene – Spinne
B. Schlange – Schwein – Spinne – Biene
C. Affe – Schwein – Krokodil – Spinne
D. Biene – Krokodil – Spinne – Tausendfüßler
E. Keine Antwort ist richtig.

78) Was wird mit einem Barometer gemessen?

A. Temperatur
B. Luftfeuchtigkeit
C. Luftdruck
D. Kohlendioxidgehalt
E. Keine Antwort ist richtig.

79) Welche Formel zum ohmschen Gesetz ist richtig?

A. $\frac{R}{U}=I$
B. $U \times R = I$
C. $\frac{U}{R}=I$
D. $U \times I = R$
E. Keine Antwort ist richtig.

80) Bei welcher Temperatur liegt der absolute Nullpunkt?

A. Bei etwa 0 Grad Celsius
B. Bei etwa minus 100 Grad Celsius
C. Bei etwa minus 273 Grad Celsius
D. Bei etwa minus 299 Grad Celsius
E. Keine Antwort ist richtig.

Abkürzungen

Bearbeitungszeit 3½ Minuten

Beantworten Sie bitte die folgenden Aufgaben, indem Sie jeweils den richtigen Lösungsbuchstaben markieren.

81) Was bedeutet die Abkürzung „Schufa"?

A. Schule für akademische Leistung
B. Schuldenfalle
C. Schutz für die Allgemeinheit
D. Schutzgemeinschaft für allgemeine Kreditsicherung
E. Keine Antwort ist richtig.

82) Was bedeutet die Abkürzung „IBAN"?

A. Integrated Business Administration Notation
B. International Bank Account Number
C. Initiative for Bureaus and Networks
D. Improved Booking Advice Norm
E. Keine Antwort ist richtig.

83) Was bedeutet die Abkürzung „MwSt."?

A. Mineralwasser Still
B. Mehrwertsteuer
C. Medienwirksamer Showtermin
D. Mitwisserschaft
E. Keine Antwort ist richtig.

84) Was bedeutet die Abkürzung „p. a."?

A. Per annum
B. Und so weiter
C. Prozent
D. Perfekt angezogen
E. Keine Antwort ist richtig.

85) Was bedeutet die Abkürzung „IWF"?

A. Internationale Wirtschaftsförderung
B. Industrielle Wirtschaftsförderung
C. Internationaler Währungsfonds
D. Internationales Wirtschaftsforum
E. Keine Antwort ist richtig.

86) Was bedeutet die Abkürzung „AGB"?

A. Allgemeine Geschäftsbestimmungen
B. Allgemeine Geschäftsbedingungen
C. Aktiengesetzbuch
D. Aktiengesetzbestimmungen
E. Keine Antwort ist richtig.

87) Was bedeutet die Abkürzung „EZB"?

A. Echtzeitbelegung
B. Erstes Zentrales Bauamt
C. Europäische Zentralbank
D. Effektiver Zeitbedarf
E. Keine Antwort ist richtig.

88) Wofür steht die Abkürzung „KAG"?

A. Kapitalgesellschaft
B. Kapitalanlagegesetz
C. Kapitalgesetz
D. Kapitalanlagegesellschaft
E. Keine Antwort ist richtig.

89) Was bedeutet die Abkürzung „KGV"?

A. Kommanditgesellschaftsvertrag
B. Kapitalgesellschaftsverordnung
C. Kurs-Gewinn-Verhalten
D. Kurs-Gewinn-Verhältnis
E. Keine Antwort ist richtig.

90) Was bedeutet die Abkürzung „GuV"?

A. Geschäfts- und Vermögensrechnung
B. Geld und Vermögensrechnung
C. Gesellschafts- und Vermögensrechnung
D. Gewinn- und Verlustrechnung
E. Keine Antwort ist richtig.

Lösungen: Allgemeinwissen

1) C	31) B	61) B
2) B	32) B	62) C
3) A	33) D	63) D
4) B	34) A	64) B
5) D	35) B	65) A
6) D	36) C	66) A
7) A	37) C	67) C
8) A	38) C	68) D
9) D	39) D	69) C
10) C	40) D	70) A
11) C	41) B	71) D
12) D	42) D	72) C
13) B	43) C	73) C
14) C	44) B	74) B
15) C	45) C	75) C
16) D	46) B	76) D
17) D	47) B	77) A
18) D	48) C	78) C
19) D	49) C	79) C
20) D	50) B	80) C
21) D	51) D	81) D
22) D	52) C	82) B
23) B	53) B	83) B
24) C	54) C	84) A
25) C	55) D	85) C
26) C	56) D	86) B
27) D	57) C	87) C
28) C	58) A	88) D
29) A	59) A	89) D
30) C	60) C	90) D

Politik und Gesellschaft (Aufgaben 1–10)

Zu 1) C. Der Bundestag

Der Bundeskanzler wird bei der Erstwahl vom Bundespräsidenten vorgeschlagen, vom Bundestag gewählt und danach vom Bundespräsidenten zum Bundeskanzler ernannt.

Zu 2) B. Volk

Der Deutsche Bundestag, das Parlament der Bundesrepublik Deutschland mit Sitz in Berlin, wird als einziges Verfassungsorgan des Bundes direkt vom Volk gewählt und legitimiert. Die Hälfte der Parlamentssitze besetzen die erfolgreichen Kandidaten aus der Direktwahl in den 299 Wahlkreisen („Direktmandate"). Die andere Hälfte wird so verteilt, wie es dem Anteil einer Partei an der Gesamtzahl der Sitze entspricht, unter Anrechnung der Direktmandate aus den Landeslisten.

Zu 3) A. Die Unabhängigkeit von Legislative, Exekutive und Judikative

„Gewaltenteilung" bezeichnet das Prinzip, die Staatsgewalt auf mehrere Staatsorgane zu verteilen, um ihre Macht zu begrenzen und dadurch Freiheit und Gerechtigkeit zu sichern. Man unterscheidet drei Gewalten: die Gesetzgebung (Legislative), die ausführende Gewalt (Exekutive) und die Rechtsprechung (Judikative).

Zu 4) B. Alle 4 Jahre

Alle vier Jahre wird ein neuer Bundestag gewählt. Der Bundestag wählt nach der Bundestagswahl den Bundeskanzler.

Zu 5) D. Willy Brandt

Willy Brandt war von 1969 bis 1974 der erste Bundeskanzler der SPD, nach den drei CDU-Kanzlern Konrad Adenauer (1949–1963), Ludwig Erhard (1963–1966) und Kurt Georg Kiesinger (1966–1969).

Zu 6) D. Élysée-Palast

Der Amtssitz des französischen Staatspräsidenten ist der Élysée-Palast in Paris. Er wurde 1718 bis 1722 erbaut und befindet sich unweit der Champs-Élysées.

Zu 7) A. Bill Clinton

Zwischen den Amtszeiten von George Bush senior (1989–1993) und George Bush junior (2001–2009) regierte Bill Clinton.

Zu 8) A. Europäische Union

Der Vertrag von Maastricht heißt offiziell „Vertrag über die Europäische Union". Der Gründungsvertrag der EU wurde 1992 verabschiedet und schuf einen übergeordneten Verbund für die existierenden Vereinbarungen im

Rahmen der Europäischen Gemeinschaften. Die EU fußt auf einer gemeinsam koordinierten Agrar-, Wirtschafts-, Bildungs- und Sozialpolitik sowie gemeinsamem Verbraucherschutz, beinhaltet eine gemeinsame Außen- und Sicherheitspolitik und entwickelt die polizeiliche und justizielle Zusammenarbeit ihrer Mitgliedsstaaten.

Zu 9) D. Albanien

Albanien ist kein Mitglied der Europäischen Union, die aktuell (Stand 2024) folgende 27 Staaten umfasst: Belgien, Bulgarien, Dänemark, Deutschland, Estland, Finnland, Frankreich, Griechenland, Irland, Italien, Kroatien, Lettland, Litauen, Luxemburg, Malta, Niederlande, Österreich, Polen, Portugal, Rumänien, Schweden, Slowakei, Slowenien, Spanien, Tschechien, Ungarn und die Republik Zypern.

Zu 10) C. den Bevölkerungswandel in Großstadtvierteln.

Die Gentrifizierung beschreibt einen stets ähnlich verlaufenden Prozess des schleichenden Bevölkerungswandels, typischerweise in zentrumsnahen Großstadtlagen: Niedrige Mietpreise in weniger populären Wohnbezirken ziehen Studenten und Künstler an, die das Viertel kulturell aufwerten, was wiederum wohlhabendere Klientel anlockt. Dadurch steigen die Mietpreise und die angestammte, finanziell schwächere Bevölkerung wird allmählich vertrieben.

Wirtschaft und Finanzen (Aufgaben 11–20)

Zu 11) C. Wirtschaftliche Tiefphase

Eine wirtschaftliche Depression ist ein tiefer Einbruch in der Wirtschaftsentwicklung, gekennzeichnet durch vermehrte Konkurse, einen Börsencrash, Tiefstände in Beschäftigung und Investitionen sowie geringe Konsumkraft. Im Gegensatz dazu steht die Hochkonjunktur, auch „Boom" genannt.

Zu 12) D. Europäische Zentralbank

Den Leitzins im Währungsraum des Euro bestimmt seit dessen Einführung die Europäische Zentralbank. Man bezeichnet damit den Zinssatz, zu dem sich Geschäftsbanken von der Zentralbank Geld beschaffen können. Der Leitzins ist ein wichtiges geldpolitisches Instrument: Er beeinflusst den gesamten Refinanzierungsmarkt und damit die Liquidität des Währungsraums. Weitere wichtige Leitzinssätze sind die „Repo Rate" der

Bank of England und die nominale „Federal Funds Rate" der Federal Bank of America.

Zu 13) B. Anstieg des Preisniveaus

„Inflation" nennt man eine Geldentwertung: Das Austauschverhältnis von Geld zu allen anderen Gütern verändert sich zulasten des Geldes. Zur Berechnung der Inflationsrate können unterschiedliche Preisindizes herangezogen werden; das Statistische Bundesamt der Bundesrepublik nutzt den Lebenshaltungsindex für Haushalte: Anhand eines festgelegten Warenkorbs bestimmt man die Entwicklung der Lebenshaltungskosten und dadurch die Inflationsrate.

Zu 14) C. Franken

Der Schweizer Franken ist die Währung der Schweiz und des Fürstentums Liechtenstein. Seine ISO-Abkürzung ist „CHF", sein Währungszeichen „SFr".

Zu 15) C. Frankfurt

Die Deutsche Bundesbank ist die Zentralbank der Bundesrepublik. Sie hat ihren Sitz in Frankfurt am Main und ist Teil des europäischen Systems der Zentralbanken. Nachdem 1999 die Währungshoheit auf die Europäische Zentralbank überging, haben sich ihre Aufgabenbereiche wesentlich verkleinert.

Zu 16) D. Britisches Pfund Sterling

Das Symbol £ geht zurück auf das lateinische Wort „libra" für „Pfund" und steht für das Britische Pfund Sterling, die Währung des Vereinigten Königreichs Großbritannien und Nordirland. Seit 1971 unterteilt man ein Pfund in 100 Pence.

Zu 17) D. US-amerikanischer Aktienindex

Der in Europa als „Dow-Jones-Index" bekannte Aktienindex heißt eigentlich „Dow Jones Industrial Average" (DJIA). Er ist einer von mehreren Aktienindizes, die von den Gründern des Wall Street Journals und des Dow Jones-Verlagshauses geschaffen wurden. Der Dow-Jones-Index, erstmals veröffentlicht im Jahr 1896, ist nach dem „Dow Jones Transportation Average" der älteste noch bestehende Aktienindex der USA. Als Leitindex der New York Stock Exchange repräsentiert er heute die Anleihen der 30 größten US-Unternehmen.

Zu 18) D. Konjunktur

Das Auf und Ab der wirtschaftlichen Aktivität, das sich in einer Volkswirtschaft über mehrere Jahre als wiederkehrendes Grundmuster abzeichnet, nennt man „Konjunktur". Den Gesamtverlauf unterteilt man in die Konjunkturzyklen Expansion (Aufschwung), Boom (Hochkonjunktur), Rezession (Abschwung) und Depression (Tiefphase).

Zu 19) D. Dax

Der Dax wurde gemeinsam von der Arbeitsgemeinschaft der deutschen Wertpapierbörsen, der Frankfurter Wertpapierbörse und der Börsen-Zeitung entwickelt und am 1. Juli 1988 eingeführt. Als Leitindex des deutschen Aktienmarkts ist er der wichtigste deutsche Aktienindex. Der Dax gibt Auskunft über den Stand und die Entwicklung der Aktienkurse der 40 größten und umsatzstärksten deutschen Unternehmen an der Frankfurter Wertpapierbörse.

Zu 20) D. Die Fähigkeit eines Unternehmens, seinen Zahlungsverpflichtungen termingerecht nachzukommen

Verfügt ein Unternehmen über ausreichende Zahlungsmittel, um seine Verbindlichkeiten zu begleichen, bezeichnet man es als „liquide". Unterschieden wird zwischen der Barliquidität (Vermögen, das unmittelbar zur Zahlung eingesetzt werden kann), der einzugsbedingten Liquidität (Vermögen, das nicht unmittelbar zur Zahlung eingesetzt werden kann, aber eine kurzfristige Umwandlung ermöglicht wie diskontierbare Wechsel) sowie der umsatzbedingten Liquidität (Vermögen, das erst in Barmittel umgesetzt werden muss, z. B. Produkte und Wirtschaftsgüter).

Geografie und Landeskunde (Aufgaben 21–30)

Zu 21) D. Gemäßigte Breiten

Deutschland liegt in den gemäßigten Breiten. Diese Klimazone befindet sich zwischen der kalten Zone und den Subtropen und hat nach den Tropen die höchste Niederschlagsmenge. Charakteristisch sind außerdem die deutlichen Temperaturunterschiede zwischen den Jahreszeiten und die unterschiedlich langen Tage.

Zu 22) D. Brandenburg

Die Oder ist ein 866 km langer europäischer Fluss, der durch Tschechien, Polen und Deutschland fließt und in Polen in die Ostsee mündet. In Deutschland fließt sie als Grenzfluss zu Polen nur durch das Bundesland Brandenburg.

Zu 23) B. 9

Deutschland hat gemeinsame Grenzen mit neun weiteren Ländern. Im

Uhrzeigersinn: Dänemark, Polen, Tschechien, Österreich, Schweiz, Frankreich, Luxemburg, Belgien, Niederlande.

Zu 24) C. Pazifischer Ozean

Japan, der viertgrößte Inselstaat der Welt, liegt im Pazifik vor den Ostküsten Russlands und Koreas. Japan ist eine Inselkette aus vier Hauptinseln und etwa 4.000 kleineren Inseln. Die Hauptstadt Tokio liegt auf der größten Insel Honshu.

Zu 25) C. Oldenburg

Die Orte A, B und D sind allesamt bayerische Großstädte: Augsburg ist die Hauptstadt des Regierungsbezirks Schwaben, Regensburg die Hauptstadt des Regierungsbezirks Oberpfalz und Würzburg die Hauptstadt des Regierungsbezirks Unterfranken. Oldenburg ist eine kreisfreie Stadt in Niedersachsen.

Zu 26) C. Kiel

Die Landeshauptstadt und zugleich größte Stadt Schleswig-Holsteins heißt Kiel mit rund 250.000 Einwohnern. Sie liegt an der Kieler Förde, einer Meeresbucht, in die auch der Nord-Ostsee-Kanal mündet, die meistbefahrene künstliche Wasserstraße der Welt. Alljährlich im Juni findet in Kiel die bekannte Segelregatta „Kieler Woche" statt.

Zu 27) D. Schweden – Helsinki

Kombination D stimmt nicht: Die Hauptstadt Schwedens heißt Stockholm. Helsinki ist die finnische Hauptstadt.

Zu 28) C. Wolga

Die Wolga ist mit 3.534 km Länge der längste und wasserreichste Fluss Europas. Sie verläuft im europäischen Teil Russlands und mündet ins Kaspische Meer. Der zweitlängste Fluss ist die Donau mit 2.888 km.

Zu 29) A. Canberra

Canberra ist seit 1927 die Hauptstadt Australiens und heute mit rund 400.000 Einwohnern die achtgrößte Stadt des Landes. Die Errichtung der Planhauptstadt im australischen Südosten wurde 1908 als Kompromisslösung beschlossen, um die Rivalität der Metropolen Sydney und Melbourne zu umgehen.

Zu 30) C. Vietnams.

Die Sozialistische Republik Vietnam ist ein Küstenstaat in Südostasien mit über 95 Millionen Einwohnern. Er grenzt an die Länder Kambodscha, Laos und China, ans Südchinesische Meer und an den Golf von Thailand.

Interkulturelles Wissen (Aufgaben 31–40)

Zu 31) B. Asien

Asien (rund 4,5 Mrd. Einwohner) ist richtig – immerhin befinden sich hier mit China (1,4 Mrd.) und Indien (1,3 Mrd.) die bevölkerungsreichsten Länder der Erde. Auf Rang 2 liegt Afrika mit über 1,2 Milliarden Menschen, gefolgt von Europa (740 Mio.), Nordamerika (580 Mio.), Südamerika (420 Mio.) und zu guter Letzt Australien/Ozeanien (40 Mio.).

Zu 32) B. Ein Ganzkörperschleier muslimischer Frauen

Die Burka ist ein Stofftuch, das den Körper nahezu vollständig verdeckt. Solche Ganzkörperschleier werden von muslimischen Frauen vor allem in Afghanistan, Pakistan und Teilen Indiens getragen. In der hiesigen Öffentlichkeit wird das Tragen der Burka kontrovers diskutiert; Kritiker sehen darin ein Symbol für die Unterdrückung der Frau.

Zu 33) D. Mustafa Kemal Atatürk

Die Türkei ging nach dem Ersten Weltkrieg aus dem Osmanischen Reich hervor. Der Staatsgründer Mustafa Kemal Atatürk wollte die Türkei durch zahlreiche gesellschaftliche Reformen nach dem Vorbild europäischer Nationalstaaten modernisieren. Zunächst wurde im Jahre 1922 das Sultanat, 1924 dann das Kalifat beseitigt. Im Folgenden schaffte die Türkei die Scharia ab und verbot in einer umfassenden Kleiderreform den Fez – eine männliche Kopfbedeckung – und den Schleier für die Frau. Zudem wurde die Gemeinschaftserziehung von Jungen und Mädchen eingeführt.

Zu 34) A. der islamische Fastenmonat.

Der Ramadan ist der islamische Fastenmonat. Während der Fastenzeit essen und trinken gläubige Muslime nur von Sonnenuntergang bis Sonnenaufgang.

Zu 35) B. Wichtige religiöse Texte des Judentums

Die Tora (auch „Thora") ist der erste Teil der hebräischen Bibel, der wichtigsten religiösen Schrift des Judentums. Sie besteht aus den fünf Büchern Mose. Oft meint man mit dem Begriff auch die Torarolle, eine handgeschriebene Pergamentrolle mit dem Text der Tora, aus der in jüdischen Gottesdiensten gelesen wird.

Zu 36) C. Aus der dritten Strophe

Das Deutschlandlied wurde 1922 mit allen drei Strophen die Nationalhymne des Deutschen Reiches. Im nationalsozialistischen „Dritten Reich" wurde nur noch die erste Strophe gesungen, die mit ihrem überschwänglichen „Deutschland, Deutschland über alles" und der überholten Grenzziehung „von der Maas bis an die Memel, von der Etsch bis an den Belt" heute als diskreditiert gilt. 1952 entschied man, das Deutschlandlied als Nationalhymne beizubehalten, aber zu offiziellen Anlässen nur die dritte Strophe zu singen. Nach dem Mauerfall verständigten sich 1991 Bundespräsident Richard von Weizsäcker und Bundeskanzler Helmut Kohl darauf, die dritte Strophe zur Nationalhymne des wiedervereinigten Deutschlands zu erklären.

Zu 37) C. konstitutionelle Monarchien.

Die konstitutionelle Monarchie ist eine Staats- und Regierungsform, in der die Macht eines Monarchen durch eine Verfassung beschränkt und reguliert wird. Weltweit sind gut ein Dutzend Staaten konstitutionell-monarchisch verfasst – darunter Großbritannien, Schweden, Spanien und Japan. Japan ist kein Mitglied der NATO, und nur Großbritannien hat einen ständigen Sitz im UN-Sicherheitsrat inne.

Zu 38) C. Frankreichs.

„Freiheit, Gleichheit, Brüderlichkeit" (französisch: „Liberté, Égalité, Fraternité") wurde im Nachhinein zur Parole der Französischen Revolution von 1789 erklärt und nach dem Zweiten Weltkrieg in die Verfassung aufgenommen. Als Teil des nationalen französischen Erbes ist der Wahlspruch heute auf vielen öffentlichen Gebäuden, auf Münzen und Briefmarken zu finden.

Zu 39) D. in Nordafrika.

„Maghreb" (arabisch für „Westen") bezeichnet den westlichen Teil des Verbreitungsgebiets des Islam. Der Maghreb umfasst die nordafrikanischen Länder Marokko, Tunesien und Algerien, teilweise auch Libyen und Mauretanien.

Zu 40) D. Königsberg.

Immanuel Kant wurde 1724 im preußischen Königsberg geboren und starb dort 1804. Er zählt zu den einflussreichsten Denkern der Aufklärung. Bekannt sind unter anderem seine Definition der Aufklärung als „Ausgang des Menschen aus seiner selbst verschuldeten Unmündigkeit" oder die Formulierung des kategorischen Imperativs: „Handle nur nach derjenigen Maxime, durch die du zugleich wollen kannst, dass sie ein allgemeines Gesetz werde."

Kunst, Musik, Literatur (Aufgaben 41–50)

Zu 41) **B.** Ludwig van Beethoven

Der Komponist Ludwig van Beethoven (1770–1827) schuf neun Sinfonien, zahlreiche Streichquartette, Lieder, Klavierstücke, Orchesterwerke, Messen und eine Oper. Beethoven gilt als einer der wichtigsten Vertreter der Wiener Klassik, der die Musik dieser Stilepoche zu ihrer höchsten Entwicklung geführt hat, insbesondere in den stilprägenden Formen der Sinfonie, der Klaviersonate und des Streichquartetts.

Zu 42) **D.** Friedrich Schiller

„Die Räuber" wurde verfasst von Friedrich Schiller, einem deutschen Dichter, Dramatiker, Philosophen und Historiker. Im Mittelpunkt dieses 1782 veröffentlichten Dramas steht ein rivalisierendes Brüderpaar: auf der einen Seite der kluge, nach Freiheit strebende, vom Vater geliebte Karl Moor, der später zum Räuber wird; auf der anderen Seite der kühle, berechnende, unter Liebesentzug leidende Franz Moor. Anhand ihrer Geschichte entfaltet Schiller einen Konflikt von Gesetz und Freiheit.

Zu 43) **C.** Gotik

Der Kölner Dom, die nach dem Ulmer Münster zweithöchste Kirche Europas, zählt zum UNESCO-Weltkulturerbe. Der gotische Bau wurde im 13. Jahrhundert begonnen, erst 1880 fertiggestellt und im Zweiten Weltkrieg durch Bombentreffer stark beschädigt. Die Gotik entstand im 12. Jahrhundert und war geprägt von dem Bemühen, die christliche Ideenwelt darzustellen. In der Kunst spielten Symbol und Allegorie eine wichtige Rolle, das zentrale Element gotischer Baukunst ist der Spitzbogen.

Zu 44) **B.** René Descartes

René Descartes (1596–1650) war ein französischer Philosoph, Mathematiker und Naturwissenschaftler. Er gilt als Begründer des modernen frühneuzeitlichen Rationalismus („Cartesianismus"). Sein berühmtes Diktum „cogito ergo sum" („ich denke, also bin ich") bildet die Grundlage seiner Metaphysik: Descartes betrachtet Geist und Materie als zwei voneinander verschiedene, unabhängige Substanzen („Cartesianischer Dualismus").

Zu 45) C. Impressionismus

Der Impressionismus war eine Stilrichtung der Malerei im späten 19. Jahrhundert, die sich von Frankreich aus weltweit verbreitete. Wichtige Vertreter des Impressionismus waren Claude Monet, Edouard Manet, Pierre-Auguste Renoir, Alfred Sisley und Edgar Degas.

Zu 46) B. Johann Sebastian Bach

Johann Sebastian Bach (1685–1750) wurde zu Lebzeiten vor allem als Orgel- und Klaviervirtuose geschätzt. Seine Kompositionen erlangten erst nach seinem Tod Berühmtheit, heute gelten sie als wegweisend für den Verlauf der Musikgeschichte. „Das Wohltemperierte Klavier" ist eine Sammlung von Stücken in allen Dur- und Moll-Tonlagen. Die neuartige „wohltemperierte" Stimmung erlaubte es, auf demselben Klavier Stücke verschiedener Tonarten zu spielen, für die bislang üblicherweise jeweils ein eigenes Instrument genutzt wurde. Weitere bekannte Bach-Werke sind die „Matthäus-Passion", die „Johannes-Passion", die „h-Moll-Messe", das „Weihnachtsoratorium", „Die Kunst der Fuge", die „Brandenburgischen Konzerte" und die Orchestersuiten.

Zu 47) B. Heinrich Böll

Der deutsche Schriftsteller Heinrich Böll (1917–1985) war bekannt für sein soziales Engagement und seinen Einsatz für eine demokratische Gesellschaft. 1972 wurde er mit dem Literatur-Nobelpreis ausgezeichnet.

Zu 48) C. c-e-g

Ein Akkord ist ein Zusammenklang mehrerer Töne. Die gängigsten Akkorde sind Dreiklänge aus drei Tönen. Dur-Akkorde folgen einem charakteristischen Aufbau: Der Abstand zwischen dem Grundton und dem darüberliegenden Ton beträgt eine große Terz, der Abstand zum oberen Ton eine weitere kleine Terz.

Zu 49) C. Wer die Nachtigall stört

„Wer die Nachtigall stört" („To Kill a Mockingbird") ist ein 1960 erschienener Roman der US-Amerikanerin Harper Lee (1926–2016). Der Roman erzählt von der Kindheit des Mädchens Jean Louise in den von Rassismus geprägten Südstaaten der USA während der Wirtschaftsdepression der 1930er-Jahre.

Zu 50) B. Symphonie

Instrumentalstücke für Orchester nennt man Symphonien (auch „Sinfonien"). Sonaten sind Instrumentalstücke für Solisten oder kleine kammermusikalische Besetzungen im Duo oder Trio. Kantaten sind Gesangsstücke und Arien Solo-Gesangsstücke mit oder ohne Instrumentalbegleitung.

Persönlichkeiten, Erfindungen, Entdeckungen (Aufgaben 51–60)

Zu 51) **D.** Johannes Gutenberg

Johannes Gutenberg lebte etwa von 1400 bis 1468 in Mainz und gilt als Erfinder des mechanischen Buchdrucks mit beweglichen Metall-Lettern: ein Verfahren, das wesentlich effektiver war als die herkömmlichen Praktiken der Buchproduktion. Gutenbergs Methode verbreitete sich schnell in Europa und löste eine Medienrevolution aus.

Zu 52) **C.** den Papst im Vatikan.

Die Schweizergarde ist für den Schutz des Papstes verantwortlich. Sie sichert den apostolischen Palast, die Zugänge zur Vatikanstadt sowie den Eingang des Castel Gandolfo (Sommerresidenz des Papstes). Ausgehoben wurde die Garde 1506 unter eidgenössischen Söldnern; noch heute dürfen in ihr ausschließlich Schweizer Staatsbürger Dienst tun.

Zu 53) **B.** Roald Amundsen

Roald Amundsen (1872–1928) erreichte am 14. Dezember 1911 als erster Mensch mit den vier Begleitern seiner Expedition den Südpol. Damit kam er seinem britischen Rivalen Robert F. Scott um 35 Tage zuvor.

Zu 54) **C.** Den ersten Nonstop-Alleinflug über den Atlantik

Charles Lindbergh (1902–1974) überquerte 1927 als erster Mensch in seinem Flugzeug „Spirit of St. Louis" den Atlantik (New York–Paris) alleine und ohne Zwischenlandung.

Zu 55) **D.** dass sich die Erde um die Sonne dreht.

Nikolaus Kopernikus (1473–1543) kritisierte das seit der Antike gültige, von der Kirche vertretene geozentrische Weltbild, wonach die Erde den Mittelpunkt des Weltalls bildet, umkreist von der Sonne und den anderen Planeten. Stattdessen vertrat er die Ansicht, die Erde bewege sich mitsamt den übrigen Planeten um die Sonne. Dieses Modell bezeichnet man als heliozentrisches oder auch „kopernikanisches" Weltbild.

Zu 56) **D.** Den Seeweg nach Indien

Der portugiesische Seefahrer Vasco da Gama (1469–1524) segelte von 1497 bis 1498 mit einer Flotte von vier Schiffen von Lissabon aus um das Kap der Guten Hoffnung nach Indien. Bis zu diesem Zeitpunkt war in Europa nur der Landweg zu dem Subkontinent bekannt.

Zu 57) C. Wladimir Putin

Das Foto zeigt den Politiker Wladimir Wladimirowitsch Putin. Putin wurde 1952 in Leningrad (dem heutigen Sankt Petersburg) geboren und ist seit 2012 erneut Präsident der Russischen Föderation, nachdem er das Amt bereits von 2000 bis 2008 bekleidet hatte. Von 1999 bis 2000 sowie von Mai 2008 bis Mai 2012 war Putin russischer Ministerpräsident.

Zu 58) A. den Weltraum beobachtet.

Das Hubble-Weltraumteleskop, benannt nach dem US-Astronomen Edwin Hubble (1889–1953), wurde 1990 in den Orbit gebracht. Im Unterschied zu irdischen Großteleskopen wird seine Sicht durch keinerlei atmosphärische Einflüsse (Staubpartikel, Luftflirren) beeinträchtigt. Das Hubble-Teleskop ermöglichte eine Reihe eindrucksvoller Aufnahmen, die dabei halfen, neue Galaxienhaufen (wie das „Hubble Deep Field") zu entdecken, schwarze Löcher nachzuweisen und Erkenntnisse über die Ausdehnung des Universums zu gewinnen.

Zu 59) A. Friedrich Engels.

„Das Manifest der Kommunistischen Partei" oder kurz „Das Kommunistische Manifest", 1848 erschienen, verfasste der Ökonom und Philosoph Karl Marx (1818–1883) zusammen mit dem Philosophen und Historiker Friedrich Engels (1820–1895). Auf knapp 30 Seiten skizzieren sie die historische Entwicklung der Gesellschaftsmodelle vor dem Hintergrund fortwährender Klassenkämpfe, grenzen den Kommunismus von bisherigen Gesellschaftsformen ab und betonen die internationale Solidarität des Proletariats.

Zu 60) C. Simone de Beauvoir

Simone de Beauvoir (1908–1986) war eine französische Schriftstellerin und Philosophin. Sie gilt als Vertreterin der philosophischen Strömung des Existenzialismus, ebenso wie ihr langjähriger Lebensgefährte Jean-Paul Sartre. Das vorgestellte Zitat stammt aus ihrem Buch „Das andere Geschlecht" (1949), einem der wichtigsten Werke des Feminismus.

Computer und Internet (Aufgaben 61–70)

Zu 61) B. Das Web 2.0 machen Interaktivität und Kooperation aus.

Unter dem Schlagwort „Web 2.0" – angelehnt an die Zählung von Software-Versionen – wurde ab 2003 eine neue dezentrale Internet-Architektur postuliert. Anstatt vorgegebene Inhalte passiv zu konsumieren, produzieren die Nutzer im Web 2.0 selbst Inhalte und vernetzen sich untereinander. Beispiele dafür sind Blogs, Internet-Enzyklopädien oder Social Networks.

Zu 62) C. RAM (Random Access Memory)

Den Arbeitsspeicher eines Computers nennt man auch „RAM" („Random Access Memory") oder „Hauptspeicher". Er befindet sich in Form eines oder mehrerer Speichermodule auf der Hauptplatine des Computers und speichert Programme und Nutzdaten, damit sie vom Prozessor abgerufen und verarbeitet werden können. Der Arbeitsspeicher erlaubt einen schnelleren Datenzugriff als die Festplatte, sichert die Daten aber nicht dauerhaft. Bei einer Stromunterbrechung gehen alle Daten im RAM verloren.

Zu 63) D. technik.pptx

Dateitypen erkennt man in der Regel an der Dateiendung. Die Dateiendung ist der letzte Teil eines Dateinamens, der gewöhnlich durch einen Punkt abgetrennt wird. Der Punkt selbst ist nicht Bestandteil der Dateierweiterung. Powerpoint erstellt Dateien mit der Endung „pptx".

Zu 64) B. internes Netzwerk.

Ein Intranet ist ein nicht-öffentliches Rechnernetzwerk, das Mitarbeitern einer Institution als interne Informations-, Kommunikations- und Anwendungsplattform dient: Hier können sie sich über aktuelle Meldungen, Regeln und Absprachen informieren, finden Dokumente und Formulare. Intranets basieren auf den gleichen Techniken und Anwendungen wie das Internet (TCP/IP, HTTP). Als Benutzerschnittstelle werden, vor allem in Großbetrieben, speziell modifizierte Browservarianten genutzt.

Zu 65) A. Eine Datenbanksprache

„SQL" („Structured Query Language") steht für eine von IBM entwickelte, standardisierte Datenbanksprache zur Definition, Abfrage und Manipulation von Daten einer relationalen Datenbank. Sie wird von fast allen verbreiteten Datenbanksystemen unterstützt.

Zu 66) A. entweder den Wert 0 oder 1 annehmen.

Ein Bit ist die kleinste und grundlegende Informationseinheit in der Computertechnik. Es kann – wie ein Lichtschalter – genau einen von zwei Zuständen annehmen, die durch die Werte 0 und 1 repräsentiert werden. Die nächst größere Informationseinheit ist ein Byte, das aus acht Bits besteht.

Zu 67) C. Software, die kostenlos weiterentwickelt und -verteilt werden darf

Der Begriff „open source" („offene Quelle") steht für Software, die folgende Bedingungen erfüllt: Man muss den Quellcode – den in Programmiersprache geschriebenen Text des Programms – kostenfrei herunterladen können, man muss die Software beliebig nutzen und weiterverbreiten können, man muss sie beliebig weiterentwickeln können und jede Weiterentwicklung muss ihrerseits frei kopierbar sein.

Zu 68) D. Der zweite Mikroprozessor eines Computers

Der Coprozessor (CP) ist ein zweiter Mikroprozessor eines Computers, der den Hauptprozessor (CPU) entlastet. Er führt spezielle Berechnungen für die CPU aus, um deren Rechenoperationen zu beschleunigen. Der Coprozessor kann selbst Anwendungen abarbeiten. Häufig werden spezielle Coprozessoren zur Unterstützung bei grafischen Berechnungen im Computer Aided Design (CAD) oder für aufwändige Computerspiele eingesetzt.

Zu 69) C. Seitenansicht

In Microsoft Office-Programmen lässt sich mit der „Seitenansicht" eine Vorschau des Drucklayouts erstellen, ohne einen tatsächlichen Ausdruck zu erzeugen. Dazu muss noch nicht einmal der Drucker an den Computer angeschlossen sein.

Zu 70) A. .jpg

Dateien mit den Endungen „.exe", „.com" und „.bat" sind ausführbar: Sie können nach ihrem Aufruf als Programm starten. Eine „.jpg"-Datei ist eine Bilddatei. Oft enthalten schädliche Mails virenverseuchte Anhänge, die sich z. B. als harmlose Bilddatei tarnen, aber anhand ihrer Namenserweiterung als ausführbare Programmdatei zu erkennen sind.

Naturwissenschaften (Aufgaben 71–80)

Zu 71) D. Karotte

Die Tomate wurde erstmals 1498 von Christoph Kolumbus aus der „neuen Welt" nach Europa gebracht, der Mais und die Kartoffel folgten im 16. Jh. Die heute bekannte Karotte bzw. Möhre ist eine Kreuzung mehrerer ursprünglicher Kulturformen aus dem Mittelmeerraum und Afghanistan.

Zu 72) C. DNA

Es handelt sich um die DNA („deoxyribonucleic acid", dt. „Desoxyribonukleinsäure" oder auch DNS). Die DNA ist die Trägerin der Erbinformationen in Lebewesen und manchen Virenarten. Im Normalzustand liegt sie in Form einer Doppelhelix vor, zu der sich zwei Makromolekül-Stränge schraubenartig umwinden.

Zu 73) C. Jumbo Jet

Die „Boeing 747" ist – aufgrund ihrer Größe angelehnt an den Elefanten „Jumbo" - auch als „Jumbo Jet" bekannt. Produziert wird das vierstrahlige Großraumflugzeug vom US-amerikanischen Flugzeughersteller „Boeing"; seit seinem Erstflug 1969 gehört es zu den bekanntesten und meistgenutzten Flugzeugen überhaupt.

Zu 74) B. Zellmembran

Die Zelle ist der Grundbaustein aller Lebewesen. Einzeller bestehen aus einer einzigen Zelle, bei Mehrzellern bilden mehrere Zellen eine funktionelle Einheit. Im menschlichen Körper gibt es rund 220 verschiedene Zell- und Gewebetypen und mehrere Milliarden Zellen. Jede Zelle ist von einer Zellmembran umschlossen, die sie abgrenzt und schützt. Die Membran besteht hauptsächlich aus einer Doppel-Lipidschicht, die den Austausch von Nährstoffen zwischen der Zelle und ihrer Umgebung ermöglicht.

Zu 75) C. Ein Gemisch zweier Flüssigkeiten

Eine Emulsion ist ein fein verteiltes Gemisch zweier verschiedener, normalerweise nicht mischbarer Flüssigkeiten ohne sichtbare Entmischung. Die eine Flüssigkeit ist dabei in kleinen Tröpfchen in der anderen verteilt. Typische Beispiele sind Öl-Wasser-Gemische wie in Mayonnaise oder zahlreichen Kosmetika.

Zu 76) D. Kohlenstoff

Die organische Chemie beschäftigt sich mit der Struktur, der Herstellung und der Umwandlung von Kohlenstoff und Kohlenstoffverbindungen.

Diese sind die Grundlage des bislang bekannten Lebens.

Zu 77) A. Vogel – Hund – Biene – Spinne

Vögel haben zwei, Hunde vier, Bienen sechs und Spinnen acht Beine.

Zu 78) C. Luftdruck

Mit Barometern misst man den Luftdruck. Man nutzt sie in diversen Formen und Typen vor allem in der Meteorologie; sie gehören zur Grundausstattung nahezu jeder Wetterstation. Da der Luftdruck mit steigender Höhe abnimmt, eignen sie sich auch zur Höhenmessung in Flugzeugen.

Zu 79) C. $\frac{U}{R} = I$

Das ohmsche Gesetz besagt, dass sich die Stromspannung (gemessen in Volt) aus dem Produkt von Stromstärke (gemessen in Ampere) und Widerstand (gemessen in Ohm) ergibt:

Elektrische Spannung (U) = Elektrischer Widerstand (R) × Elektrischer Strom (I)

Umgeformt gilt demnach auch:

$$\frac{\text{Elektrische Spannung (U)}}{\text{Elektrischer Widerstand (R)}} = \text{Elektrischer Strom (I)}$$

Antwort C ist korrekt.

Zu 80) C. Bei etwa minus 273 Grad Celsius

Der absolute Nullpunkt ist die tiefste theoretisch mögliche Temperatur, definiert als 0 Kelvin, das entspricht –273,15 °C. Nach dem dritten Hauptsatz der Thermodynamik kann der absolute Nullpunkt niemals erreicht werden. Allerdings lassen sich Temperaturen erzeugen, die ihm beliebig nahe kommen. Wissenschaftler konnten kleine Proben bereits bis auf wenige milliardstel Kelvin über dem absoluten Nullpunkt abkühlen.

Abkürzungen (Aufgaben 81–90)

Zu 81) D. Schutzgemeinschaft für allgemeine Kreditsicherung

„Schufa" steht für „Schutzgemeinschaft für allgemeine Kreditsicherung". Die Schufa Holding AG mit Sitz in Wiesbaden ist ein privatwirtschaftlich organisiertes Kreditbüro, das von der kreditgebenden Wirtschaft getragen wird. Ihr Geschäftszweck ist es, die Vertragspartner durch entsprechende Informationen vor Kreditausfällen zu schützen. Die Schufa verfügt über Daten von 68 Millionen natürlichen Personen und 6 Millionen Unternehmen, über deren Kreditwürdigkeit sie täglich rund 460.000 Auskünfte erteilt.

Zu 82) B. International Bank Account Number

„IBAN" ist die Abkürzung für „International Bank Account Number", eine standardisierte Notation von Bankkontonummern. Sie besteht aus einem zweistelligen Ländercode (z. B. DE für Deutschland), zwei Prüfziffern und einer Kontoidentifikation, die in Deutschland 18 Stellen hat und Bankleitzahl und Kontonummer enthält. Seit Februar 2016 ersetzt die IBAN EU-weit die bisherigen nationalen Kontonummern.

Zu 83) B. Mehrwertsteuer

Hinter dem Kürzel „MwSt." verbirgt sich die Mehrwert- oder auch Umsatzsteuer, die für den Austausch von Waren und Dienstleistungen zu entrichten ist. Die Mehrwertsteuer zählt zu den einträglichsten Einkommensquellen des deutschen Fiskus.

Zu 84) A. Per annum

Die Abkürzung „p. a." bedeutet „pro anno" bzw. „per annum", auf Deutsch „pro Jahr, auf das Jahr bezogen". Die Angabe ist vor allem im Geschäftsleben gebräuchlich, insbesondere im Finanzbereich. Unter anderem werden Zinsen oft mit dem Zusatz „p. a." angegeben, um zu verdeutlichen, dass es sich um einen jährlichen Zinssatz handelt.

Zu 85) C. Internationaler Währungsfonds

Der Internationale Währungsfonds (IWF) ist eine Organisation der Vereinten Nationen, gegründet am 22. Juli 1944 durch eine internationale Übereinkunft. Er ist eine Schwesterorganisation der Weltbank-Gruppe und hat seinen Sitz in Washington D.C., USA. Zu den Aufgaben des IWF gehören: Förderung der internationalen Zusammenarbeit in der Währungspolitik, Ausweitung des Welthandels, Stabilisierung von Wechselkursen, Kreditvergabe, Überwachung der Geldpolitik, technische Hilfe.

Zu 86) B. Allgemeine Geschäftsbedingungen

Die allgemeinen Geschäftsbedingungen (AGB) sind vorformulierte Vertragsbedingungen, die eine Vertragspartei (der Verwender) der anderen Vertragspartei bei Abschluss eines Vertrages stellt: beispielsweise in Form von Zahlungs- oder Lieferbedingungen. Es ist gleichgültig, ob die Bestimmungen einen äußerlich gesonderten Bestandteil des Vertrags bilden (umgangssprachlich „das Kleingedruckte") oder in die Vertragsurkunde selbst aufgenommen werden. Der Verwender muss ausdrücklich auf die AGB hinweisen und die Möglichkeit zur Kenntnisnahme bieten, damit sie Vertragsbestandteil werden können. Zudem muss die andere Vertragspartei mit der Geltung einverstanden sein.

Zu 87) C. Europäische Zentralbank

„EZB" steht für die Europäische Zentralbank, die Zentralbank der Eurozone. Ihre Kernaufgaben bestehen darin, die Geldpolitik festzulegen und umzusetzen, Devisengeschäfte zu tätigen, die offiziellen Währungsreserven der Mitgliedsstaaten zu verwalten und die Volkswirtschaft mit Geld zu versorgen, um einen reibungslosen Zahlungsverkehrs zu gewährleisten.

Zu 88) D. Kapitalanlagegesellschaft

Eine Kapitalanlagegesellschaft (KAG) ist eine Institution – zumeist in Form einer GmbH oder AG –, die Anteilsscheine (z. B. Investmentfondsanteile) ausgibt. Die daraus erzielten Einnahmen werden zum Kauf eines Portfolios aus Wertpapieren, Immobilien und/oder Beteiligungen verwendet. Steigt der Wert des Portfolios, so profitiert der Inhaber der Fondsanteile vom steigenden Wert seiner Anteilsscheine. Demgegenüber trägt er die Verluste, wenn das Portfolio im Wert sinkt. Kapitalanlagegesellschaften bedürfen spezieller Konzessionen und werden von den Aufsichtsbehörden der jeweiligen Staaten überwacht.

Zu 89) D. Kurs-Gewinn-Verhältnis

Das Kurs-Gewinn-Verhältnis (KGV) ist eine Kennzahl zur Beurteilung von Aktien. Dabei wird der Aktienkurs in Relation zu dem erwarteten Gewinn pro Aktie gesetzt. Die Faustregel lautet: je niedriger das KGV, desto preisgünstiger die Aktie.

Zu 90) D. Gewinn- und Verlustrechnung

Die Gewinn- und Verlustrechnung (GuV) ist neben der Bilanz ein wesentlicher Teil des Jahresabschlusses. Sie stellt Einnahmen und Ausgaben eines bestimmten Zeitraumes, in der Regel eines Geschäftsjahres, dar und weist dadurch die Art, die Höhe und die Quellen des unternehmerischen Erfolges aus. Überwiegen die Einnahmen, wurde ein Gewinn, andernfalls ein Verlust erzielt.

Fachbezogenes Wissen

Bankgewerbe

Bearbeitungszeit 5 Minuten

Beantworten Sie bitte die folgenden Aufgaben, indem Sie jeweils den richtigen Lösungsbuchstaben markieren.

1) An wen wird eine Dividende ausgeschüttet?

A. Inhaber einer GmbH
B. Geschäftsführer einer GmbH
C. Anteilseigner einer AG
D. Aufsichtsrat einer AG
E. Keine Antwort ist richtig.

2) Wie nennt man den Gewinnanteil, der an die Aktionäre ausgeschüttet wird?

A. Prämie
B. Zinsen
C. Bonus
D. Dividende
E. Keine Antwort ist richtig.

3) Was ist eine Hypothek?

A. Ein Kredit zur Finanzierung einer Immobilie
B. Die Pachtforderung für eine Immobilie
C. Der Verkauf von Rechten an einem Grundstück
D. Ein Rechtsanspruch auf ein Grundstück
E. Keine Antwort ist richtig.

4) Welche Aussage zur Aktie ist richtig?

A. Alle Aktien werden an der Börse gehandelt.
B. Nur die Belegschaft darf Aktien erwerben.
C. Die Aktien werden vom Staat ausgegeben.
D. Es gibt Namensaktien und Inhaberaktien.
E. Keine Antwort ist richtig.

5) Wie lautet die Grundformel zur Berechnung der Rendite?

A. $\text{Rendite} = \frac{\text{Gewinn}}{\text{Eingesetztes Kapital}}$

B. $\text{Rendite} = \frac{\text{Tageskurs}}{\text{Eingesetztes Kapital}}$

C. $\text{Rendite} = \frac{\text{Fremdkapitalzinsen}}{\text{Fremdkapital}}$

D. $\text{Rendite} = \frac{\text{Tageskurs} \times 100}{\text{Erwerbspreis}}$

E. Keine Antwort ist richtig.

6) Was sind Devisen?

A. Inländische Geldscheine
B. Inländische Zahlungsmittel
C. Inländische Münzen
D. Forderungen, die in einer Fremdwährung bestehen
E. Keine Antwort ist richtig.

7) Was ist eine Kreditlinie?

A. Die vertraglich vereinbarten Rückzahlungsmodalitäten
B. Die vertraglich vereinbarten Kreditkonditionen
C. Die vertraglich vereinbarte Laufzeit eines Kredites
D. Der finanzielle Rahmen, den eine Bank einem Kreditnehmer gewährt
E. Keine Antwort ist richtig.

8) Wie lautet die Bezeichnung für den bargeldlosen Zahlungsverkehr?

A. EC-Karte
B. Kreditkarte
C. Sparbuch
D. Giroverkehr
E. Keine Antwort ist richtig.

9) Wie nennt man die Differenz zwischen der Soll- und Habenseite eines Kontos?

A. Gewinn
B. Verlust
C. Ertrag
D. Saldo
E. Keine Antwort ist richtig.

10) Wie bezeichnet man die beiden Seiten einer Bilanz?

A. Soll und Haben
B. Linke und rechte Seite
C. Einnahmen und Ausgaben
D. Aktiva und Passiva
E. Keine Antwort ist richtig.

11) Welche Aussage zum Leasing-Vertrag ist richtig?

A. Eine Maschine zu leasen ist immer günstiger, als sie zu kaufen.
B. Beim Leasing muss man die gemietete Maschine nach Ablauf der Leasingdauer übernehmen.
C. Leasing ist eine Möglichkeit, das Überalterungsrisiko einer Maschine zu verringern.
D. Die Leasingrate einer Maschine ist unabhängig vom Auslastungsgrad der Maschine.
E. Keine Antwort ist richtig.

12) Wofür steht „Basel III"?

A. Basler Chemie- und Pharmaindustrie

B. Autobahnstrecke A3 zwischen Basel und Zürich

C. Eigenkapitalvorschriften für Kredit- und Finanzdienstleistungsinstitute

D. Basler Kulturtage

E. Keine Antwort ist richtig.

13) Was geschieht bei der Thesaurierung von Fondserträgen?

A. Die Erträge werden an die Anteilseigner ausgezahlt.

B. Die Erträge werden genutzt, um das Fondsvermögen zu erhöhen.

C. Die Erträge werden nach und nach ausgeschüttet.

D. Die Erträge werden für Krisenzeiten zurückgestellt.

E. Keine Antwort ist richtig.

14) Wie bezeichnet man die linke und rechte Seite des Gewinn- und Verlustkontos?

A. Passiva und Aktiva

B. Aktiva und Passiva

C. Soll und Haben

D. Gewinn und Verlust

E. Keine Antwort ist richtig.

15) Was ist ein Kontenrahmen?

A. Die vertraglich vereinbarte Kreditlinie mit dem Kreditgeber

B. Die vertraglich vereinbarten Kreditkonditionen mit dem Kreditgeber

C. Die vertraglich vereinbarte Kredithöhe mit dem Kreditgeber

D. Ein systematisches Verzeichnis aller Konten innerhalb eines Wirtschaftszweiges

E. Keine Antwort ist richtig.

Versicherungen

Bearbeitungszeit 5 Minuten

Beantworten Sie bitte die folgenden Aufgaben, indem Sie jeweils den richtigen Lösungsbuchstaben markieren.

16) Welche Versicherung ist keine Sachversicherung?

A. Glasversicherung
B. Hausratsversicherung
C. Feuerversicherung
D. Berufsunfähigkeitsversicherung
E. Keine Antwort ist richtig.

17) Welche Versicherung gehört nicht zur Personenversicherung?

A. Krankenversicherung
B. Rentenversicherung
C. Risikolebensversicherung
D. Autoversicherung
E. Keine Antwort ist richtig.

18) Was wird bei der Beitragskalkulation einer Lebensversicherung nicht berücksichtigt?

A. Gesundheitszustand
B. Beruf
C. Lebensalter
D. Politische Neigung
E. Keine Antwort ist richtig.

19) Welche Aussage zur privaten Rentenversicherung trifft zu?

A. Sie sichert das Risiko des zu frühen Todes ab.
B. Rentenversicherungen lassen sich ausschließlich für ein Endalter nach dem Ausscheiden aus dem Berufsleben festlegen.
C. Sie ist eine Versicherung auf den Erlebensfall.
D. Das eingezahlte Kapital darf von der Versicherungsgesellschaft nicht in Fondsprodukte angelegt werden.
E. Keine Antwort ist richtig.

20) Durch die höhere Lebenserwartung und die geringere Geburtenrate …?

A. gibt es in Zukunft immer mehr Rentenbeitragszahler.
B. steigt in Zukunft der finanzielle Spielraum für die Rentenversicherung.
C. ist eine höhere Rentenauszahlung möglich.
D. stehen den Rentnern immer weniger Beitragszahler gegenüber.
E. Keine Antwort ist richtig.

21) Was besagt im Versicherungswesen das „Gesetz der großen Zahlen"?

A. Wer hohe Schäden verursacht, hat eine höhere Prämie zu zahlen.
B. Je mehr Versicherungsverträge, desto schlechter die Absicherung.
C. Je höher die Versicherungsbeiträge, desto größer der Schutz.
D. Je größer die beobachtete Grundgesamtheit, desto mehr wird der Zufall zu einer kalkulierbaren Größe.
E. Keine Antwort ist richtig.

22) Welche Aussage zur Risikolebensversicherung ist falsch?

A. Der Versicherungsfall tritt mit dem Tod des Versicherungsnehmers ein.
B. Der Versicherungsbeitrag wird für das Versprechen des Versicherers gezahlt.
C. Die Auszahlung erfolgt an die Hinterbliebenen des Versicherungsnehmers.
D. Nach der Versicherungslaufzeit erhält der Versicherungsnehmer eine Auszahlung.
E. Keine Antwort ist richtig.

23) Welche Aussage zur Kfz-Haftpflichtversicherung trifft zu?

A. Zum Abschluss einer Kfz-Haftpflichtversicherung ist jeder Fahrzeughalter gesetzlich verpflichtet.
B. Zum Abschluss einer Kfz-Haftpflichtversicherung ist jeder Fahrzeugführer gesetzlich verpflichtet.
C. Die Kfz-Haftpflichtversicherung reguliert Schäden am Fahrzeug des Versicherungsnehmers.
D. Die Kfz-Haftpflichtversicherung darf Schäden nur mit der Zustimmung des Versicherungsnehmers regulieren.
E. Keine Antwort ist richtig.

24) Was gehört nicht zu den drei Teilfunktionen des Versicherungsgeschäftes?

A. Risikogeschäft
B. Spar- und Entspargeschäft
C. Dienstleistungsgeschäft
D. Gesamtwirtschaftliches Gleichgewicht
E. Keine Antwort ist richtig.

25) Welche Aussage zur kapitalbildenden Lebensversicherung ist falsch?

A. Der Versicherungsbeitrag kann durch eine Einmalzahlung erbracht werden.
B. Zur garantierten Leistung können Überschussbeteiligungen dazukommen.
C. Sie ist eine reine Hinterbliebenenversicherung.
D. Sie kann dazu dienen, Versicherungslücken des Versicherten zu schließen.
E. Keine Antwort ist richtig.

26) Was gehört nicht zu den drei Säulen der heutigen Altersvorsorge?

A. Gesetzliche Rentenversicherung
B. Nationale Altersvorsorge
C. Private Altersvorsorge
D. Betriebliche Altersvorsorge
E. Keine Antwort ist richtig.

27) Die sogenannte „Riester-Rente" …?

A. ist eine obligatorische Zusatzrentenversicherung.
B. wird durch die gesetzliche Rentenversicherung gewährleistet.
C. richtet sich primär an Selbstständige.
D. ist eine staatlich geförderte private Vorsorge.
E. Keine Antwort ist richtig.

28) Was versteht man im Versicherungs- und Bankenwesen unter „Solvabilität"?

A. Die Zins- und Prämienpolitik eines Versicherers oder eines Kreditinstituts
B. Der Rang eines Versicherers oder eines Kreditinstituts
C. Die Ausstattung eines Versicherers oder eines Kreditinstituts mit Fremdkapital
D. Die Leistungsfähigkeit eines Unternehmens bezüglich seiner Vertragsverpflichtungen
E. Keine Antwort ist richtig.

29) Wie lautet die allgemeine Formel für die sogenannte „Schadenhäufigkeit"?

A. $\frac{\text{Gesamtschaden}}{\text{Anzahl der Schäden}}$

B. $\frac{\text{Anzahl der Schäden} \times 1000}{\text{Gesamtschaden}}$

C. $\frac{\text{Anzahl der Schäden} \times 1000}{\text{Anzahl der versicherten Risiken}}$

D. $\frac{\text{Anzahl der versicherten Risiken}}{\text{Anzahl der Schäden}}$

E. Keine Antwort ist richtig.

30) Wie lautet die allgemeine Formel für den sogenannten „Schadendurchschnitt"?

A. $\frac{\text{Summe aller Schäden}}{\text{Anzahl der Schäden}}$

B. $\frac{\text{Anzahl der Schäden}}{\text{Summe aller Schäden}}$

C. $\frac{\text{Anzahl der Schäden}}{\text{Anzahl der versicherten Risiken}}$

D. $\frac{\text{Anzahl der versicherten Risiken}}{\text{Anzahl der Schäden}}$

E. Keine Antwort ist richtig.

Kaufmännisches Wissen

Bearbeitungszeit 3½ Minuten

Beantworten Sie bitte die folgenden Aufgaben, indem Sie jeweils den richtigen Lösungsbuchstaben markieren.

31) Welche Tätigkeit fällt nicht in den Tätigkeitsbereich der Personalabteilung?

A. Die Lohn- und Gehaltsabrechnung
B. Die Einstellung von Mitarbeitern
C. Die Berechnung der Sozialversicherungsbeiträge
D. Die Überwachung der Einhaltung von Hygienevorschriften
E. Keine Antwort ist richtig.

32) Wie nennt man die Bestandsaufnahme in einem Unternehmen zu einem bestimmten Zeitpunkt?

A. Inventur
B. Vermögensverzeichnis
C. Bilanz
D. Inventar
E. Keine Antwort ist richtig.

33) Welches Dokument ist nicht unbedingt standardisiert?

A. Tabelle
B. Serienbrief
C. Vordruck
D. Maske
E. Keine Antwort ist richtig.

34) In einem Aktenplan ist das Ordnungskürzel „ER 41" zu finden. Nach welchem Ordnungssystem sind die Akten offensichtlich sortiert?

A. Alphabetische Ordnung
B. Chronologische Ordnung
C. Alphanumerische Ordnung
D. Sachliche Ordnung
E. Keine Antwort ist richtig.

35) Welche Maschine setzt man nicht im Postausgang ein?

A. Walzmaschine
B. Frankiermaschine
C. Falzmaschine
D. Kuvertiermaschine
E. Keine Antwort ist richtig.

36) Mithilfe eines Makros kann man …?

A. die Organisationsstruktur eines Unternehmens abbilden.
B. Papierdokumente in einer Ablage sortieren.
C. Geräte in ein EDV-System einbinden.
D. mehrere Softwareanweisungen zusammenfassen.
E. Keine Antwort ist richtig.

37) Welcher Begriff steht für eine Rechtsform?

A. Stiller Gesellschafter einer Aktiengesellschaft
B. Beschränkt haftender Gesellschafter einer Kommanditgesellschaft
C. Unbeschränkt haftender Gesellschafter einer Kommanditgesellschaft
D. Offene Handelsgesellschaft
E. Keine Antwort ist richtig.

38) Ein Kaufvertrag ist ein für Käufer und Verkäufer verpflichtendes Rechtsgeschäft. Unter bestimmten Umständen ist dieses Geschäft allerdings nichtig, d. h. von Anfang an unwirksam. Welcher Umstand gehört nicht dazu?

A. Der Verkauf verstößt gegen das Gesetz.
B. Der Verkauf verstößt gegen die guten Sitten.
C. Der Verkäufer hat versehentlich einen falschen Preis angegeben.
D. Der Käufer ist geschäftsunfähig.
E. Keine Antwort ist richtig.

39) Welchen Vorteil bieten Ein-Personen-Büros unter anderem?

A. Kurze Kommunikationswege
B. Geringer Platzbedarf pro Mitarbeiter
C. Vertrauliche Atmosphäre
D. Leicht zu überblicken
E. Keine Antwort ist richtig.

40) Welche Aussage zum Datenschutz ist richtig?

A. Die Erhebung, Verarbeitung und Nutzung personenbezogener Daten ist im Prinzip erlaubt, wenn diese für Werbezwecke eingesetzt werden.
B. Das Bundesdatenschutzgesetz findet nur Anwendung, wenn es sich um personenbezogene Daten handelt, die innerhalb eines Unternehmens verarbeitet werden.
C. Das Bundesdatenschutzgesetz findet auch Anwendung für betriebliche Daten, wenn davon ausgegangen werden kann, dass personenbezogene Daten verarbeitet werden.
D. Die Vorschriften des Bundesdatenschutzgesetzes müssen nur von Körperschaften des öffentlichen Rechts beachtet werden.
E. Keine Antwort ist richtig.

Lösungen: Fachbezogenes Wissen

1) C	15) D	29) C
2) D	16) D	30) A
3) D	17) D	31) D
4) D	18) D	32) A
5) A	19) C	33) A
6) D	20) D	34) C
7) D	21) D	35) A
8) D	22) D	36) D
9) D	23) A	37) D
10) D	24) D	38) C
11) C	25) C	39) C
12) C	26) B	40) C
13) B	27) D	
14) C	28) D	

Bankgewerbe (Aufgaben 1–15)

Zu 1) C. Anteilseigner einer AG

Dividenden sind Gewinnbeteiligungen, die eine Aktiengesellschaft an ihre Aktionäre ausschüttet. Die Verwendung des Bilanzgewinns einer AG – und damit die Dividendenhöhe – wird vom Vorstand vorgeschlagen, vom Aufsichtsrat geprüft und von der Hauptversammlung beschlossen. Die Dividende ist von der allgemeinen Geschäftslage abhängig und kann daher von Jahr zu Jahr schwanken oder sogar ganz ausfallen.

Zu 2) D. Dividende

Dividenden sind Gewinnbeteiligungen, die eine Aktiengesellschaft an ihre Aktionäre ausschüttet. Die Verwendung des Bilanzgewinns einer AG – und damit die Dividendenhöhe – wird vom Vorstand vorgeschlagen, vom Aufsichtsrat geprüft und von der Hauptversammlung beschlossen. Die Dividende ist von der allgemeinen Geschäftslage abhängig und kann daher von Jahr zu Jahr schwanken oder sogar ganz ausfallen.

Zu 3) D. Ein Rechtsanspruch auf ein Grundstück

Eine Hypothek ist ein ins Grundbuch eingetragener Rechtsanspruch auf ein Grundstück. Sie dient meist als Pfand, um eine längerfristige Finanzierung – etwa einen Bankkredit – dem Gläubiger gegenüber abzusichern. Um den festgelegten Geldbetrag zu erhalten, darf der Inhaber der Hypothek zur Not eine Zwangsvollstreckung vornehmen.

Zu 4) D. Es gibt Namensaktien und Inhaberaktien.

Die Aktie ist ein Wertpapier, das einen Anteil am Grundkapital einer Aktiengesellschaft verbrieft. Aktien können an einer Wertpapierbörse oder auch außerbörslich gehandelt werden.

Inhaber von Namensaktien (engl. „registered share") werden namentlich im Aktienregister eingetragen, mit Adresse, Geburtsdatum und der Stückzahl der erworbenen Aktien. Die verbreiteteren Inhaberaktien hingegen laufen nicht auf eine bestimmte Person: Sie können ohne besondere Formalitäten ge- und verkauft werden und eignen sich daher gut für den Börsenhandel.

Zu 5) A. $\text{Rendite} = \frac{\text{Gewinn}}{\text{Eingesetztes Kapital}}$

Für die Berechnung der Rendite gibt es verschiedene Formeln. Eine Möglichkeit besteht darin, wie in Lösung A den Gewinn ins Verhältnis zum eingesetzten Kapital zu setzen. Um den Gesamterfolg einer Kapitalanlage als tatsächliche Verzinsung des eingesetzten Kapitals zu messen, multipliziert man den Wert aus der Rendite-Formel mit 100. Eine andere Möglichkeit der Renditeberechnung ist, die Einzahlungen zu den Auszahlungen ins Verhältnis zu setzen.

Zu 6) D. Forderungen, die in einer Fremdwährung bestehen

Devisen sind Forderungen, die in einer Fremdwährung bestehen. Dazu zählen beispielsweise ausländische Konten, Wertpapiere und Banknoten.

Zu 7) D. Der finanzielle Rahmen, den eine Bank einem Kreditnehmer gewährt

Als Kreditlinie wird der finanzielle Rahmen bezeichnet, bis zu dem ein Kreditnehmer Kredit erhält. Eine Kreditlinie ist ein sogenannter revolvierender Kredit, der nach zwischenzeitlicher Rückführung bis zum Laufzeitende oder bis zur Kündigung immer wieder neu in Anspruch genommen werden kann. Da kein Ausschöpfungsgrad festgelegt ist, muss die Kreditlinie nicht zwingend bis zur gewährten Höhe in Anspruch genommen werden – eine nicht ausgenutzte Kreditlinie bezeichnet man als „offene Kreditlinie". Die Einräumung einer Kreditlinie an Privatkunden geschieht in der Regel als Dispositionskredit. Auch zwischen Staaten und im innerdeutschen Handel werden Kreditlinien im Rahmen gegenseitiger Verrechnungsabkommen eingeräumt.

Zu 8) D. Giroverkehr

Giroverkehr ist der bargeldlose Zahlungs- und Abrechnungsverkehr bei einem Kreditinstitut durch Gutschrift oder Lastschrift auf ein Girokonto. Dem Giroverkehr liegt das von der Deutschen Reichsbank im 19. Jahrhundert gegründete Gironetz zugrunde, das den bargeldlosen Zahlungsverkehr zwischen den einzelnen Banken ermöglicht.

Zu 9) D. Saldo

In der Buchführung ist der Saldo die Differenz zwischen der Soll- und der Habenseite eines Kontos. Sind die Umsätze im Haben (= rechte Kontoseite) größer als im Soll (= linke Kontoseite), entsteht ein Habensaldo, andernfalls ein Sollsaldo. Somit stellt der Saldo den Wert eines Kontos dar, mit dem es in eine Gewinn- und Verlustrechnung oder eine Bilanz übertragen wird.

Zu 10) D. Aktiva und Passiva

Die Bilanz ist eine kurz gefasste Vermögensübersicht als Gegenüberstellung von Aktiva und Passiva in Kontenform. Sie ist zusammen mit der Gewinn- und Verlustrechnung Bestandteil des Jahresabschlusses eines Unternehmens. Die Bilanz stellt den wirtschaftlichen Erfolg von Unternehmen in einer Vergangenheitsbetrachtung dar: in der Regel in Bezug auf das abgelaufene Geschäftsjahr.

Zu 11) C. Leasing ist eine Möglichkeit, das Überalterungsrisiko einer Maschine zu verringern.

Das Leasing ist eine Finanzierungsmethode, bei der der Leasinggeber dem Leasingnehmer ein Leasinggut für einen vereinbarten Betrag zur Nutzung überlässt. Als Leasinggeber können z. B. Finanzinstitute oder Gerätehersteller auftreten. Die Vorteile für den Leasingnehmer: Liquidität wird erhalten, der Verwaltungsaufwand sinkt (mit einem entsprechenden Servicevertrag) und alte Geräte werden nach Vertragslaufzeit regelmäßig durch neue ersetzt.

Zu 12) C. Eigenkapitalvorschriften für Kredit- und Finanzdienstleistungsinstitute

„Basel III" bezeichnet die vom Basler Ausschuss für Bankenaufsicht erarbeiteten Kapital- und Liquiditätsvorschriften, die seit 2013 in den Mitgliedsstaaten der Europäischen Union für alle Kreditinstitute und Finanzdienstleistungsinstitute gelten. Geregelt wird unter anderem eine bessere Absicherung von Kreditrisiken: Kreditinstitute müssen bei der Kreditvergabe höhere Eigenmittel hinterlegen. Außerdem soll der Finanzsektor im Krisenfall künftig mehr Liquidität (Kapitalmittel) bereitstellen können, um Engpässe zu verhindern.

Zu 13) B. Die Erträge werden genutzt, um das Fondsvermögen zu erhöhen.

Thesaurierende Fonds lassen Fondserträge wieder ins Gesamtvermögen des Fonds rückfließen, wodurch auch der Eigenwert der Fondsanteile steigt. Das kann steuerliche Vorteile im Vergleich zu einer Wiederanlage bieten, bei der Erträge zuerst ausgeschüttet und dann in zusätzlichen Anteilen wiederangelegt werden.

Zu 14) C. Soll und Haben

Bei doppelter Buchführung bezeichnet man die linke Seite des Kontos mit „Soll", die rechte mit „Haben". In dieser Form stellt das Gewinn- und Verlustkonto Einnahmen und Ausgaben dar und weist die Art, die Höhe und die Quellen des unternehmerischen Erfolgs aus. Überwiegen die Einnahmen, wurde ein Gewinn, andernfalls ein Verlust erzielt.

Zu 15) D. Ein systematisches Verzeichnis aller Konten innerhalb eines Wirtschaftszweiges

Ein Kontenrahmen ist ein systematisches Verzeichnis aller Konten. Er dient als Richtlinie und Empfehlung, um in einem Unternehmen einen konkreten Kontenplan aufzustellen. Ziel ist es, gleichartige Geschäftsvorfälle einheitlich zu buchen und innerbetriebliche Vergleiche zu ermöglichen. Der Kontenrahmen gliedert sich meist nach dem Zehnersystem in Kontenklassen, die in Wesen und Inhalt ähnliche Konten bündeln.

Versicherungen (Aufgaben 16–30)

Zu 16) D. Berufsunfähigkeitsversicherung

Sachversicherungen dienen dem Versicherungsschutz von Sachwerten sowie der Gefahrenabwehr von Haftungsrisiken: Darunter fallen beispielsweise die Autoversicherung, die Hausratsversicherung, die Feuerversicherung, die Kunstversicherung, die private Haftpflichtversicherung und die Gebäudeversicherung. Dagegen liegt das versicherte Risiko bei der Berufsunfähigkeitsversicherung in einer Person, weshalb sie zu den Personenversicherungen zählt.

Zu 17) D. Autoversicherung

Es wird unterschieden zwischen Personenversicherung und Sachversicherung. Bei der Personenversicherung liegt das versicherte Risiko direkt in der Person: dazu gehören beispielsweise die Lebensversicherungen, die privaten Krankenversicherungen, Berufsunfähigkeitsversicherungen und die Unfallversicherungen. Im Gegensatz hierzu decken Sachversicherungen, wie beispielsweise die Autoversicherung oder Hausratsversicherung, Schäden an Sachen ab.

Zu 18) D. Politische Neigung

Die politische Neigung gehört zur Privatsphäre eines Menschen und darf nicht in die Beitragsbemessung einfließen.

Zu 19) C. Sie ist eine Versicherung auf den Erlebensfall.

Die Rentenversicherung ist ein Versicherungsvertrag, der ab einem bestimmten Zeitpunkt die Zahlung einer Leibrente garantiert. Die private Rentenversicherung ist tatsächlich eine Lebensversicherung, wobei nicht das Risiko des zu frühen Todes, sondern das wirtschaftliche Risiko eines langen Lebens abgesichert wird. So handelt es sich um eine Versicherung auf den Erlebensfall zur Sicherung des Lebensunterhalts.

Es gibt sofort beginnende Rentenversicherungen – in der Regel gegen einen Einmalbeitrag –, bei der die Leibrente sofort ab Vertragsabschluss oder zum Ende der ersten Rentenzahlungsperiode ausgezahlt wird. Doch häufiger ist die aufgeschobene Rentenversicherung gegen Einmalbeitrag oder laufenden Beitrag, bei der die Rentenzahlungen erst nach einem frei vereinbarten Zeitpunkt (Aufschubzeit) beginnen. Die Beitragszahlungen erfolgen hierbei grundsätzlich nur während der Aufschubzeit.

Bei der Kapitalanlage der Rentenversicherer gelten gewisse Anlagegrundsätze (Streuung, Mischung, Sicherheit, Rendite und Liquidität). Je nach Vertrag kann eine Rentenversicherung auch in Fonds und Aktien investieren, wobei grundsätzlich nicht mehr als 35 % des Sicherungsvermögens in Aktien investiert werden dürfen.

Zu 20) D. stehen den Rentnern immer weniger Beitragszahler gegenüber.

Die Finanzierung der Rente hängt wesentlich von der demografischen Entwicklung ab. Dank der steigenden Lebenserwartung gibt es einerseits immer mehr Rentner, denen andererseits wegen der niedrigen Geburtenrate immer weniger Beitragszahler gegenüberstehen.

Zu 21) D. Je größer die beobachtete Grundgesamtheit, desto mehr wird der Zufall zu einer kalkulierbaren Größe.

Das Gesetz der großen Zahlen ist für die Versicherungsbranche elementar. Es handelt sich um einen mathematischen Satz aus der Wahrscheinlichkeitsrechnung, der grob zusammengefasst Folgendes besagt: Je häufiger ein Zufallsexperiment wiederholt wird, desto mehr nähert sich die relative Häufigkeit eines Ergebnisses seiner statistischen Wahrscheinlichkeit. Dieses Prinzip nutzen Versicherer, um künftige Schadensfälle abzuschätzen: Der Einfluss des Zufalls sinkt, wenn die Zahl der versicherten Personen, Güter und Sachwerte wächst, die von der gleichen Gefahr bedroht sind. Großereignisse und langfristige Entwicklungen wie der Klimawandel können die Berechnungsbasis der statistischen Wahrscheinlichkeit verändern und das Gesetz zumindest teilweise unbrauchbar machen.

Zu 22) D. Nach der Versicherungslaufzeit erhält der Versicherungsnehmer eine Auszahlung.

Eine Risikolebensversicherung ist eine reine Todesfallversicherung, d. h. die Hinterbliebenen erhalten die Versicherungsleistung im Todesfall des Versicherten. Es ist ratsam, eine solche Versicherung bei größeren Baufinanzierungen abzuschließen, um die Hinterbliebenen in der Familie im Todesfall abzusichern. Ohne eine Risikolebensversicherung könnte im Todesfall des Hauptverdieners eine finanzielle Katastrophe für die Hinterbliebenen entstehen.

Zu 23) A. Zum Abschluss einer Kfz-Haftpflichtversicherung ist jeder Fahrzeughalter gesetzlich verpflichtet.

Jeder Kfz-Halter ist in Deutschland gesetzlich zum Abschluss einer Kfz-Haftpflichtversicherung verpflichtet. Im Schadenfall deckt die Versicherung Personenschäden, Sachschäden, Vermögensschäden und immaterielle Schäden des geschädigten Unfallgegners – wenn es sein muss, sogar gegen den Willen des Versicherungsnehmers.

Zu 24) D. Gesamtwirtschaftliches Gleichgewicht

Gegen eine Beitragszahlung übernimmt der Versicherer eine Wahrscheinlichkeitsverteilung von Risiken. Durch das Anlegen von Kapital und das Auszahlen von Leistungen entsteht ein planmäßiger Spar- und Entsparprozess. Die Beratungs- und Abwicklungsleistungen der Versicherer sind als Dienstleistungsgeschäft zu betrachten. Das gesamtwirtschaftliche Gleichgewicht ist ein übergeordnetes volkswirtschaftliches Ziel und gehört nicht zu den Teilfunktionen des Versicherungsgeschäftes.

Zu 25) C. Sie ist eine reine Hinterbliebenenversicherung.

Kapitalbildende Lebensversicherungen verwenden die eingezahlten Beiträge teilweise zur Kapitalbildung. Sie bieten dem Versicherten damit sowohl einen Hinterbliebenenschutz für den Todesfall als auch eine Ansammlung von Versorgungskapital für den Erlebensfall. Beispiele sind gemischte Versicherungen, lebenslängliche Todesfallversicherungen und Rentenversicherungen.

Maßgeblich für die Höhe der Versicherungsleistung sind die Versicherungslaufzeit, die Beitragshöhe sowie das Geschlecht und das Eintrittsalter des Versicherten. Je nach Vereinbarung können neben bzw. statt Tod oder Erleben auch andere, direkt mit dem menschlichen Leben zusammenhängende Gefahren als leistungsauslösende Versicherungsfälle bestimmt sein: z. B. der Eintritt schwerer Krankheiten oder die Berufs- oder Erwerbsunfähigkeit. Kapitalbildende Versicherungen erfordern wegen der hohen Wahrscheinlichkeit der Leistungsfälligkeit einen wesentlichen Sparprozess beim Versicherer.

In Deutschland sind alle Lebensversicherungsverträge grundsätzlich überschussbeteiligt, soweit dies nicht ausdrücklich vertraglich ausgeschlossen wird.

Zu 26) B. Nationale Altersvorsorge

Die heutige Altersvorsorge setzt sich aus den sogenannten „drei Säulen" zusammen.

Bei der ersten Säule handelt es sich um die gesetzliche Vorsorge. Hier werden Pflichtbeiträge in die gesetzliche Rentenversicherung während des gesamten Erwerbslebens geleistet.

Die zweite Säule ist die ergänzende erwerbsbasierte Alterssicherung, wozu die betriebliche Altersvorsorge und die Zusatzversorgung des Öffentlichen Dienstes zählen.

Die dritte Säule ist der Bereich der privaten Altersvorsorge. Hierzu zählen alle privaten Absicherungen wie Fondssparpläne, Lebensversicherungen und Immobilienbesitz, aber auch die staatlich geförderte Riester-Rente und Rürup-Rente.

Zu 27) D. ist eine staatlich geförderte private Vorsorge.

Die Riester-Rente wurde mit der Reform der gesetzlichen Rentenversicherung im Jahr 2000/2001 geschaffen. Sie soll dazu dienen, die Bereitschaft der Deutschen zur privaten Altersvorsorge durch ein umfangreiches Förderungskonzept zu erhöhen: Zum einen fördert der Staat die Riester-Rente durch Zulagen, zum anderen sind die Beiträge und Zulagen als Altersvorsorgeaufwendungen steuerlich abzugsfähig. Um die staatliche Förderung zu erhalten, ist die Einzahlung in einen zertifizierten Vertrag erforderlich: Dies kann ein Banksparplan, eine klassische bzw. fondsgebundene Rentenversicherung, ein Fondssparplan oder neuerdings auch ein Bausparvertrag sein. Riester-Verträge werden von Banken, Versicherungen, Fondsgesellschaften und Bausparkassen angeboten.

Zu 28) D. Die Leistungsfähigkeit eines Unternehmens bezüglich seiner Vertragsverpflichtungen

„Solvabilität" bezeichnet im Versicherungs- und Bankwesen die Ausstattung eines Versicherers oder eines Kreditinstituts mit Eigenmitteln. Die Eigenmittel dienen dazu, Risiken des Versicherungs- bzw. Kreditgeschäfts abzudecken und die Ansprüche der Versicherungsnehmer oder Gläubiger auch bei ungünstigen Entwicklungen abzusichern. Je höher die Solvabilität eines Unternehmens ist, desto besser sind die Ansprüche der Kunden gesichert. Die Höhe der Eigenmittel wird nach dem gesamten Geschäftsumfang des Unternehmens bemessen.

Zu 29) C. $\frac{\text{Anzahl der Schäden} \times 1000}{\text{Anzahl der versicherten Risiken}}$

Die Schadenhäufigkeit ist ein rechnerischer Wert der Versicherer, welcher die Anzahl der jährlich anfallenden Schäden je tausend Risiken in Promille angibt.

Die Versicherungsprämie für die Deckung des einzelnen Risikos (Schadenbedarf) lässt sich durch die Multiplikation von Schadendurchschnitt und Schadenhäufigkeit errechnen.

Zu 30) A. $\frac{\text{Summe aller Schäden}}{\text{Anzahl der Schäden}}$

Der Schadendurchschnitt errechnet sich aus dem Gesamtschaden dividiert durch die Anzahl der gemeldeten Schäden. Die Versicherungsprämie für die Deckung des einzelnen Risikos (Schadenbedarf) lässt sich durch die Multiplikation von Schadendurchschnitt und Schadenhäufigkeit bestimmen.

Kaufmännisches Wissen (Aufgaben 31–40)

Zu 31) D. Die Überwachung der Einhaltung von Hygienevorschriften

Personalabteilungen haben ein breites Aufgabenspektrum: Dazu gehört das Anlegen und Führen von Personalakten, die Sozialverwaltung, die Berechnung und Zahlung von Gehältern, die Verwaltung von Arbeits-, Urlaubs- und Fehlzeiten sowie Tätigkeiten bei der Einstellung und dem Ausscheiden von Mitarbeitern. Die Einhaltung von Hygienevorschriften zu überwachen zählt jedoch nicht dazu.

Zu 32) A. Inventur

Eine Inventur ist die Bestandsaufnahme durch Zählen, Messen, Schätzen oder Wiegen, die zur Aufstellung des Inventars führt. Durch die Inventur werden Vermögenswerte und Schulden eines Unternehmens zu einem bestimmten Stichtag ermittelt und schriftlich fixiert. Das Inventar führt als Ergebnis der Inventur alle Vermögenswerte und Schulden nach Art, Menge und Wert auf.

Zu 33) A. Tabelle

Masken sind Standardvorlagen zur elektronischen Datenerfassung mit vorgegebenen Feldern zur Dateneingabe. Das Papier-Pendant zur Maske ist der Vordruck. Serienbriefe sind standardisierte Schreiben an mehrere Adressaten, wobei einzelne Elemente wie Adresse und Anrede personalisiert werden können. Eine Tabelle kann zwar den Überblick erleichtern – standardisiert ist sie jedoch nur dann, wenn sie sich nach einer Formatvorlage richtet.

Zu 34) C. Alphanumerische Ordnung

Die Kombination aus Buchstaben und Zahlen weist auf ein alphanumerisches Ordnungssystem hin. Vorstellbar wäre etwa, dass das Kürzel „ER 41" sich auf Eingangsrechnungen („ER") bezieht, deren Nummern mit „41" beginnen. Die alphabetische Ordnung sortiert allein nach Buchstaben, die chronologische Ordnung nach Datum und die sachliche Ordnung nach Sachgebieten.

Zu 35) A. Walzmaschine

Falzmaschinen falten die Dokumente briefgerecht, Kuvertiermaschinen befördern sie passgenau in ihren Umschlag, Frankiermaschinen versehen die Sendungen mit einem Wertaufdruck bzw. einem maschinenlesbaren Code. Walzmaschinen findet man in der Metallindustrie.

Zu 36) D. mehrere Softwareanweisungen zusammenfassen.

Die grafische Wiedergabe einer Unternehmensstruktur ist das Organigramm. Ein Makro bündelt mehrere Softwareanweisungen – so gehen wiederkehrende Arbeitsschritte am PC schneller von der Hand. Man kann Makros eine bestimmte Tastenkombination zuweisen.

Zu 37) D. Offene Handelsgesellschaft

Die Rechtsform einer Gesellschaft definiert den gesetzlichen Rahmen für ihre Besteuerung, für die Haftung der Gesellschafter und deren Recht zur Geschäftsführung. Zudem ist mit der Gesellschaftsform festgelegt, ob die Gesellschaft eine eigene Rechtspersönlichkeit besitzt (wie bei einer AG) oder ob ihre Gesellschafter als natürliche Personen handeln (wie bei einer GbR). Grundsätzlich unterscheidet man zwischen Einzelunternehmen, Personengesellschaften (GbR, oHG ...), Kapitalgesellschaften (AG, GmbH ...) und Mischformen (GmbH & Co. KG ...) sowie Vereinen und Stiftungen.

Zu 38) C. Der Verkäufer hat versehentlich einen falschen Preis angegeben.

Ein Gesetzesverstoß (wie etwa beim Drogenhandel) begründet ebenso die vertragliche Nichtigkeit wie die Geschäftsunfähigkeit eines Vertragspartners oder die Sittenwidrigkeit: darunter versteht der Gesetzgeber das „Anstandsgefühl aller billig und gerecht Denkenden" – eine weit auslegbare Definition, nach der z. B. Wucherzinsen verboten sind. Im Falle des Preisirrtums gilt der Vertrag erst dann als unwirksam, wenn er innerhalb einer bestimmten Frist angefochten wird.

Zu 39) C. Vertrauliche Atmosphäre

Sitzen die Mitarbeiter in Ein-Personen-Büros, ergeben sich im Vergleich zum Großraumbüro einige Nachteile: Die Kommunikationswege sind länger, und die Einzelräume nehmen insgesamt mehr Platz ein als ein Großraumbüro für alle Mitarbeiter. Außerdem ist kaum zu überblicken, welcher Mitarbeiter gerade wo mit was beschäftigt ist. Zu den Vorteilen von Ein-Personen-Büros zählt neben der ruhigeren Arbeitsumgebung und den individuellen Anpassungsmöglichkeiten die vertrauliche Atmosphäre.

Zu 40) C. Das Bundesdatenschutzgesetz findet auch Anwendung für betriebliche Daten, wenn davon ausgegangen werden kann, dass personenbezogene Daten verarbeitet werden.

Das Bundesdatenschutzgesetz regelt zusammen mit den Datenschutzgesetzen der Länder den Umgang mit personenbezogenen Daten. Danach ist die Erhebung, Verarbeitung und Nutzung solcher Daten grundsätzlich verboten und nur dann erlaubt, wenn das Gesetz dies für den bestimmten Fall zulässt oder die betroffene Person zustimmt. Dies gilt auch für betriebliche Daten. Beschäftigt ein Unternehmen mindestens zehn Personen ständig mit der Bearbeitung personengebundener Daten, benötigt es einen Datenschutzbeauftragten.

Sprachbeherrschung

Diktat

Bearbeitungszeit 20 Minuten

1) Nehmen Sie nun bitte etwas Schreibpapier zur Hand und suchen Sie sich einen Partner, der Ihnen den vorliegenden Text Satzteil für Satzteil vorliest (Punkte werden mitdiktiert). Im Anschluss werten Sie das Diktat im Abgleich mit der Vorlage sorgfältig aus (Kommasetzung nicht vergessen). Insgesamt sollten Sie nicht mehr als 10 Fehler machen – je weniger, desto besser. Einen Bewertungsschlüssel finden Sie im Lösungsteil.

Großeinsätze wegen Rap-Videos *(alternativ: Rapvideos)*

In Frankfurt am Main und im nordrhein-westfälischen Oberhausen ereigneten sich binnen weniger Tage zwei Großeinsätze der Polizei mit derselben kuriosen Ursache: Dreharbeiten für Rap-Videos *(alternativ: Rapvideos)*. In beiden Fällen hatten Passanten vermummte Männer mit Schusswaffen, darunter sogar Maschinenpistolen, beobachtet und anschließend die Sicherheitskräfte verständigt. Diese stürmten mit mehreren Streifenwagen die Tiefgarage eines Frankfurter Supermarkts und einen Oberhausener Parkplatz, um den vermeintlichen Überfall oder Terrorangriff zu vereiteln. In der Mainmetropole beteiligte sich sogar eine Spezialeinheit in Kampfausrüstung an der Aktion. Die verdutzten Vermummten waren bereits überwältigt und fixiert worden, ehe sich das Missverständnis aufklärte: Es handelte sich weder um echte Kriminelle noch um reale Waffen, sondern um Rapper und Komparsen mit authentischen Waffenattrappen.

Die Video-Produzenten *(alternativ: Videoproduzenten)* aus der Frankfurter Nachbarstadt Offenbach hatten sich im Gegensatz zu den Oberhausenern zwar wenigstens ordentliche Drehgenehmigungen erteilen lassen. Jedoch hatten es beide Produktionsgesellschaften versäumt, im Vorfeld der Dreharbeiten die Polizei zu informieren. Die Frankfurter Polizei erklärte im Nachhinein sogar den Willen, die Offenbacher Musiker nicht mit dem Schrecken allein davonkommen zu lassen, sondern ihnen auch die Einsatz-

Bitte umblättern =>

kosten in Rechnung zu stellen. Die Ordnungshüter wiesen in beiden Fällen auf die Gefährlichkeit hin, mit Waffenattrappen in der Öffentlichkeit herumzuhantieren. Außenstehende könnten den Unterschied nicht zwangsläufig erkennen und so ungewollt Großeinsätze auslösen.

Kurzaufsatz (Erörterung) *Bearbeitungszeit 30 Minuten*

Nun geht es um Ihre Ausdrucksfähigkeit, Ihre Sachkenntnis und Ihr Urteilsvermögen.

Bei einem Kurzaufsatz ist nicht nur interessant, wie Sie schreiben, sondern auch, was Sie zu einem bestimmten Thema zu sagen haben.

Ihren Text können Sie nach dem folgenden Schema gliedern:

- **Einleitung:** Finden Sie einen Einstieg, nähern Sie sich an das Thema an, beispielsweise anhand von persönlichen Erfahrungen oder aktuellen Ereignissen.
- **Hauptteil:** Gehen Sie auf die Fragestellung ein, indem Sie verständlich formulieren, anschaulich beschreiben und plausibel argumentieren. Doch verlieren Sie sich nicht in Randaspekten – behalten Sie die Bearbeitungszeit im Auge.
- **Schluss:** Fassen Sie das Gesagte abschließend zusammen, ziehen Sie eine Bilanz.

Bearbeitungshinweis

30 Minuten sind nicht viel Zeit, um einen überzeugenden Aufsatz zu verfassen. Proben Sie gegebenenfalls mehrmals, Ihre Ausführungen in der vorgegebenen Bearbeitungsdauer auf den Punkt zu bringen. Achten Sie dabei – unabhängig von der Fragestellung – auf Rechtschreibung, Grammatik und einen angemessenen Sprachstil.

Sorgen Sie dafür, dass sich Ihr Text gut lesen lässt: durch logische Satzanschlüsse, einen klaren Satzbau, treffende Begriffe und eine saubere Handschrift. Geben Sie Ihrem Text ruhig eine leicht persönliche Note, anstatt abstrakt und ungreifbar zu schreiben. Möglicherweise hat Ihr Wunschberuf einen direkten Bezug zum vorgegebenen Begriff – dann sollten Sie auch auf diesen Zusammenhang eingehen.

Nehmen Sie nun bitte etwas Schreibpapier zur Hand und verfassen Sie einen Kurzaufsatz zum Thema „Cybermobbing".

2) Studien zufolge wird heutzutage rund jeder sechste Jugendliche Opfer von Cybermobbing: Er wird über elektronische Medien beleidigt, beschimpft oder bedroht, etwa in sozialen Online-Netzwerken, in Videoportalen oder per Smartphone. Was kann man dagegen tun?

Welche Schreibweise stimmt? *Bearbeitungszeit 3 Minuten*

In diesem Abschnitt werden Ihre Rechtschreibkenntnisse geprüft.

Wie wird das Wort richtig geschrieben? Beantworten Sie bitte die folgenden Aufgaben, indem Sie jeweils den Lösungsbuchstaben der richtigen Schreibweise markieren.

3)

A. Ensemmble
B. Ensemble
C. Ensembel
D. Ensemmbel
E. Keine Antwort ist richtig.

4)

A. Karusell
B. Karusel
C. Karrussel
D. Karussell
E. Keine Antwort ist richtig.

5)

A. Komissionsgesellschaft
B. Kommisionsgeselschaft
C. Komisionsgesellschaft
D. Kommissionsgesellschaft
E. Keine Antwort ist richtig.

6)

A. Klische
B. Klichee
C. Klischee
D. Clischee
E. Keine Antwort ist richtig.

7)

A. Pietet
B. Pietät
C. Piätät
D. Piätet
E. Keine Antwort ist richtig.

8)

A. Resüme
B. Resümee
C. Resühme
D. Resümeh
E. Keine Antwort ist richtig.

9)

A. Intelligenzqotienten
B. Intelligenzquotienten
C. Inteligenzquotienten
D. Intelligenskotienten
E. Keine Antwort ist richtig.

10)

A. Jalosi
B. Jalousi
C. Jalousi
D. Jalousie
E. Keine Antwort ist richtig.

11)

A. Rababer
B. Rharbarber
C. Rhabarber
D. Rarbarber
E. Keine Antwort ist richtig.

12)

A. Hypotenuse
B. Hypothenuse
C Hypotenose
D. Hypothenose
E. Keine Antwort ist richtig.

13)

A. Engagment
B. Angagment
C. Angagement
D. Engagement
E. Keine Antwort ist richtig.

14)

A. Ballustrade
B. Balußtrade
C. Balustrade
D. Balustrahde
E. Keine Antwort ist richtig.

15)

A. Portmonaie
B. Portmonee
C. Portemonee
D. Portemonai
E. Keine Antwort ist richtig.

Rechtschreibung: Wortgruppen und kurze Sätze

Bearbeitungszeit 3½ Minuten

Bearbeiten Sie bitte die folgenden Aufgaben, indem Sie jeweils den Lösungsbuchstaben des korrekt geschriebenen Antwortvorschlags markieren.

16)

A. Thunfische ernähren sich von Krebstieren.
B. Tuenfische ernähren sich von Krebstieren.
C. Thunfische ernähren sich von Krebstiren.
D. Tunfische ernähren sich von Krebstiren.
E. Keine Antwort ist richtig.

17)

A. Der Manager appellierte an die Vernunft der Sekretärin.
B. Der Manager apellierte an die Vernunft der Sekretärin.
C. Der Manager appelierte an die Vernunft der Sekretärin.
D. Der Manager appellierte an die Vernunft der Sekreterin.
E. Keine Antwort ist richtig.

18)

A. eine irrsinnige Situation
B. eine irsinnige Situation
C. eine irrsinige Situation
D. eine irrsinnige Sittuation
E. Keine Antwort ist richtig.

19)

A. Der plötzliche Tod überraschte alle.
B. Der plözliche Tod überraschte alle.
C. Der plötzliche Tot überraschte alle.
D. Der plötzliche tod überaschte Alle.
E. Keine Antwort ist richtig.

20)

A. Kriessenmanagement
B. Kriesenmanagment
C. Kriesenmanagement
D. Krisenmanagement
E. Keine Antwort ist richtig.

21)

A. Wettbewerb mit massiven Rabataktionen
B. Wettbewerb mit masiven Rabattaktionen
C. Wettbewerb mit massiven Rabattaktionen
D. Wetbewerb mit massiven Rabattaktionen
E. Keine Antwort ist richtig.

22)

A. Rezept mit Remouladensose
B. Rezept mit Remolladensoße
C. Rezept mit Remouladensoße
D. Rezept mit Remuladensoße
E. Keine Antwort ist richtig.

23)

A. Die Ressourcen sind knapp.
B. Die Resourcen sind knapp.
C. Die Ressoursen sind knapp.
D. Die Resoursen sind knapp.
E. Keine Antwort ist richtig.

24)

A. eine Jalousi aus Leichtmetall
B. eine Jalousie aus Leichtmetal
C. eine Jalousie aus Leichtmetall
D. eine Jalusie aus Leichtmetall
E. Keine Antwort ist richtig.

25)

A. Masseur und Physiotherapeut
B. Maseur und Psychotherapeut
C. Maseur und Physiotherapeut
D. Masseur und Pysiotherapeut
E. Keine Antwort ist richtig.

Rechtschreibung: Lückentext *Bearbeitungszeit 3½ Minuten*

Welcher Ausdruck füllt die Lücke sinnvoll und fehlerfrei? Bitte markieren Sie jeweils die richtige Lösung.

26) Unser Nachbar ist wirklich ein sehr __________ Mensch.

A. kolerisch
B. chollerischer
C. cholerischer
D. kolerische
E. Keine Antwort ist richtig.

27) Alle Staaten der Europäischen Union sollten die Anwendung des Grundsatzes des gleichen __________ für Frauen und Männer bei gleicher oder gleichwertiger Arbeit sicherstellen.

A. Entgelte
B. Entgelt's
C. Entgelds
D. Entgelts
E. Keine Antwort ist richtig.

28) Für viele Naturwissenschaftler und __________ ist praktische Verwertbarkeit elementarer Zweck der Wissenschaft.

A. Philosoph
B. Psychologe
C. Philosophen
D. Seismografen
E. Keine Antwort ist richtig.

29) Es gibt Krankheiten, bei denen neben anderen Symptomen auch __________ auftreten können.

A. Grippe
B. Grippen
C. Halluzination
D. Halluzinationen
E. Keine Antwort ist richtig.

30) Im Jahr 1836 gründeten die Dresdner Kaufleute Benjamin Schwenke und Friedrich Lange eine __________.

A. Dampfschifffahrts-gesellschaften
B. Dampfschiffahrtsgesellschaften
C. Dampfschiffahrtsgesellschaft
D. Dampfschifffahrtsgesellschaft
E. Keine Antwort ist richtig.

31) Dieser Massagesessel ist genial! Die __________ der Massage lässt sich stufenlos regeln.

A. Intensivität
B. Intenzität
C. Intensität
D. Indensität
E. Keine Antwort ist richtig.

32) Die Wissenschaftler führten eine ____________ Studie durch.

A. empierische
B. empirischen
C. empierischer
D. empirische
E. Keine Antwort ist richtig.

33) Mit einer ____________ Umfrage wird versucht, die öffentliche Meinung zu ermitteln.

A. repressente
B. repräsenten
C. repräsentativen
D. repräsentative
E. Keine Antwort ist richtig.

34) Wir werden ____________, wenn weiterhin keine Kunden kommen.

A. Pleite gehen
B. pleitegehen
C. Pleitegehen
D. pleite gehen
E. Keine Antwort ist richtig.

35) Seit Jahren ist das ____________ ihr Glücksbringer.

A. 2 Eurostück
B. 2-Euro-Stück
C. 2-Euro Stück
D. 2 Euro Stück
E. Keine Antwort ist richtig.

Groß- und Kleinschreibung *Bearbeitungszeit 3½ Minuten*

Groß oder klein – welche Schreibweise stimmt? Beantworten Sie bitte die folgenden Aufgaben, indem Sie jeweils den Lösungsbuchstaben des richtig geschriebenen Satzes markieren.

36)

A. Die Polizei tappte völlig im dunkeln.
B. Die Polizei tappte völlig im Dunkeln.
C. Die Polizei tappte Völlig im dunkeln.
D. Die Polizei tappte Völlig im Dunkeln.
E. Keine Antwort ist richtig.

37)

A. Damit hat er vollkommen Recht!
B. Damit hat er vollkommen recht!
C. Damit hat Er vollkommen Recht!
D. Damit hat Er vollkommen recht!
E. Keine Antwort ist richtig.

38)

A. Sie ist es einfach nur Leid.
B. Sie ist es einfach nur leid.
C. Sie ist es Einfach nur leid.
D. Sie ist es Einfach nur Leid.
E. Keine Antwort ist richtig.

39)

A. Die Agentur macht alles mögliche.
B. Die Agentur macht alles Mögliche.
C. Die Agentur macht Alles Mögliche.
D. Die Agentur macht Alles mögliche.
E. Keine Antwort ist richtig.

40)

A. Der vierte im Bunde ist erkrankt.
B. Der Vierte im Bunde ist erkrankt.
C. Der Vierte im bunde ist erkrankt.
D. Der vierte im bunde ist erkrankt.
E. Keine Antwort ist richtig.

41)

A. Es tat ihm aufrichtig leid.
B. Es tat ihm aufrichtig Leid.
C. Es tat ihm Aufrichtig leid.
D. Es tat ihm Aufrichtig Leid.
E. Keine Antwort ist richtig.

42)

A. Sie wird bestimmt den Kürzeren Ziehen.
B. Sie wird bestimmt den Kürzeren ziehen.
C. Sie wird bestimmt den kürzeren ziehen.
D. Sie wird bestimmt den kürzeren Ziehen.
E. Keine Antwort ist richtig.

43)

A. Wenn wir ihn Morgen nicht finden, müssen wir uns aufs Schlimmste gefasst machen.
B. Wenn wir ihn morgen nicht finden, müssen wir uns aufs schlimmste gefasst machen.
C. Wenn wir ihn morgen nicht finden, müssen wir uns aufs Schlimmste gefasst machen.
D. Wenn wir ihn Morgen nicht finden, müssen wir uns aufs schlimmste gefasst machen.
E. Keine Antwort ist richtig.

44)

A. Meine Tasche bietet so viel Platz, dass ich oft viel Unnötiges durch die Gegend schleppe.
B. Meine Tasche bietet so viel platz, dass ich oft viel Unnötiges durch die Gegend schleppe.
C. Meine Tasche bietet so viel Platz, dass ich oft viel unnötiges durch die Gegend schleppe.
D. Meine Tasche bietet so viel Platz, dass ich oft viel Unnötiges durch die gegend schleppe.
E. Keine Antwort ist richtig.

45)

A. Er mag gerne Rad fahren.
B. Er mag gerne radfahren.
C. Er mag gerne rad fahren.
D. Er mag gerne Radfahren.
E. Keine Antwort ist richtig.

Fehler korrigieren *Bearbeitungszeit 5 Minuten*

Dem Verfasser eines Aufsatzes sind einige Fehler unterlaufen.

Wie viele Fehler finden Sie? Bitte gehen Sie den Text Zeile für Zeile durch: Jedes falsch geschriebene Wort, jedes falsch gesetzte Komma und jedes fehlende Komma zählt als 1 Fehler. Notieren Sie für jede Zeile die Anzahl der Fehler im rechten Feld.

Hierzu ein Beispiel

Aufgabe

1) Komisar Müller, rief per Funck seine Kollegen die unverzüglich am Tatort erschihnen, ___

2) um den Täter ding fest zu machen. Nach einer Stunde war der Einsatz beendet. ___

Antwort

1) ~~Komisar~~ Müller~~,~~ rief per ~~Funck~~ seine Kollegen**,** die unverzüglich am Tatort ~~erschihnen~~, 5

2) um den Täter ~~ding fest~~ zu machen. Nach einer Stunde war der Einsatz beendet. 1

Die erste Textzeile enthält fünf Fehler: Die Wörter „Kommissar“, „Funk“ und „erschienen“ sind falsch geschrieben und hinter „Müller“ darf kein Komma stehen, dafür fehlt ein Komma vor dem mit „die“ eingeleiteten Relativsatz. In der zweiten Zeile findet sich nur ein Fehler – statt „ding fest“ muss es „dingfest“ heißen.

Bitte bearbeiten Sie nun die Aufgaben: Notieren Sie für jede Zeile die Anzahl der Fehler im rechten Feld. Sie haben dafür **5 Minuten** Zeit.

Anatomie des Menschen: Knochen und Gelenke

46) Menschliche Knochen sind enorm, belastbar und erstaunlich leicht. Insgesamt ____

47) machen die über 200 „Einzelteile" des menschlichen Skelets, nur rund zwölf Prozent ____

48) des Körpergewichts aus. Wo Knochen aufeinander treffen, befinden sich Gelenke. ____

49) Sie übernehmen, eine schwirige Doppelaufgabe: Einerseits müßen sie die Knochen ____

50) stabihl verbinden anderer seits sollen sie genügend Beweegungsfreiheit bieten. ____

51) Dies gelingt durch eine ausgefeilte Konnstruktion, aus verschiedenen Gewebearten: ____

52) Bender knüppfen die Gelenkknochen aneinander Knorrpel und Gelenkflüssigkeit ____

53) dienen als ellastische Pufer da zwischen, Muskeln initiieren Bewegungen und geben ____

54) zusetzlichen Halt. Im Lauf der Evollution hat sich für jede Belastungsform ein ____

55) geeigneter Gelenktyp herausgebildet. Scharniergelenke wie Elenbogen und Knie ____

56) kann man zum Beispiel nur um eine Achse, Kugelgelenke wie Hüfte oder Schulter ____

57) um alle drei Raumachsen drehen. Ihr komplechser Aufbau macht die Gelenke leider ____

58) relatiev anfellig. Nicht „konstruktionsgemäße" Drehungen oder Beugungen, in die ____

59) falsche Richtung können schlimmsten Falls zu Bänderdehnungen und -rißen ____

60) oder irreparablen Knorpelschäden führen. ____

Konjunktionen

Bearbeitungszeit 3½ Minuten

Welche Konjunktion füllt die Lücke sinnvoll?

Beantworten Sie bitte die folgenden Aufgaben, indem Sie die jeweils richtige Konjunktion eintragen.

61) und, aber, als

Ich war mir sicher, ________ ich hatte Recht.

62) da, als, bis

Es dauerte eine gefühlte Ewigkeit, ________ wir das Kind gefunden hatten.

63) denn, dass, ob

Er freute sich, ________ alles geklappt hat.

64) Als, Wenn, Da

________ er von Anfang an sein wahres Gesicht gezeigt hätte, hätten wir wohl nie mit ihm Geschäfte gemacht.

65) Obwohl, Nachdem, Ob

________ ich einmal angefangen hatte zu lesen, konnte ich das Buch nicht mehr aus der Hand legen.

66) ob, als, denn

Ich traute meinen Augen kaum, ________ ich sie erblickte.

67) Da, Wenn, Als

________ ich dich sehr liebe, würde ich dich gern heiraten!

68) Bevor, Da, Wie

________ jemand eingreifen konnte, lagen sich die beiden schon in den Haaren.

69) Als, Wenn, Bis

________ mir jemand helfen könnte, wäre ich sehr dankbar.

70) obwohl, sodass, weil

Er war wirklich blitzschnell verschwunden, ________ ich mich noch nicht einmal verabschieden konnte.

Konjugieren und deklinieren *Bearbeitungszeit 3½ Minuten*

Zu jeder Aufgabe erhalten Sie ein Wort oder eine Wortgruppe. Ihre Aufgabe lautet, die Begriffe in die richtige grammatische Form zu bringen, um den Aufgabensatz zu vervollständigen.

Hierzu ein Beispiel

Aufgabe

1) ein langer Weg

Er hat ________________ hinter sich.

Antwort

Er hat einen langen Weg hinter sich.

Die Wortgruppe „ein langer Weg" ist in den Akkusativ zu setzen, damit sich ein grammatisch korrekter Satz ergibt.

Bitte beginnen Sie jetzt mit den Aufgaben: Schreiben Sie den vorgegebenen Ausdruck in der richtigen grammatischen Form in die Lücke.

71) diese ganzen Vorfälle

Nach ________________ ________________ möchte er nicht länger in der Firma arbeiten.

72) der Vertrag

Entgegen ________________ erfüllte er seine Pflichten nicht.

73) gehen

________ in dein Zimmer!

74) ich

Mein Bruder hat ______ beim Aufräumen geholfen.

75) das schlechte Wetter

Aufgrund ________________ ________________ fällt heute die Schule aus.

76) der Schock

Infolge ____________________ war er nicht in der Lage, den Unfallhergang genau zu schildern.

77) er

Karl hat mir wirklich sehr geholfen, dafür schulde ich ______ noch einen Gefallen.

78) sich

Wir haben ______ schon gefragt, wo du steckst!

79) gehen

Wenn du nicht so früh nach Hause ____________________, hättest du das Feuerwerk auch gesehen.

80) sein

Wenn er sich jetzt sehen könnte, ______ er peinlich berührt.

Kommas setzen

Bearbeitungszeit 7½ Minuten

In diesem Abschnitt geht es darum, an den richtigen Stellen Kommas zu setzen.

Beantworten Sie bitte die folgenden Aufgaben, indem Sie die fehlenden Kommas ergänzen.

81) Die Tatsache␣ dass sich die Erde um die Sonne dreht␣ galt vor wenigen Jahrhunderten noch als Irrglaube und Gotteslästerung.

82) Er konnte sich nicht erklären␣ wie es sein konnte␣ dass er auf einmal mitten in einem Park stand␣ obwohl es seines Wissens in seiner Stadt␣ doch gar keine Grünflächen gab.

83) Trotz der vielen Arbeit␣ und der unzähligen Überstunden␣ mag sie ihren Job gern␣ da sie mit den Kollegen sehr gut zurechtkommt.

84) Die meisten Menschen␣ die ein Haustier haben␣ sind der Meinung␣ dass ihr Tier das allerbeste auf der ganzen Welt ist.

85) Wenn sich Hunde und Katzen begegnen␣ gibt es meistens Ärger␣ da sie sich aufgrund ihrer unterschiedlichen Körpersprache␣ nicht verstehen können.

86) Wenn ein Aktenvernichter␣ Akten vernichtet und ein Schornsteinfeger␣ den Schornstein fegt␣ was macht dann ein Zitronenfalter?

87) Hättest du␣ als ich dich damals gefragt habe␣ die Wahrheit gesagt␣ so wäre uns viel Ärger erspart geblieben.

88) Kennst du die Serie␣ in der ein alter Kapitän␣ seinen drei Enkeln␣ und dem dummen Matrosen␣ immer unglaubliche Geschichten erzählt?

89) Angesichts des unbeständigen Wetters␣ empfehle ich dir dringend␣ einen Regenschirm mitzunehmen␣ damit du nicht nass wirst.

90) Wenn ich mir so ansehe␣ was du hier machst␣ dann frage ich mich␣ ob das wirklich zum gewünschten Ergebnis führen kann.

Gegenteilige Begriffe

Bearbeitungszeit 3½ Minuten

Ordnen Sie jedem Wort den gegenteiligen Begriff aus der rechten Spalte zu, indem Sie den richtigen Lösungsbuchstaben in das Kästchen eintragen.

Begriffe		A–J	Gegenteilige Begriffe	
91)	glauben	____	**A.**	vergessen
92)	verlieren	____	**B.**	aufbewahren
93)	wegwerfen	____	**C.**	schaden
94)	lesen	____	**D.**	ignorieren
95)	lieben	____	**E.**	zerstören
96)	erfahren	____	**F.**	schreiben
97)	reparieren	____	**G.**	wissen
98)	zusammenfügen	____	**H.**	finden
99)	wahrnehmen	____	**I.**	hassen
100)	nützen	____	**J.**	trennen

Ein Wort fällt aus der Reihe *Bearbeitungszeit 3½ Minuten*

In diesem Abschnitt steht Ihr Sprachgefühl auf dem Prüfstand.

Pro Aufgabe erhalten Sie fünf Wörter, wovon vier sich in einer gewissen Weise entsprechen. Ein Begriff passt nicht in die Reihe – bitte markieren Sie den zugehörigen Lösungsbuchstaben.

Hierzu ein Beispiel

Aufgabe

1)

A. Motorrad
B. Personenkraftwagen
C. Lastkraftwagen
D. Traktor
E. Rose

Antwort

(E.) Rose

Bei den ersten vier Antworten handelt es sich um Kraftfahrzeuge. Bei der fünften Antwort handelt es sich um eine Pflanze. „Rose" passt nicht – Lösungsbuchstabe ist daher das E.

Bitte bearbeiten Sie nun die Aufgaben: Markieren Sie jeweils den Lösungsbuchstaben des aus der Reihe fallenden Wortes.

101)

A. gelb
B. weiß
C. beige
D. rosa
E. hell

102)

A. Ursprung
B. Beginn
C. Anfang
D. Ende
E. Ausgangspunkt

103)

A. Volleyball
B. Badminton
C. Golf
D. Fußball
E. Handball

104)

A. Willy Brandt
B. Konrad Adenauer
C. Helmut Kohl
D. Edmund Stoiber
E. Ludwig Erhard

105)

A. müssen
B. dürfen
C. kennen
D. wollen
E. sollen

106)

A. Nachricht
B. Kommentar
C. Erklärung
D. Stellungnahme
E. Glosse

107)

A. Ermäßigung
B. Abschlag
C. Zuschlag
D. Nachlass
E. Rabatt

108)

A. unverzüglich
B. sofort
C. augenblicklich
D. zukünftig
E. sogleich

109)

A. Pullover
B. Jeanshose
C. Rock
D. Unterhose
E. Mantel

110)

A. Treppe
B. Eingangstür
C. Fenster
D. Boden
E. Büro

Fremdwörter

Bearbeitungszeit 3½ Minuten

Welcher Begriff kommt dem vorgegebenen Fremdwort sinngemäß am nächsten? Bearbeiten Sie bitte die folgenden Aufgaben, indem Sie jeweils den richtigen Lösungsbuchstaben markieren.

111) Altruismus

A. Eigennutz
B. Selbstlosigkeit
C. Trägheit
D. Dankbarkeit
E. Keine Antwort ist richtig.

112) Kausalität

A. Gleichzeitigkeit
B. Verwandtschaft
C. Beziehung
D. Ursächlichkeit
E. Keine Antwort ist richtig.

113) Fusion

A. Zerstörung
B. Verschmelzung
C. vertragliche Vereinbarung
D. geheime Absprache
E. Keine Antwort ist richtig.

114) Kontrakt

A. Vertrag
B. Problem
C. Zwischenfall
D. flüchtige Bekanntschaft
E. Keine Antwort ist richtig.

115) Äquilibrium

A. Zeitalter der Erdgeschichte
B. Gleichgewicht
C. chemisches Element
D. Sternenbild
E. Keine Antwort ist richtig.

116) maliziös

A. genial
B. dämlich
C. kompliziert
D. einfach
E. Keine Antwort ist richtig.

117) vital

A. gut aussehend
B. voller Lebenskraft
C. frisch
D. auf die Gesundheit bezogen
E. Keine Antwort ist richtig.

118) Fluktuation

A. Sicherheitsvorkehrung
B. Schwankung
C. alternative Heilmethode
D. Geschwindigkeit
E. Keine Antwort ist richtig.

119) exorbitant

A. unangenehm
B. daneben
C. außergewöhnlich
D. massiv
E. Keine Antwort ist richtig.

120) Kakophonie

A. Lebensform der Eingeborenen auf Papua
B. Ausweglosigkeit
C. Missklang
D. Lehre über Ziervögel
E. Keine Antwort ist richtig.

Sprichwörter

Bearbeitungszeit 3½ Minuten

Was bedeuten die folgenden Sprichwörter und Redensarten? Bitte markieren Sie den richtigen Lösungsbuchstaben.

121) Zeit ist Geld.

A. Wer Zeit hat, hat auch Geld.
B. Jede Minute ist kostbar.
C. Zeit kann man nicht kaufen.
D. Reiche Menschen haben keine Zeit.
E. Keine Antwort ist richtig.

122) Durst macht aus Wasser Wein.

A. Wenn man verdurstet, bekommt man Halluzinationen.
B. In der Not sinken die Ansprüche.
C. Not macht erfinderisch.
D. Zu viel Wasser trinken ist nicht gesund.
E. Keine Antwort ist richtig.

123) Nachts sind alle Katzen grau.

A. Wer sich unbeobachtet fühlt, hat keine Hemmungen.
B. Man sollte im Dunkeln nicht zu sehr auffallen.
C. Nachts erscheint alles ähnlich.
D. Katzen sind enorm anpassungsfähig.
E. Keine Antwort ist richtig.

124) Freunde in der Not gehen tausend auf ein Lot.

A. Gute Freunde sind immer für einen da.
B. Es ist schwer, gute Freunde zu finden.
C. In schweren Zeiten stehen einem nur wenige Freunde wirklich bei.
D. Freunde sind etwas Wichtiges.
E. Keine Antwort ist richtig.

125) Der Krug geht so lange zum Brunnen, bis er bricht.

A. Etwas geht meistens gut.
B. Etwas geht nicht auf Dauer gut.
C. Dinge sind ersetzbar.
D. Etwas geht zufällig gut.
E. Keine Antwort ist richtig.

126) Eine Schlange am Busen nähren.

A. Viele Menschen sind falsch.
B. Falschen Freunden vertrauen
C. Es ist gut, jemandem zu vertrauen.
D. Ein krankes Tier aufziehen
E. Keine Antwort ist richtig.

127) Wasch mir den Pelz, aber mach mich nicht nass.

A. Vorsicht ist bei bestimmten Dingen angeraten.

B. Lege dich nicht mit Stärkeren an.

C. Jemand gibt sich mit wenig zufrieden.

D. Jemand möchte nur die Vorteile einer Sache genießen.

E. Keine Antwort ist richtig.

128) Lieber den Spatz in der Hand als die Taube auf dem Dach.

A. Spatzen sind die wertvolleren Vögel.

B. Nur das Risiko birgt auch einen großen Gewinn.

C. Ein sicherer kleiner Nutzen ist einem unsicheren großen Nutzen vorzuziehen.

D. Ein Risiko einzugehen lohnt sich oft nicht.

E. Keine Antwort ist richtig.

129) Die Katze im Sack kaufen.

A. Man erwirbt etwas, ohne es vorher geprüft zu haben.

B. Risikobereitschaft lohnt sich nicht.

C. Viele Leute scheitern aufgrund zu hoher Risikobereitschaft.

D. Etwas Wertvolles bleibt oft unerkannt.

E. Keine Antwort ist richtig.

130) Wo Rauch ist, ist auch Feuer.

A. Vorwürfe sind oft berechtigt.

B. Wenn es raucht, dann wird es schnell gefährlich.

C. Es gibt keinen Rauch ohne Feuer.

D. Anhand von Rauch lässt sich Feuer entdecken.

E. Keine Antwort ist richtig.

Textverständnis

Bearbeitungszeit 10 Minuten

Ein wissenschaftliches Institut des Handels hat eine Studie über Ladendiebstähle veröffentlicht.

Bitte lesen Sie sich den folgenden Text aufmerksam durch und entscheiden Sie, welche Aussagen dazu korrekt sind.

Ladendiebstahl ist kein Kavaliersdelikt

Die Inventurdifferenzen im gesamten Handel belaufen sich jährlich auf rund vier Milliarden Euro. Hierdurch entgehen dem Staat über 450 Millionen Euro an Mehrwertsteuern pro Jahr.

Um die Inventurverluste zu reduzieren, investiert der Handel etwa 0,3 Prozent des Umsatzes in diebstahlverhütende Maßnahmen, was ca. 1,3 Milliarden Euro Kosten verursacht. Die bei der Polizei angezeigten Ladendiebstähle sind in 2021 um 15,6 Prozent von 304.005 im Vorjahr auf 256.694 zurückgegangen. Im Umkehrschluss blieben Experten zufolge durchschnittlich 19,8 Millionen Diebstähle im Wert von jeweils 106 Euro unentdeckt – also mehr als 99 Prozent. Dass weniger Ladendiebstähle angezeigt wurden als noch 2020, hat vermutlich mit den verringerten Ausgaben für Detekteien zu tun. Diese bringen üblicherweise die meisten Fälle zur Anzeige. 2,1 Milliarden Euro Verlust verursachen Diebe aus der Kundschaft insgesamt, während eigene Mitarbeiter für 810 Millionen Euro sowie Lieferanten und Servicekräfte für 320 Millionen verantwortlich gemacht werden. 870 Millionen Euro kommen durch organisatorische Mängel abhanden.

Die Rendite im Einzelhandel wird durch eine durchschnittliche Inventurdifferenz von einem Prozent – bezogen auf den Bruttoumsatz der Verkaufszahlen im Handel – erheblich geschmälert. Die aktuellen Deliktzahlen aus dem Handel belegen die Wichtigkeit und Notwendigkeit von Detektiven, Kameraüberwachungen und weiterer Anti-Diebstahltechnik im Einzelhandel.

Quelle: EHI Retail Institute

Bitte prüfen Sie die folgenden Aussagen auf ihre Richtigkeit. Kreuzen Sie **„stimmt“** an, wenn sich eine Aussage durch den Text belegen lässt. Andernfalls markieren Sie **„stimmt nicht“**.

131) Eine weitere Verstärkung von Präventivmaßnahmen gegen Ladendiebstahl ist erforderlich.

☐ stimmt ☐ stimmt nicht

132) Ladendiebstähle nahmen 2021 weiter zu und summierten sich auf etwa 3 Millionen angezeigte Vergehen.

☐ stimmt ☐ stimmt nicht

133) Detekteien stellen im Kampf gegen Ladendiebstahl keine Hilfe dar.

☐ stimmt ☐ stimmt nicht

134) Mehr als die Hälfte der Inventurverluste gehen auf das Konto der Kundschaft.

☐ stimmt ☐ stimmt nicht

135) Für den Schutz von Ware investiert der Handel einen unerheblichen Betrag, der in die Verkaufspreise eingespielt wird.

☐ stimmt ☐ stimmt nicht

136) Die Rendite im Einzelhandel wird kaum von den Inventurverlusten beeinträchtigt.

☐ stimmt ☐ stimmt nicht

137) Das Personal im Einzelhandel stiehlt nicht.

☐ stimmt ☐ stimmt nicht

138) Eigene Fehlplanung schlägt sich in der Inventurdifferenz weniger deutlich nieder als der Schaden durch Lieferanten und Servicekräfte.

☐ stimmt ☐ stimmt nicht

139) Die meisten Diebstähle werden entdeckt und zur Anzeige gebracht.

☐ stimmt ☐ stimmt nicht

140) Dem Staat kann es egal sein, ob Ware entwendet oder verkauft wird. Er bekommt seine Steuereinnahmen in jedem Fall.

☐ stimmt ☐ stimmt nicht

Lösungen: Sprachbeherrschung

1) siehe Erklärung
2) siehe Erklärung
3) B
4) D
5) D
6) C
7) B
8) B
9) B
10) D
11) C
12) A
13) D
14) C
15) B
16) A
17) A
18) A
19) A
20) D
21) C
22) C
23) A
24) C
25) A
26) C
27) D
28) C
29) D
30) D
31) C
32) D
33) C
34) B
35) B
36) B
37) B
38) B
39) B
40) B
41) A
42) B
43) C
44) A
45) A
46) 1
47) 2
48) 1
49) 3
50) 4
51) 2
52) 4
53) 3
54) 2
55) 1
56) 0
57) 1
58) 3
59) 2
60) 0
61) und
62) bis
63) dass
64) Wenn
65) Nachdem
66) als
67) Da
68) Bevor
69) Wenn
70) sodass
71) diesen ganzen Vorfällen
72) dem Vertrag
73) Geh
74) mir
75) des schlechten Wetters
76) des Schocks
77) ihm
78) uns
79) gegangen wärst
80) wäre
81) ,|,
82) ,|,|,|.
83) .|.|,
84) ,|,|,
85) ,|,|.
86) .|.|,
87) ,|,|,
88) ,|.|.|.

89) - |(,)| ,
90) , | , | ,
91) G
92) H
93) B
94) F
95) I
96) A
97) E
98) J
99) D
100) C
101) E
102) D
103) B
104) D
105) C
106) A
107) C
108) D
109) D
110) E
111) B
112) D
113) B
114) A
115) B
116) E
117) B
118) B
119) C
120) C
121) B
122) B
123) C
124) C
125) B
126) B
127) D
128) C
129) A
130) A
131) stimmt
132) stimmt nicht
133) stimmt nicht
134) stimmt
135) stimmt nicht
136) stimmt nicht
137) stimmt nicht
138) stimmt nicht
139) stimmt nicht
140) stimmt nicht

Diktat (Aufgabe 1)

Zu 1)

Note	**Anzahl Fehler**		
	(schwer)	**(mittel)**	**(leicht)**
1 („sehr gut“)	0–1	0–1	0–2
2 („gut“)	2–3	2–4	3–6
3 („befriedigend“)	4–5	5–7	7–11
4 („ausreichend“)	6–7	8–10	12–15
5 („mangelhaft“)	8–9	11–13	16–20
6 („ungenügend“)	mehr als 9	mehr als 13	mehr als 20

Ihr Abschneiden können Sie anhand der vorliegenden Tabelle einschätzen (Wiederholungsfehler zählen einfach).

Zur Orientierung sind drei unterschiedliche Bewertungsniveaus vorgegeben: leicht, mittel und schwer. Ein Lesebeispiel: Wenn Sie sechs Fehler gemacht haben und die Maßstäbe eines mittleren Testniveaus anlegen, dann fällt Ihr Ergebnis in der Spalte „mittel" in den Notenbereich 3 („befriedigend").

Kurzaufsatz (Erörterung) (Aufgabe 2)

Zu 2)

Ein Denkanstoß zur Themenvorgabe: Das beste Mittel gegen Cybermobbing ist die Verhinderung von Cybermobbing. Man müsste sich also um die Vorbeugung kümmern. Dass digitale Medien auch Gefahren mit sich bringen, könnte im Elternhaus und im Schulunterricht eingehend besprochen werden, um die Medienkompetenz der Heranwachsenden zu fördern. Wer vermeiden will, dass persönliche Informationen für Mobbingzwecke missbraucht werden, sollte seine Privatsphäre schützen können. Braucht man unbedingt ein Profil in diesem und in jenem Netzwerk? Welche Angaben macht man wem zugänglich? Nicht jeder Schnappschuss muss öffentlich sichtbar sein, nicht jede Freundschaftsanfrage muss zwingend akzeptiert werden. Viele Mobber legen sich gefälschte Identitäten zu und handeln im Schutz der Anonymität.

Ein weiterer Schritt bestünde darin, die Betroffenen zu unterstützen und die Täter zu verfolgen. Dazu müssten die Jugendlichen konkret wissen, wie sie im Ernstfall vorgehen können (Beweise sichern, Screenshots machen …) und wohin sie sich wenden können (Eltern, Lehrer, Medienscouts an Schulen, Beratungsstellen, die Polizei …).

Welche Schreibweise stimmt? (Aufgaben 3–15)

Zu 3) **B.** Ensemble

Zu 4) **D.** Karussell

Zu 5) **D.** Kommissionsgesellschaft

Zu 6) **C.** Klischee

Zu 7) **B.** Pietät

Zu 8) **B.** Resümee

Zu 9) **B.** Intelligenzquotienten

Zu 10) **D.** Jalousie

Zu 11) **C.** Rhabarber

Zu 12) **A.** Hypotenuse

Zu 13) D. Engagement

Zu 14) C. Balustrade

Zu 15) B. Portmonee

Rechtschreibung: Wortgruppen und kurze Sätze (Aufgaben 16–25)

Zu 16) A. Thunfische ernähren sich von Krebstieren.

Nur in Lösungsvorschlag A sind die Wörter „Thunfische“ und „Krebstieren“ richtig geschrieben.

Zu 17) A. Der Manager appellierte an die Vernunft der Sekretärin.

Nur in Lösungsvorschlag A sind die Wörter „appellierte“ (von „Appell“) und „Sekretärin“ richtig geschrieben.

Zu 18) A. eine irrsinnige Situation

Nur in Lösungsvorschlag A sind die Wörter „irrsinnige“ und „Situation“ richtig geschrieben.

Zu 19) A. Der plötzliche Tod überraschte alle.

Nur in Lösungsvorschlag A sind das Adjektiv „plötzliche“ und das Substantiv „Tod“ richtig geschrieben. Zudem schreibt man das Indefinitpronomen „alle“ klein.

Zu 20) D. Krisenmanagement

Nur in Lösungsvorschlag D ist das aus „Krise“ und „Management“ zusammengesetzte Hauptwort „Krisenmanagement“ richtig geschrieben.

Zu 21) C. Wettbewerb mit massiven Rabattaktionen

Nur in Lösungsvorschlag C sind die Wörter „Wettbewerb“, „massiven“ und „Rabattaktionen“ richtig geschrieben.

Zu 22) C. Rezept mit Remouladensoße

Nur in Lösungsvorschlag C ist das Wort „Remouladensoße“ richtig geschrieben.

Zu 23) A. Die Ressourcen sind knapp.

Nur in Lösungsvorschlag A ist das Wort „Ressourcen“ richtig geschrieben.

Zu 24) C. eine Jalousie aus Leichtmetall

Nur in Lösungsvorschlag C sind die Wörter „Jalousie“ und „Leichtmetall“ richtig geschrieben.

Zu 25) A. Masseur und Physiotherapeut

Nur in Lösungsvorschlag A sind die Wörter „Masseur“ und „Physiotherapeut“ richtig geschrieben. Den in Antwort B erwähnten Psychotherapeuten gibt es zwar auch – er behandelt jedoch nicht den Körper, sondern die Psyche.

Rechtschreibung: Lückentext (Aufgaben 26–35)

Zu 26) C. cholerischer

Die Antworten A und D passen aus grammatischen Gründen nicht, B ist falsch geschrieben. Die richtige Antwort lautet also C „cholerischer".

Zu 27) D. Entgelts

Der Artikel und das Adjektiv „des gleichen" stehen im Genitiv Singular, sodass nur Antwort D „Entgelts" in Betracht kommt, da die Antworten B und C Rechtschreibfehler enthalten.

Zu 28) C. Philosophen

Das gesuchte Wort muss sich in die die Aufzählung „Naturwissenschaftler und ..." einfügen und daher im Plural stehen, der nur in den Antworten C und D korrekt gebildet wird. Inhaltlich passen nur die „Philosophen": Seismografen sind Geräte, die Erdbeben messen.

Zu 29) D. Halluzinationen

Das Verb „auftreten können" steht im Plural, folglich muss auch das gesuchte Subjekt im Plural stehen. Somit kommen die Antworten B und D in Betracht. Da man aber nicht an mehreren Grippen gleichzeitig, sondern nur an einer Grippe leidet, ergibt Antwort B keinen Sinn. Vorschlag D „Halluzinationen" stimmt.

Zu 30) D. Dampfschifffahrts-gesellschaft

Der Artikel „eine" zieht den Singular nach sich. Antwort C ist grammatisch falsch, da drei „f"s erhalten bleiben müssen, sodass nur Antwort D „Dampfschifffahrtsgesellschaft" stimmen kann.

Zu 31) C. Intensität

Die richtige Lösung ist C „Intensität", alle anderen Antworten sind falsch geschrieben.

Zu 32) D. empirische

Die Antwort muss im Nominativ Singular stehen, Antwort A fällt wegen eines Rechtschreibfehlers weg. Die einzige mögliche Lösung ist also D „empirische".

Zu 33) C. repräsentativen

Das gesuchte Adjektiv muss im Dativ Singular stehen. Korrekt ist Antwort C.

Zu 34) B. pleitegehen

Zwar erkennt man in dem Verb „pleitegehen" noch das Nomen „Pleite", es ist aber in seiner eigenständigen Bedeutung verblasst und ein fester Bestandteil des Verbs geworden.

Zu 35) B. 2-Euro-Stück

Bei mehrteiligen Zusammensetzungen setzt man Bindestriche zwischen alle Bestandteile der Wortgruppe. Dadurch liest sich die Zusammensetzung wie ein ausgeschriebenes Wort („Zweieurostück").

Groß- und Kleinschreibung (Aufgaben 36–45)

Zu 36) B. Die Polizei tappte völlig im Dunkeln.

Substantivierte Adjektive mit Präposition („im Dunkeln") werden großgeschrieben – sowohl bei Verwendung in wörtlicher als auch in übertragener Bedeutung.

Zu 37) B. Damit hat er vollkommen recht!

Die Verbindung „recht haben"/„Recht haben" kann groß- und kleingeschrieben werden – außer in intensivierenden Wendungen wie im vorliegenden Fall: Hier muss kleingeschrieben werden.

Zu 38) B. Sie ist es einfach nur leid.

Aus Substantiven entstandene Adjektive („etwas leid sein") werden kleingeschrieben.

Zu 39) B. Die Agentur macht alles Mögliche.

Substantivierte Adjektive („das Mögliche") werden großgeschrieben.

Zu 40) B. Der Vierte im Bunde ist erkrankt.

Substantivierte Grund- und Ordnungszahlen („der Vierte") werden großgeschrieben.

Zu 41) A. Es tat ihm aufrichtig leid.

Die geltenden Regeln betrachten „leidtun" als zusammengesetztes Verb, dessen Vorderglied „leid" nicht als Substantiv angesehen wird. Man schreibt es auch dann klein, wenn es wie hier von „tun" abrückt. Das Adjektiv „aufrichtig" wird ebenfalls kleingeschrieben.

Zu 42) B. Sie wird bestimmt den Kürzeren ziehen.

Substantivierte Adjektive („der Kürzere") werden sowohl bei Verwendung in wörtlicher als auch in übertragener Bedeutung großgeschrieben.

Zu 43) C. Wenn wir ihn morgen nicht finden, müssen wir uns aufs Schlimmste gefasst machen.

Substantivierte Adjektive („das Schlimmste") werden großgeschrieben.

Zu 44) A. Meine Tasche bietet so viel Platz, dass ich oft viel Unnötiges durch die Gegend schleppe.

Substantivisch gebrauchte Adjektive („das Unnötige") werden großgeschrieben. Häufig zeigen vorangehende Wörter wie „alles", „etwas", „nichts" oder „viel" den substantivischen Gebrauch an.

Zu 45) A. Er mag gerne Rad fahren.

Substantive schreibt man in Verbindung mit einem Verb (z. B. „Rad fahren", „Handball spielen") generell groß und getrennt.

Fehler korrigieren (Aufgaben 46–60)

Anatomie des Menschen: Knochen und Gelenke

Zu 46)	Menschliche Knochen sind enorm~~,~~ belastbar und erstaunlich leicht. Insgesamt	*1*
Zu 47)	machen die über 200 „Einzelteile" des menschlichen ~~Skelets,~~ nur rund zwölf Prozent	*2*
Zu 48)	des Körpergewichts aus. Wo Knochen ~~aufeinander treffen~~, befinden sich Gelenke.	*1*
Zu 49)	Sie übernehmen~~,~~ eine ~~schwirige~~ Doppelaufgabe: Einerseits ~~müßen~~ sie die Knochen	*3*
Zu 50)	~~stabihl~~ verbinden**,** ~~anderer seits~~ sollen sie genügend ~~Beweegungsfreiheit~~ bieten.	*4*
Zu 51)	Dies gelingt durch eine ausgefeilte ~~Konnstruktion,~~ aus verschiedenen Gewebearten:	*2*
Zu 52)	~~Bender~~ ~~knüppfen~~ die Gelenkknochen aneinander**,** ~~Knorrpel~~ und Gelenkflüssigkeit	*4*
Zu 53)	dienen als ~~ellastische~~ ~~Pufer~~ ~~da zwischen~~, Muskeln initiieren Bewegungen und geben	*3*
Zu 54)	~~zusetzlichen~~ Halt. Im Lauf der ~~Evollution~~ hat sich für jede Belastungsform ein	*2*
Zu 55)	geeigneter Gelenktyp herausgebildet. Scharniergelenke wie ~~Elenbogen~~ und Knie	*1*
Zu 56)	kann man zum Beispiel nur um eine Achse, Kugelgelenke wie Hüfte oder Schulter	*0*
Zu 57)	um alle drei Raumachsen drehen. Ihr ~~komplechser~~ Aufbau macht die Gelenke leider	*1*
Zu 58)	~~relatiev~~ ~~anfellig~~. Nicht „konstruktionsgemäße" Drehungen oder Beugungen~~,~~ in die	*3*
Zu 59)	falsche Richtung können ~~schlimmsten Falls~~ zu Bänderdehnungen und ~~-rißen~~	*2*
Zu 60)	oder irreparablen Knorpelschäden führen.	*0*

Anatomie des Menschen: Knochen und Gelenke

Menschliche Knochen sind enorm belastbar und erstaunlich leicht. Insgesamt machen die über 200 „Einzelteile" des menschlichen Skeletts nur rund zwölf Prozent des Körpergewichts aus. Wo Knochen aufeinandertreffen, befinden sich Gelenke. Sie übernehmen eine schwierige Doppelaufgabe: Einerseits müssen sie die Knochen stabil verbinden, andererseits sollen sie genügend Bewegungsfreiheit bieten. Dies gelingt durch eine ausgefeilte Konstruktion aus verschiedenen Gewebearten: Bänder knüpfen die Gelenkknochen aneinander, Knorpel und Gelenkflüssigkeit dienen als elastische Puffer dazwischen, Muskeln initiieren Bewegungen und geben zusätzlichen Halt. Im Lauf der Evolution hat sich für jede Belastungsform ein geeigneter Gelenktyp herausgebildet. Scharniergelenke wie Ellenbogen und Knie kann man zum Beispiel nur um eine Achse, Kugelgelenke wie Hüfte oder Schulter um alle drei Raumachsen drehen. Ihr komplexer Aufbau macht die Gelenke leider relativ anfällig. Nicht „konstruktionsgemäße" Drehungen oder Beugungen in die falsche Richtung können schlimmstenfalls zu Bänderdehnungen und -rissen oder irreparablen Knorpelschäden führen.

Konjunktionen (Aufgaben 61–70)

Zu 61) Ich war mir sicher, ***und*** ich hatte Recht.

Hier werden zwei Hauptsätze verbunden, daher kann „als" ausgeschlossen werden, das nur Nebensätze einleitet. „Aber" passt vom Sinn her nicht, also lautet die richtige Lösung „und".

Zu 62) Es dauerte eine gefühlte Ewigkeit, ***bis*** wir das Kind gefunden hatten.

Hier geht es weder um einen Zeitpunkt („als") noch um einen Grund („da"), sondern um einen Zeitraum, also stimmt „bis".

Zu 63) Er freute sich, ***dass*** alles geklappt hat.

Hier handelt es sich nicht um eine indirekte Frage, sodass „ob" als Lösung ausgeschlossen werden kann. „Denn" leitet einen Hauptsatz ein und passt daher grammatisch nicht. Übrig bleibt als einzige Möglichkeit „dass".

Zu 64) ***Wenn*** er von Anfang an sein wahres Gesicht gezeigt hätte, hätten wir wohl nie mit ihm Geschäfte gemacht.

Die Konjunktivformen lassen hier einen Bedingungssatz erkennen, der mit „wenn" richtig eingeleitet wird.

Zu 65) *Nachdem* ich einmal angefangen hatte zu lesen, konnte ich das Buch nicht mehr aus der Hand legen.

Hier handelt es sich um einen Aussagesatz, die Fragekonjunktion „ob" scheidet also aus. Auch „obwohl" passt hier nicht, da der Satz damit keinen Sinn ergeben würde. Die richtige Lösung ist also „nachdem", diese Konjunktion drückt eine zeitliche Abfolge aus.

Zu 66) Ich traute meinen Augen kaum, *als* ich sie erblickte.

„Denn" leitet stets einen Hauptsatz ein und entfällt daher hier aus grammatischen Gründen; „ob" drückt eine Frage aus. Nur die Konjunktion „als", die einen Zeitpunkt angibt, passt sowohl grammatisch als auch inhaltlich in den Satz.

Zu 67) *Da* ich dich sehr liebe, würde ich dich gern heiraten!

„Als" scheidet aus grammatischen Gründen aus, denn es bezieht sich auf etwas Vergangenes. „Wenn" passt inhaltlich nicht, also kommt nur die begründende Konjunktion „da" infrage.

Zu 68) *Bevor* jemand eingreifen konnte, lagen sich die beiden schon in den Haaren.

Hier wird eine temporale Konjunktion benötigt, wofür nur „bevor" infrage kommt.

Zu 69) *Wenn* mir jemand helfen könnte, wäre ich sehr dankbar.

Die Konjunktive „könnte" und „wäre" deuten auf einen Bedingungssatz hin, in den die Konjunktion „wenn" hineinpasst. Die übrigen Konjunktionen drücken zeitliche Relationen aus.

Zu 70) Er war wirklich blitzschnell verschwunden, ***sodass*** ich mich noch nicht einmal verabschieden konnte.

Hier wird eine Konsequenz beschrieben – dies funktioniert mit „sodass". „Weil" (Grund) und „obwohl" (Gegengrund) können den Satz nicht sinnvoll ergänzen.

Erläuterung (61–70)

Konjunktionen – zu Deutsch: Bindewörter – verknüpfen Wörter, Wortgruppen oder ganze Sätze, wobei man in neben- und unterordnende Konjunktionen unterscheidet: Nebenordnende Konjunktionen verbinden Hauptsätze sowie gleichrangige Satzglieder, Wortgruppen oder Nebensätze („Er kam zu spät, denn er hatte verschlafen"). Unterordnende Konjunktionen verbinden Hauptsätze mit Nebensätzen oder Nebensätze mit weiteren, untergeordneten Nebensätzen („Er kam zu spät, weil er verschlafen hatte, da der Wecker defekt war"). Aus dem Satzbau können Sie also darauf schließen, ob eine neben- oder unterordnende Konjunktion gesucht wird.

Darüber hinaus geben Konjunktionen Auskunft über die logische Beziehung zwischen den verknüpften Sätzen oder Satzteilen. Bindewörter können Gegensätze ausdrücken (adversativ: „aber", „wohingegen"), Möglichkeiten aus einer Auswahl ausschließen (disjunktiv: „oder", „entweder … oder"), Zwecke bzw. Absichten wiedergeben (final: „um … zu", „damit"), Ursachen angeben (kausal: „denn", „weil"), Bedingungen einleiten (konditional: „falls", „wenn"), die Folgen des Vorangegangenen ausführen (konsekutiv: „dass", „sodass"), Hinderungsgründe nennen (konzessiv: „obwohl", „wenn auch"), mehrere Elemente zu einer Aufzählung verbinden (kopulativ: „und", „nicht nur … sondern auch"), die Umstände einer Handlung beschreiben (modal: „indem", „ohne … zu") oder zeitliche Reihenfolgen wiedergeben (temporal: „als", „nachdem"). Manche Konjunktionen („ob", „dass") leiten bisweilen auch nur Nebensätze ein, ohne eine Bedeutung mitzuteilen.

Konjugieren und deklinieren (Aufgaben 71–80)

Zu 71) Nach ***diesen ganzen Vorfällen*** möchte er nicht länger in der Firma arbeiten.

Die Präposition „nach" erfordert, dass die folgende Substantivgruppe im Dativ steht.

Zu 72) Entgegen ***dem Vertrag*** erfüllte er seine Pflichten nicht.

Die Präposition „entgegen" steht vor einer Substantivgruppe im Dativ.

Zu 73) *Geh* in dein Zimmer!

Hier handelt es sich offensichtlich um eine Aufforderung, also ist die gesuchte Verbform der Imperativ Singular.

Zu 74) Mein Bruder hat *mir* beim Aufräumen geholfen.

Die Konstruktion des Verbs lautet „jemandem (bei etwas) helfen". Das Objekt muss hier also im Dativ stehen.

Zu 75) Aufgrund *des schlechten Wetters* fällt heute die Schule aus.

Die Präposition „aufgrund" erfordert immer eine Substantivgruppe im Genitiv.

Zu 76) Infolge *des Schocks* war er nicht in der Lage, den Unfallhergang genau zu schildern.

Die Präposition „infolge" zieht immer einen Genitiv nach sich.

Zu 77) Karl hat mir wirklich sehr geholfen, dafür schulde ich *ihm* noch einen Gefallen.

Die Konstruktion lautet „jemandem etwas schulden". Das Personalpronomen „er" muss daher in den Dativ gesetzt werden und wird so zu „ihm".

Zu 78) Wir haben *uns* schon gefragt, wo du steckst!

Die Konstruktion des Verbs lautet „sich fragen". Das Wort „uns" ist hier die flektierte Form des Reflexivpronomens „sich". Da es sich auf das Subjekt „wir" bezieht, muss es in der ersten Person Plural stehen.

Zu 79) Wenn du nicht so früh nach Hause *gegangen wärst*, hättest du das Feuerwerk auch gesehen.

Hier gilt: Beide Teilsätze müssen die gleiche Zeitform aufweisen, nämlich Konjunktiv II Perfekt.

Zu 80) Wenn er sich jetzt sehen könnte, *wäre* er peinlich berührt.

Das Verb des Hauptsatzes muss hier in derselben Zeitform stehen wie das Verb des Nebensatzes, also im Konjunktiv II Präsens.

Lösungshinweis (71–80)

Um die richtige grammatische Form zu finden, ist es hilfreich, sich die einzelnen Sätze leise vorzulesen. Achten Sie dabei auf Person, Zahl und Zeitform.

Kommas setzen (Aufgaben 81–90)

Zu 81) Die Tatsache, dass sich die Erde um die Sonne dreht, galt vor wenigen Jahrhunderten noch als Irrglaube und Gotteslästerung.

Die beiden Kommas trennen den eingeschobenen Nebensatz vom umliegenden Hauptsatz.

Zu 82) Er konnte sich nicht erklären, wie es sein konnte, dass er auf einmal mitten in einem Park stand, obwohl es seines Wissens in seiner Stadt_ doch gar keine Grünflächen gab.

Das erste Komma trennt den Hauptsatz vom Nebensatz, die anderen beiden Kommas leiten auch jeweils einen Nebensatz ein.

Zu 83) Trotz der vielen Arbeit_ und der unzähligen Überstunden_ mag sie ihren Job gern, da sie mit den Kollegen sehr gut zurechtkommt.

Das Komma trennt den Hauptsatz vom Kausalnebensatz.

Zu 84) Die meisten Menschen, die ein Haustier haben, sind der Meinung, dass ihr Tier das allerbeste auf der ganzen Welt ist.

Die ersten beiden Kommas trennen den eingeschlossenen Relativsatz vom Hauptsatz. Das dritte Komma leitet einen weiteren Nebensatz ein.

Zu 85) Wenn sich Hunde und Katzen begegnen, gibt es meistens Ärger, da sie sich aufgrund ihrer unterschiedlichen Körpersprache_ nicht verstehen können.

Das erste Komma trennt den Konditionalnebensatz vom Hauptsatz. Das zweite Komma leitet einen Kausalnebensatz ein.

Zu 86) Wenn ein Aktenvernichter_ Akten vernichtet und ein Schornsteinfeger_ den Schornstein fegt, was macht dann ein Zitronenfalter?

Das Komma trennt einen Konditionalnebensatz vom Fragesatz.

Zu 87) Hättest du, als ich dich damals gefragt habe, die Wahrheit gesagt, so wäre uns viel Ärger erspart geblieben.

Die ersten beiden Kommas umrahmen einen Temporalnebensatz, der in einen Konditionalnebensatz eingeschoben ist. Das dritte Komma trennt den Konditionalsatz vom Hauptsatz.

Zu 88) Kennst du die Serie, in der ein alter Kapitän_ seinen drei Enkeln_ und dem dummen Matrosen_ immer unglaubliche Geschichten erzählt?

Das Komma trennt den Hauptsatz vom Nebensatz ab.

Zu 89) Angesichts des unbeständigen Wetters_ empfehle ich dir dringend (,) einen Regenschirm mitzunehmen, damit du nicht nass wirst.

Das erste Komma trennt den Hauptsatz vom Infinitivsatz (dieses Komma kann man setzen, muss man aber nicht!). Das zweite Komma leitet den Finalnebensatz ein.

Zu 90) Wenn ich mir so ansehe, was du hier machst, dann frage ich mich, ob das wirklich zum gewünschten Ergebnis führen kann.

Das erste Komma trennt den Konditionalnebensatz ab. Das zweite Komma trennt den Nebensatz (einen Objektsatz) vom Hauptsatz. Das dritte Komma leitet einen Fragenebensatz ein.

Gegenteilige Begriffe (Aufgaben 91–100)

Zu 91) glauben – **G.** wissen

Zu 92) verlieren – **H.** finden

Zu 93) wegwerfen – **B.** aufbewahren

Zu 94) lesen – **F.** schreiben

Zu 95) lieben – **I.** hassen

Zu 96) erfahren – **A.** vergessen

Zu 97) reparieren – **E.** zerstören

Zu 98) zusammenfügen – **J.** trennen

Zu 99) wahrnehmen – **D.** ignorieren

Zu 100) nützen – **C.** schaden

Tipps für Zuordnungsaufgaben (91–100)

Diese Aufgabe prüft Wortschatz und Sprachgefühl. Gehen Sie dabei sehr konzentriert vor, da ein Fehler eine ganze Reihe anderer Fehler nach sich ziehen kann.

Beginnen Sie systematisch mit dem ersten Wort in der linken Spalte und überprüfen Sie die rechte Spalte Wort für Wort, bis Sie den Begriff mit der gegenteiligen Bedeutung gefunden haben. Tragen Sie dann den Buchstaben in das leere Kästchen in der mittleren Spalte ein. Wenn Sie sich nicht ganz sicher sind, dann verschieben Sie Ihre Entscheidung – vielleicht löst sich das Problem am Ende von selbst, da nur noch eine Möglichkeit übrig bleibt.

Wenn nach dem ersten Durchgang noch Lücken klaffen, dann hilft eventuell eine Umkehr des Verfahrens weiter: Man nehme sich das Wort aus der rechten Spalte vor und suche dazu aus der linken Spalte den Begriff mit der gegenteiligen Bedeutung.

Zum Schluss sollte geprüft werden, ob alle Buchstaben einmal eingetragen sind.

Ein Wort fällt aus der Reihe (Aufgaben 101–110)

Zu 101) E. hell

Alle Begriffe außer „hell" geben eine Farbe an.

Zu 102) D. Ende

„Ende" bedeutet das Gegenteil zu allen anderen Begriffen, die einen Anfang bezeichnen.

Zu 103) B. Badminton

Alle Sportarten außer Badminton werden mit einem Ball gespielt.

Zu 104) D. Edmund Stoiber

Bei allen anderen Personen handelt es sich um ehemalige deutsche Bundeskanzler.

Zu 105) C. kennen

Alle anderen Begriffe sind Modalverben, das heißt Verben, die Möglichkeiten oder Notwendigkeiten ausdrücken.

Zu 106) A. Nachricht

Eine Nachricht ist eine möglichst objektive Mitteilung, während die anderen Begriffe für subjektiv gefärbte Einlassungen stehen.

Zu 107) C. Zuschlag

„Zuschlag" verhält sich gegenteilig zu allen anderen Begriffen, die Synonyme für „Nachlass" sind.

Zu 108) D. zukünftig

Alle Begriffe außer „zukünftig" beziehen sich auf einen Zeitpunkt, der nur einen kleinen Moment in der Zukunft liegt.

Zu 109) D. Unterhose

Nur die Unterhose ist eine Unterwäsche. Alle anderen Bekleidungsstücke nicht.

Zu 110) E. Büro

Alle Begriffe außer „Büro" stehen für Teile eines Gebäudes – „Büro" bezeichnet die Funktion eines Raumes.

Fremdwörter (Aufgaben 111–120)

Zu 111) B. Selbstlosigkeit

Zu 112) D. Ursächlichkeit

Zu 113) B. Verschmelzung

Zu 114) A. Vertrag

Zu 115) B. Gleichgewicht

Zu 116) E. Keine Antwort ist richtig.

Zu 117) B. voller Lebenskraft

Zu 118) B. Schwankung

Zu 119) C. außergewöhnlich

Zu 120) C. Missklang

Sprichwörter (Aufgaben 121–130)

Zu 121) B. Jede Minute ist kostbar.

Dieses Sprichwort handelt vom Wert der Zeit: Man soll jede Minute sinnvoll nutzen und die Tage nicht einfach so verstreichen lassen.

Zu 122) B. In der Not sinken die Ansprüche.

Dieses Sprichwort besagt, dass in der Not die Ansprüche sinken. Unter gewissen Umständen gibt man sich also schon mit weniger zufrieden.

Zu 123) C. Nachts erscheint alles ähnlich.

„Nachts sind alle Katzen grau" bezieht sich darauf, dass man im Dunkeln keine Farben wahrnimmt: Alles erscheint in Grautönen. Im weiteren Sinne bedeutet das Sprichwort, dass unter bestimmten Umständen alle Unterschiede verschwimmen oder bedeutungslos werden.

Zu 124) C. In schweren Zeiten stehen einem nur wenige Freunde wirklich bei.

Das Lot ist eine alte Gewichtseinheit und entspricht 16,7 Gramm. In der Not ist der Beistand von tausend (vermeintlichen) Freunden demnach nicht gerade hoch zu bewerten. Anders gesagt: In schwierigen Situationen hat man nur wenige wirkliche Freunde.

Zu 125) B. Etwas geht nicht auf Dauer gut.

Dieses Sprichwort kann verschieden ausgelegt werden. Allgemein bedeutet es, dass alles einmal zu Ende geht. Zugespitzt kann es bedeuten, dass etwas nicht auf Dauer gut geht oder jedes Unrecht irgendwann bestraft wird.

Zu 126) B. Falschen Freunden vertrauen

„Eine Schlange am Busen nähren" bedeutet, unaufrichtigen Personen zu vertrauen, die nur so tun, als ob sie Freunde wären.

Zu 127) D. Jemand möchte nur die Vorteile einer Sache genießen.

Dieses Sprichwort wird als Motto Leuten in den Mund gelegt, die nur die Vorteile einer bestimmten Gegebenheit genießen wollen, aber nicht bereit sind, die damit verbundenen Nachteile in Kauf zu nehmen.

Zu 128) C. Ein sicherer kleiner Nutzen ist einem unsicheren großen Nutzen vorzuziehen.

Dieses Sprichwort empfiehlt, lieber einen kleinen Nutzen zu realisieren, als in der vagen Hoffnung auf einen größeren Nutzen am Ende leer auszugehen. Sicherheit vor Risiko also.

Zu 129) A. Man erwirbt etwas, ohne es vorher geprüft zu haben.

„Die Katze im Sack kaufen" bedeutet, etwas zu kaufen, ohne es zuvor gesehen und/oder geprüft zu haben. Man lässt sich auf etwas Unbekanntes ein.

Zu 130) A. Vorwürfe sind oft berechtigt.

Dieses Sprichwort drückt aus, dass in Gerüchten oft ein Funke Wahrheit steckt.

Textverständnis (Aufgaben 131–140)

Zu 131) stimmt

Wie es im letzten Absatz heißt, ist der Einsatz von Detektiven, Kameras und weiterer Anti-Diebstahltechnik wichtig und notwendig. Diese Entwicklung wird übrigens begünstigt durch verlängerte Öffnungszeiten und eine schlechtere Personalbesetzung.

Zu 132) stimmt nicht

2021 sind die angezeigten einfachen Ladendiebstähle von 304.005 auf 256.694 um 15,6 Prozent zurückgegangen.

Zu 133) stimmt nicht

In der Regel wird ein großer Teil der polizeibekannten Ladendiebstähle von Detekteien angezeigt.

Zu 134) stimmt

Die Kundschaft stahl 2021 Waren im Wert von 2,1 Milliarden Euro – das ist mehr als die Hälfte der gesamten Inventurverluste von rund vier Milliarden.

Zu 135) stimmt nicht

Der Handel investiert immerhin 1,3 Milliarden Euro in inventurverhütende Maßnahmen – beileibe kein „unerheblicher Betrag".

Zu 136) stimmt nicht

Die Inventurverluste belaufen sich im Schnitt auf ein Prozent des Bruttoumsatzes; der Text spricht von einer „erheblichen" Schmälerung der Rendite.

Zu 137) stimmt nicht

Das Personal im Einzelhandel wird für Verluste von 810 Millionen Euro verantwortlich gemacht.

Zu 138) stimmt nicht

Lieferanten und Servicekräfte verursachen einen Schaden von 320 Millionen Euro. Eigene Fehlplanung, also organisatorische Mängel, schlägt sich mit 870 Millionen Euro nieder.

Zu 139) stimmt nicht

2021 wurden gut 250.000 Anzeigen wegen Ladendiebstahls erstattet. Über 99 Prozent der Diebstähle bleiben somit ohne rechtliche Konsequenzen.

Zu 140) stimmt nicht

Ware, die entwendet wird, wird nicht an den Kassen abgerechnet und fließt somit nicht in den Umsatz ein. Für entwendete Ware erhält der Staat keine Steuern, die Verluste sind für Unternehmen gewinnschmälernd.

Fremdsprachenkenntnisse

Englisch: Wortbedeutungen *Bearbeitungszeit 3½ Minuten*

Geben Sie die korrekte Bedeutung des englischen Wortes wieder, indem Sie jeweils den richtigen Lösungsbuchstaben markieren.

1) fast

A. beinahe
B. schnell
C. kaum
D. ungefähr
E. sicher

2) to brake

A. stören
B. beugen
C. biegen
D. bremsen
E. brechen

3) responsible

A. aufnahmefähig
B. verantwortlich
C. fleißig
D. entschlossen
E. umstritten

4) law

A. Gesetz
B. Erniedrigung
C. Lüge
D. Liege
E. Rasen

5) to hide

A. verzögern
B. aufsteigen
C. abschwächen
D. verbergen
E. bemängeln

6) eventually

A. möglicherweise
B. schließlich
C. festlich
D. gelegentlich
E. unabhängig

7) conscience

A. Gewissen
B. Bewusstsein
C. Übereinstimmung
D. Selbstsicherheit
E. Wachsamkeit

8) ridiculous

A. ritterlich
B. extrem
C. lächerlich
D. herausragend
E. unsicher

9) incident

A. Entscheidung
B. Entzündung
C. Unentschlossenheit
D. Vorfall
E. Auffälligkeit

10) obvious

A. verdächtig
B. abwegig
C. offensichtlich
D. unentschlossen
E. absurd

Englisch: Rechtschreibung *Bearbeitungszeit 3½ Minuten*

Welche Schreibweise stimmt? Beantworten Sie bitte die folgenden Aufgaben, indem Sie jeweils den richtigen Lösungsbuchstaben markieren.

11) Wie schreibt sich das englische Wort für den Monat Dezember?

A. December
B. Dezember
C. Dizember
D. Dicember
E. Desember

12) Wie schreibt sich das englische Wort für „Vorschlag"?

A. suggestion
B. sudgestion
C. sugesstion
D. suggestien
E. sutiestion

13) Wie schreibt sich das englische Wort für „Ausländer"?

A. forigner
B. foreigner
C. voreineer
D. foregnier
E. forenier

14) Wie schreibt sich das englische Wort für „Gewalt"?

A. violance
B. violense
C. vayolens
D. violence
E. vaiolanse

15) Wie schreibt sich das englische Wort für „Aufgabe", „Übung"?

A. excercice
B. excercize
C. exersize
D. exserzise
E. exercise

16) Wie schreibt sich das englische Wort für „möglicherweise"?

A. potencially
B. potentially
C. pottentiely
D. potantialy
E. potancially

17) Wie schreibt sich das englische Wort für „verschwinden"?

A. disapear
B. dissapeer
C. disappear
D. disseppear
E. disepeer

18) Wie schreibt sich das englische Wort für „garantieren"?

A. garantee
B. guarantee
C. guerantie
D. gueranty
E. guaranty

19) Wie schreibt sich das englische Wort für „besonders"?

A. exspecially
B. espatially
C. especially
D. espetialy
E. especely

20) Wie schreibt sich das englische Wort für „verfügbar"?

A. evailable
B. eveilabel
C. aveilabel
D. available
E. aweilable

Englisch: Zahlen und Uhrzeiten *Bearbeitungszeit 3½ Minuten*

Beantworten Sie bitte die folgenden Aufgaben, indem Sie jeweils den richtigen Lösungsbuchstaben markieren.

21) Wie lautet die englische Schreibweise für: „03:34 Uhr"?

A. twenty-six minutes until four
B. twenty-six minutes to vour
C. twenty-six minutes to for
D. twenty-six minutes to four
E. Keine Antwort ist richtig.

22) Wie lautet die englische Schreibweise für: „21:30 Uhr"?

A. half ten
B. half past nine
C. half hour to ten
D. half past twenty-one
E. Keine Antwort ist richtig.

23) Wie lautet die englische Schreibweise für: „05:04 Uhr"?

A. four (minutes) past five
B. vour (minutes) past five
C. four (minutes) to five
D. four (minutes) past fife
E. Keine Antwort ist richtig.

24) Wie lautet die englische Schreibweise für: „16:20 Uhr"?

A. twenty (minutes) past sixteen
B. twenty (minutes) past four
C. sixteen and twenty
D. fourty (minutes) to five
E. Keine Antwort ist richtig.

25) Wie lautet die englische Schreibweise für: „19:17 Uhr"?

A. seventeen minutes past seven
B. seventen minutes past nineteen
C. sewenten minutes past nineteen
D. seventeen minutes to seven
E. Keine Antwort ist richtig.

26) Wie lautet die englische Schreibweise für: „eine Milliarde Dollar"?

A. One bilion dollars
B. One milliard dollars
C. One billion dollars
D. One billiard dollars
E. Keine Antwort ist richtig.

27) Wie wird die Zahl 1.348 im Englischen ausgeschrieben?

A. One thousand and three hundred and forty-eight
B. One Thousand Three-Hundred and Forty-Eight
C. Onethousand, threehundred and fourty-eight
D. One thousand and three hundred and fourty eight
E. Keine Antwort ist richtig.

28) Wie wird die Zahl 30.031 im Englischen ausgeschrieben?

A. Thirtythousand and thirtyone
B. Thirtythousand-thirtyone
C. Thirty thousand and thirty-one
D. Thirtythousand thirtyone
E. Keine Antwort ist richtig.

29) Wie wird die Zahl 115 im Englischen ausgeschrieben?

A. One hundred Fifteen
B. Onehundredfifteen
C. One hundred and fifty
D. One hundred and fifteen
E. Keine Antwort ist richtig.

30) Wie lautet die englische Schreibweise für: „15:15 Uhr"?

A. A quarter past three
B. One quarter past Three p.m.
C. Fifteen and fifteen
D. Fifteen hours fifteen
E. Keine Antwort ist richtig.

Englisch: Lückentext

Bearbeitungszeit 3½ Minuten

Finden Sie heraus, welche Wörter in die Leerstellen eingesetzt werden müssen, damit sich ein sinnvoller Satz ergibt.

Hierzu ein Beispiel

Aufgabe

1) His _____ car is new. How much _____ it cost?

A. fathers | is
B. father's | did
C. feather's | have
D. furthers | has been
E. father's | had been

Antwort

(B.) father's | did

His father's car is new. How much did it cost?

Da Genitiven im Englischen ein „s" mit Apostroph angehängt wird, kommen nur die Möglichkeiten B, C und E in Frage. „Feather" bedeutet jedoch „Feder" und nicht etwa „Vater": Somit scheidet Satz C aus. Für die zweite Leerstelle gibt es überhaupt nur einen korrekten Vorschlag, nämlich „did": „How much is it cost?" (Antwort A) ist keine korrekte Frage, und auch „have" (Antwort C) liegt grammatikalisch falsch, da es nicht zum Subjekt „it" in der 3. Person passt. Setzt man „has been" oder „had been" ein, ist zum einen der Satzbau falsch („How much has/have been it cost?"), zum anderen stimmen die Zeitformen – present perfect progressive und past perfect progressive, beides Verlaufsformen – nicht mit „cost" überein, das nicht in einer Verlaufsform steht.

Bitte bearbeiten Sie nun die Aufgaben: Markieren Sie den Lösungsbuchstaben des einzusetzenden Ausdrucks. Sie haben dafür **3½ Minuten** Zeit.

31) I arrived ___________ the railway station.

A. by
B. in
C. on
D. into
E. at

32) The knife ___________ the table.

A. is of
B. are at
C. lays on
D. lies to
E. lies on

33) The pleasure is all ___________.

A. on me
B. for my
C. on my side
D. for me
E. mine

34) She can't understand how Tom could have made ___________.

A. such a big mistake
B. such big the mistake
C. so big mistake
D. so a big mistake
E. Keine Antwort ist richtig.

35) There aren't ___________ cups in the cupboard.

A. some
B. any
C. the
D. a
E. Keine Antwort ist richtig.

36) Sara told her mother that she didn't have ___________ today.

A. many homeworks
B. much homeworks
C. much homework
D. many homework
E. Keine Antwort ist richtig.

37) A few of ___________ are going to the club.

A. mens
B. us men
C. we mans
D. ours men
E. we men

38) She would have paid ___________ for her new dress.

A. as much twice
B. times two
C. much twice
D. twice as much
E. Keine Antwort ist richtig.

39) __________ you like to visit us, since your husband isn't at home this weekend?

A. Will
B. Won't
C. Wouldn't
D. Want
E. Does

40) __________ a cat on the chair.

A. He's
B. They're
C. Theirs
D. There's
E. Keine Antwort ist richtig.

Lösungen: Fremdsprachenkenntnisse

1) B	15) E	29) D
2) D	16) B	30) A
3) B	17) C	31) E
4) A	18) B	32) E
5) D	19) C	33) E
6) B	20) D	34) A
7) A	21) D	35) B
8) C	22) B	36) C
9) D	23) A	37) B
10) C	24) B	38) D
11) A	25) A	39) C
12) A	26) C	40) D
13) B	27) A	
14) D	28) C	

Englisch: Wortbedeutungen (Aufgaben 1–10)

Zu 1) **B.** schnell

Zu 2) **D.** bremsen

Zu 3) **B.** verantwortlich

Zu 4) **A.** Gesetz

Zu 5) **D.** verbergen

Zu 6) **B.** schließlich

Zu 7) **A.** Gewissen

Zu 8) **C.** lächerlich

Zu 9) **D.** Vorfall

Zu 10) **C.** offensichtlich

Englisch: Rechtschreibung (Aufgaben 11–20)

Zu 11) **A.** December

Zu 12) **A.** suggestion

Zu 13) **B.** foreigner

Zu 14) **D.** violence

Zu 15) **E.** exercise

Zu 16) **B.** potentially

Zu 17) **C.** disappear

Zu 18) **B.** guarantee

Zu 19) **C.** especially

Zu 20) **D.** available

Englisch: Zahlen und Uhrzeiten (Aufgaben 21–30)

Zu 21) D. twenty-six minutes to four

Antwort D stimmt. Ist die halbe Stunde überschritten, zählt man im klassischen Englisch die verbleibenden Minuten bis zur nächsten vollen Stunde („twenty-six minutes to four": „sechsundzwanzig Minuten bis vier"). Im modernen Sprachgebrauch könnte man auch „three thirty-four" sagen. Vorschlag A nutzt mit „until" die falsche Präposition, die Möglichkeiten B und C enthalten Rechtschreibfehler („vour", „for").

Zu 22) B. half past nine

Antwort B stimmt. „21:30 Uhr" heißt übersetzt „half past nine". Im Englischen bezieht man die halbe Stunde nicht auf die nächste volle Stunde, sondern auf die vorherige – mit dem Zusatz „past" („nach"). Die Antworten A und C sind daher falsch. Vorschlag D stimmt nicht, weil die Stundenzahl 21 nicht mit „twenty-one", sondern mit „nine" wiedergegeben wird: Im Englischen zählt man die Stunden nur bis 12 durch, danach beginnt man von Neuem bei 1.

Zu 23) A. four (minutes) past five

Antwort A stimmt. „05:04 Uhr" heißt „four minutes past five" oder – ohne „minutes" – „four past five". Die Vorschläge B und D enthalten Rechtschreibfehler („vour", „fife") und Möglichkeit C geht von der falschen Zeit aus („four to five" bedeutet „vier vor fünf").

Zu 24) B. twenty (minutes) past four

Antwort B stimmt. „16:20 Uhr" heißt „twenty minutes past four" oder – ohne „minutes" – „twenty past four". Vorschlag D geht in die Irre: Im klassischen Englisch kann man zwar auch die Minuten bis zur nächsten vollen Stunde nennen, aber nur dann, wenn die halbe Stunde bereits überschritten ist. Lösung A ist falsch, weil im Englischen die Stunden nur bis 12 durchgezählt werden, danach beginnt man von Neuem bei 1. Möglichkeit C ist völlig unsinnig.

Zu 25) A. seventeen minutes past seven

Antwort A stimmt. „19:17 Uhr" heißt übersetzt „seventeen minutes past seven". „19" wird nicht als „nineteen" übersetzt, weil man im Englischen die Stunden nur bis 12 durchzählt und danach von Neuem bei 1 beginnt. Die Antworten B und C enthalten Rechtschreibfehler („seventen", „sewenten"), Vorschlag D geht fälschlicherweise von 18:43 Uhr aus („to seven" statt „past seven").

Zu 26) C. One billion dollars

Antwort C stimmt. Der Unterschied zwischen der englischen „billion" (1.000.000.000) und der deutschen Billion (1.000.000.000.000) stiftet oft Verwirrung. Die ursprünglich amerikanische Zählweise von der „million" (1.000.000) über die „billion" zur „trillion" (1.000.000.000.000, entspricht der deutschen Billion) hat sich seit den 70er-Jahren in Großbritannien und im übrigen englischsprachigen Raum standardsprachlich durchgesetzt.

Zu 27) A. One thousand and three hundred and forty-eight

Antwort A stimmt. Im Englischen werden alle Zahlwörter kleingeschrieben. Tausender und Hunderter sind – wie auch Hunderter und Zehner – durch ein „and" verbunden, bei Zahlen über 20 steht zwischen Zehnern und Einern ein Bindestrich.

Zu 28) C. Thirty thousand and thirty-one

Antwort C stimmt. Im Englischen werden alle Zahlwörter auseinander geschrieben. Tausender, Hunderter und Zehner werden mit „and" verbunden, und bei Zahlen über 20 steht zwischen Zehnern und Einern ein Bindestrich.

Zu 29) D. One hundred and fifteen

Antwort D stimmt. Im Englischen werden Zahlwörter klein und auseinander geschrieben, außerdem werden Hunderter und Zehner mit „and" verbunden – die Antworten A und B scheiden also aus. „Fifty" (Antwort C) bedeutet „Fünfzig" und nicht „Fünfzehn".

Zu 30) A. A quarter past three

Antwort A stimmt. Im Englischen ist es üblich, „viertel vor" bzw. „viertel nach" mit „a quarter to" bzw. „a quarter past" zu übersetzen. Die angegebene Uhrzeit wird also richtigerweise mit „a quarter past three" ausgedrückt. Ebenfalls möglich wäre das etwas förmlichere „three fifteen (p.m.)". Die Zeitangaben bei C und D sind Unsinn: Im Englischen werden die Stunden nur bis 12 durchgezählt, danach beginnt man von Neuem bei 1. Um Vormittags- und Nachmittagsstunden zu unterscheiden, verwendet man die Zusätze a.m. (= „ante meridiem", vormittags) bzw. p.m. (= „post meridiem", nachmittags) – jedoch nicht dann, wenn die Zeit durch „past" oder „to" ausgedrückt wird, wie in Antwort B. Obendrein wird hier noch „three" fälschlicherweise großgeschrieben.

Englisch: Lückentext (Aufgaben 31–40)

Zu 31) E. at

I arrived at the railway station.

Übersetzt: „Ich kam am Bahnhof an." Mit „arrive by" würde man ausdrücken, dass man mit einem bestimmten Verkehrsmittel angekommen ist („I arrived by train"); „arrive in" könnte sich auf ein weiträumigeres Ankunftsgebiet beziehen („I arrived in London"), das hier jedoch nicht vorkommt. „Auf" dem Bahnhof anzukommen, wie es in Möglichkeit C heißt („on"), wäre sehr ungewöhnlich, und auch „into" ist falsch gewählt. „Ich kam am Bahnhof an" wird korrekt mithilfe von „at" übersetzt.

Zu 32) E. lies on

The knife lies on the table.

Übersetzt: „Das Messer liegt auf dem Tisch." „Of the table" (Vorschlag A) bedeutet nicht etwa „auf dem Tisch", sondern „des Tischs" und würde hier keinen besonders sinnvollen Satz ergeben. Die Mehrzahlform „are" ist bei nur einem Messer ebenfalls unangebracht. „Lay" in Antwort C steht nicht für „liegen", sondern für „legen", sodass in diesem Fall das Messer selbst etwas legen müsste – auch diese Antwort scheidet somit aus. In Möglichkeit D ist sogar von einem ganz anderen Wort die Rede: „Lie to" bedeutet „jemanden anlügen". Als korrekte Antwort bleibt schließlich nur E übrig.

Zu 33) E. mine

The pleasure is all mine.

Übersetzt: „Die Freude ist ganz auf meiner Seite." Diese Redewendung kann nicht wörtlich ins Englische übersetzt werden, wie es Antwort C versucht. Man sagt stattdessen „die Freude ist voll und ganz meine" – „the pleasure is all mine".

Zu 34) A. such a big mistake

She can't understand how Tom could have made such a big mistake.

Übersetzt: „Sie kann nicht verstehen, wie Tom so einen großen Fehler hat machen können." Das in den Antworten C und D verwendete „so" entspricht nicht dem vergleichenden deutschen „so", sondern bedeutet „also", „damit", „dermaßen". Abgesehen davon ist die Wortstellung beide Male nicht korrekt. Vorschlag B benutzt fälschlicherweise den bestimmten Artikel „the" statt des unbestimmten „a". Somit kommt nur Möglichkeit A infrage.

Zu 35) B. any

There aren't any cups in the cupboard.

Übersetzt: „Es sind keine Tassen im Geschirrschrank." Das Wort „keine" ist hier der Schlüssel zur Lösung: Im Englischen verwendet man „any" zur Angabe unbestimmter Stückzahlen in Fragesätzen oder bei Verneinungen – im vorliegenden Fall handelt es sich um Letzteres. „Some" kommt bei normalen Aussagesätzen zum Zuge. Die Artikel „the" (bestimmt) bzw. „a" (unbestimmt) sind hier völlig fehl am Platz.

Zu 36) C. much homework

Sara told her mother that she didn't have much homework today.

Übersetzt: „Sara sagte ihrer Mutter, dass sie heute nicht viele Hausaufgaben habe." Da „homework" bereits im Plural steht – das Wort ist überhaupt nur in der Mehrzahl gebräuchlich – stimmen die Pluralkonstruktionen der Antworten A und B mit angehängtem „s" nicht. Ob nun „much" oder „many" zu verwenden ist, richtet sich nach der Zählbarkeit des Bezugsworts: Zählbare Substantive können eine Mehrzahl bilden („friend" – „friends") und werden mit „many" verwendet; nicht zählbare Substantive wie „homework" verlangen nach „much".

Zu 37) B. us men

A few of us men are going to the club.

Übersetzt: „Einige von uns Männern gehen in den Club." Antwort A bildet den Plural fälschlicherweise mit angehängtem „s", die Möglichkeiten C und E ziehen außerdem noch das falsche Personalpronomen „we" hinzu. Antwort D ist mit „ours" nicht viel besser. Somit kommt nur B infrage.

Zu 38) D. twice as much

She would have paid twice as much for her new dress.

Übersetzt: „Sie hätte für ihr neues Kleid auch doppelt so viel bezahlt." Die Formel „doppelt so viel" wird im Englischen mit „twice as much" richtig gebildet, wie in Vorschlag D angegeben.

Zu 39) C. Wouldn't

Wouldn't you like to visit us, since your husband isn't at home this weekend?

Übersetzt: „Hättest du nicht Lust, uns zu besuchen, da dein Mann am Wochenende nicht zuhause ist?" Antwort E entfällt bereits aufgrund der falschen Personalform (3. Person, richtig wäre 2. Person). „Want" („wollen") passt weder grammatisch noch inhaltlich in die Satzkonstruktion.

„Will you" (Antwort A) bedeutet „wirst du", „won't" heißt übersetzt „wirst du nicht" – beides etwas zu forsch für eine englische Frage, die höflicherweise mit „würde" („would") gebildet wird.

Zu 40) D. There's

There's a cat on the chair.

Übersetzt: „Dort ist eine Katze auf dem Stuhl". Einzusetzen ist die Ortsangabe „dort ist" – dies gelingt weder durch Antwort A („he's" – „er ist") noch durch die Vorschläge B („they're" – „sie sind") oder C: das Possessivpronomen „theirs" („ihrer", „ihres") zeigt ein Besitzverhältnis mehrerer Leute an. Somit kommt nur Möglichkeit D mit dem Demonstrativpronomen „there" („dort") infrage.

Mathematik

Kettenrechnen (Kopfrechnen) *Bearbeitungszeit 10 Minuten*

Bei dieser Aufgabe geht es darum, einfache Rechnungen im Kopf zu lösen.

Bitte benutzen Sie **keinen Taschenrechner** und machen Sie **keine schriftlichen Nebenrechnungen.** Die **Punkt-vor-Strich-Regel gilt hier nicht!**

Beantworten Sie bitte die folgenden Aufgaben, indem Sie jeweils das richtige Ergebnis eintragen.

1) $3 \times 6 \div 9 + 3 \times 9 \div 3 \times 2 - 3 \times 2 \div 9 =$ ______

2) $1 \times 2 + 3 \times 4 - 5 \times 2 + 15 \div 9 \times 10 - 11 \div 3 =$ ______

3) $9 \times 8 \div 6 - 5 \times 7 + 6 \div 5 + 9 \times 3 \div 2 - 1 =$ ______

4) $27 \div 3 + 18 \div 3 \times 2 + 118 - 30 \div 2 + 3 \div 7 \div 2 + 16 =$ ______

5) $1.550 - 26 + 12 \div 3 \times 2 \div 4 - 156 - 20 \div 16 =$ ______

6) $57 - 12 \div 9 + 12 - 3 \div 2 - 3 \times 5 + 6 \div 2 \times 3 - 3 \div 6 =$ ______

7) $4 + 8 \times 6 + 5 \div 7 + 6 \times 4 - 16 \div 4 + 12 \div 5 \times 4 + 3 - 7 \times 3 =$ ______

8) $18 + 4 \div 2 + 9 - 3 \times 4 - 2 \div 2 + 2 - 5 \div 5 \times 3 \div 2 =$ ______

9) $4 + 8 \times 3 \div 6 + 9 \div 5 + 6 - 5 \times 4 + 4 \div 5 \times 6 =$ ______

10) $13 - 5 \times 6 \div 4 \div 3 + 4 + 6 - 3 \times 2 + 17 \div 3 + 12 \div 5 + 6 \times 2 =$ ______

Bruchrechnen

Bearbeitungszeit 7½ Minuten

Beantworten Sie bitte die folgenden Aufgaben, indem Sie jeweils den richtigen Lösungsbuchstaben markieren.

11) $\frac{1}{8} = ?$

A. 0,125
B. 0,225
C. 0,275
D. 1,00
E. Keine Antwort ist richtig.

12) $\frac{2}{4} + \frac{4}{3} = ?$

A. 1
B. $\frac{11}{6}$
C. 2,5
D. 3
E. Keine Antwort ist richtig.

13) $\frac{6}{8} - \frac{2}{6} = ?$

A. $\frac{4}{2}$
B. $\frac{5}{8}$
C. $\frac{5}{12}$
D. $\frac{4}{8}$
E. Keine Antwort ist richtig.

14) $\frac{3}{5} \div \frac{2}{5} = ?$

A. $1\frac{1}{4}$
B. $1\frac{1}{2}$
C. $1\frac{3}{4}$
D. $1\frac{4}{5}$
E. Keine Antwort ist richtig.

15) $\frac{6}{7} \div \frac{3}{4} = ?$

A. $\frac{2}{4}$
B. $\frac{2}{7}$
C. $\frac{8}{7}$
D. $\frac{2}{21}$
E. Keine Antwort ist richtig.

16) $\frac{6}{7}-\frac{1}{5}=?$

A. $\frac{5}{2}$

B. $\frac{5}{5}$

C. $\frac{7}{2}$

D. $\frac{23}{35}$

E. Keine Antwort ist richtig.

17) $\frac{4}{5}+\frac{7}{3}=?$

A. $\frac{11}{3}$

B. $\frac{11}{5}$

C. $\frac{11}{8}$

D. $\frac{47}{15}$

E. Keine Antwort ist richtig.

18) $3\frac{6}{8}\times 2\frac{2}{4}=?$

A. $\frac{75}{8}$

B. 8

C. $\frac{5}{32}$

D. $\frac{6}{32}$

E. Keine Antwort ist richtig.

19) $3\frac{6}{8}\div 2\frac{2}{4}=?$

A. $\frac{3}{2}$

B. 0,5

C. $\frac{1}{4}$

D. $\frac{116}{32}$

E. Keine Antwort ist richtig.

20) $\left(4\frac{1}{2}+2\frac{1}{4}\right)\div\left(9-2\frac{1}{4}\right)=?$

A. $\frac{9}{6}$

B. $\frac{7}{4}$

C. 1,5

D. 1

E. Keine Antwort ist richtig.

Rechenzeichen ergänzen

Bearbeitungszeit 2½ Minuten

Welche Rechenzeichen (+, −, ×, ÷) müssen in die Felder eingefügt werden, damit das jeweilige Endergebnis stimmt?

Bedenken Sie, dass dabei die Punkt-vor-Strich-Regel gilt.

Hierzu ein Beispiel

Aufgabe

1) 2 ___ 6 ___ 3 = 15

Antwort

1) 2 × 6 + 3 = 15

Es gibt nur eine Möglichkeit, die Aufgabe korrekt zu vervollständigen.

Beantworten Sie bitte die folgenden Aufgaben, indem Sie jeweils die richtigen Operatoren eintragen.

21) 17 ___ 9 ___ 3 = 11

22) 11 ___ 6 ___ 2 = 8

23) 8 ___ 7 ___ 4 = 14

24) 9 ___ 3 ___ 5 = 8

25) 7 ___ 8 ___ 4 = 5

26) 1 ___ 4 ___ 4 = 17

27) 7 ___ 9 ___ 3 = 10

28) 8 ___ 2 ___ 1 = 7

29) 14 ___ 2 ___ 7 = 4

30) 18 ___ 3 ___ 2 = 4

Maßeinheiten umrechnen

Bearbeitungszeit 5 Minuten

Beantworten Sie bitte die folgenden Aufgaben, indem Sie jeweils den richtigen Lösungsbuchstaben markieren.

31) Wie viele Millimeter sind 38,4 Zentimeter?

A. 3,84
B. 384
C. 76,8
D. 3.840
E. Keine Antwort ist richtig.

32) Wie viele Kilogramm sind 0,69 Tonnen?

A. 6,9
B. 690
C. 6.900
D. 69.000
E. Keine Antwort ist richtig.

33) Wie viele Gramm sind 79,8 Kilogramm?

A. 798
B. 7.980
C. 15.960
D. 79.800
E. Keine Antwort ist richtig.

34) Wie viele Kilometer sind 67 Zentimeter?

A. 0,0000067
B. 0,00067
C. 0,067
D. 6,7
E. Keine Antwort ist richtig.

35) Im Nachbarort wird ein 1,7 Hektar großes Gewerbegrundstück angeboten. Wie vielen Quadratmetern entspricht das?

A. 1.700 m^2
B. 11.700 m^2
C. 17.000 m^2
D. 117.000 m^2
E. Keine Antwort ist richtig.

36) Wie viele Quadratmeter sind 6,8 Quadratkilometer?

A. 6.800.000
B. 6.800
C. 68.000
D. 680.000
E. Keine Antwort ist richtig.

37) Wie viele Stunden sind 32 Minuten und 240 Sekunden?

A. 0,75
B. 0,66
C. 0,6
D. 0,8
E. Keine Antwort ist richtig.

38) Wie viele Kubikzentimeter sind 13,5 Liter?

A. 27
B. 135
C. 13.500
D. 1.350
E. Keine Antwort ist richtig.

39) Wie viele Sekunden haben vier Tage?

A. 345.600 Sekunden
B. 347.600 Sekunden
C. 349.600 Sekunden
D. 350.600 Sekunden
E. Keine Antwort ist richtig.

40) Bei einem Gewitter wurde laut Wetteramt eine Niederschlagshöhe von 41,5 mm pro Stunde erreicht. Wie viele Liter Wasser gingen demnach stündlich auf einen Quadratmeter nieder?

A. 0,415
B. 4,15
C. 41,5
D. 415
E. Keine Antwort ist richtig.

Dreisatz

Bearbeitungszeit 10 Minuten

Beantworten Sie bitte die folgenden Aufgaben, indem Sie jeweils den richtigen Lösungsbuchstaben markieren.

41) Für die Eingabe von Kundenaufträgen brauchen 4 Mitarbeiter 3 Stunden. Wie lange würde ein computergesteuerter Scanner, der viermal so schnell ist wie ein Mitarbeiter, für die gleiche Anzahl an Kundenaufträgen benötigen?

A. 2 h
B. 3 h
C. 4 h
D. 5 h
E. Keine Antwort ist richtig.

42) Auszubildender Müller hat einen Karton mit 2.500 Blatt Kopierpapier, der 10,8 kg wiegt. Der Kopierer hat ein Papierfach mit Platz für 500 Blatt Papier. Wie schwer sind diese 500 Blatt Kopierpapier?

A. 1,82 kg
B. 2,12 kg
C. 2,16 kg
D. 2,18 kg
E. Keine Antwort ist richtig.

43) Drei Maler brauchen 1,5 Stunden, um eine Fläche von 63 Quadratmetern zu streichen. Wie lange brauchen fünf Maler dafür?

A. 60 Minuten
B. 54 Minuten
C. 48 Minuten
D. 36 Minuten
E. Keine Antwort ist richtig.

44) Für die Eingabe von Kundendaten benötigen 2 Mitarbeiter genau 3 Tage. Wie viele Tage werden für die Dateneingabe eines neuen Auftrages benötigt, wenn der Auftrag 50 Prozent größer ist und ein Mitarbeiter erkrankt ist?

A. 4 Tage
B. 6 Tage
C. 8 Tage
D. 9 Tage
E. Keine Antwort ist richtig.

45) In einer Kantine wird von 120 Mitarbeitern in 5 Tagen 216 kg Obst verzehrt. Wie viel Kilogramm Obst würden im gleichen Zeitraum verbraucht, wenn die Belegschaft um 10 Personen größer wäre?

A. 222 kg
B. 230 kg
C. 234 kg
D. 242 kg
E. Keine Antwort ist richtig.

46) Für eine Veranstaltung werden an zwei Tagen sechs Popcornmaschinen aufgestellt. Insgesamt kommen die Maschinen dabei auf einen Stromverbrauch von 420 kWh. Wie hoch wäre der Stromverbrauch, wenn man drei Tage lang acht Maschinen betreiben würde?

A. 800 kWh
B. 820 kWh
C. 840 kWh
D. 900 kWh
E. Keine Antwort ist richtig.

47) Um eine Fläche zu dekorieren, werden 12 Meter eines Stoffes von 1,50 m Breite gebraucht. Wie viel Meter werden benötigt, wenn dieser Stoff nur in einer Breite von 1,20 m verfügbar ist?

A. 10 m
B. 12 m
C. 15 m
D. 20 m
E. Keine Antwort ist richtig.

48) Der Laserprinter des Versicherungsunternehmens „Live“ druckt 24.000 Zeilen pro Stunde. Wie lange benötigt er für 200 Seiten mit je 50 Zeilen?

A. 0,25 h
B. 25 min
C. 35 min
D. 45 min
E. Keine Antwort ist richtig.

49) Auszubildender Müller hat einen Internetanschluss und zahlt bei einer Nutzungsdauer von 320 Minuten eine Rechnung von 4,50 €. Da er im letzten Monat für eine Hausarbeit recherchieren musste, ist die Nutzungsdauer auf 520 Minuten gestiegen. Wie hoch ist die Rechnung, wenn die ersten zwei Stunden Surfen pro Monat kostenlos sind und keine Grundgebühren anfallen?

A. 6,80 €

B. 7,20 €

C. Doppelt so hoch wie im Vormonat

D. 8,60 €

E. Keine Antwort ist richtig.

50) Für die Produktion von 160 Maschinen benötigt Herr Mayer 20 Mitarbeiter und 20 Arbeitstage. Für einen weiteren Auftrag über 90 Maschinen stehen 15 Arbeitstage zur Verfügung. Wie viele Mitarbeiter muss Herr Mayer mindestens einsetzen, um den Auftrag fristgerecht zu erledigen?

A. 5 Mitarbeiter

B. 10 Mitarbeiter

C. 15 Mitarbeiter

D. 20 Mitarbeiter

E. Keine Antwort ist richtig.

Prozentrechnen

Bearbeitungszeit 10 Minuten

Bei der Prozentrechnung sind drei Größen zu beachten: der Prozentsatz, der Prozentwert und der Grundwert. Zwei dieser Größen müssen gegeben sein, um die dritte Größe berechnen zu können.

Beantworten Sie bitte die folgenden Aufgaben, indem Sie jeweils den richtigen Lösungsbuchstaben markieren.

51) Herr Mayer erhält eine Gehaltserhöhung von fünf Prozent. Derzeit verdient er 3.500 €. Wie viel Euro erhält er zukünftig mehr?

A. 120 €
B. 140 €
C. 160 €
D. 175 €
E. Keine Antwort ist richtig.

52) Herr Mayer möchte eine Maschine über die Bank finanzieren. Nach einem Jahr würde er dafür inklusive acht Prozent Zinsen 129.600 € bezahlen. Wie hoch ist der Preis der Maschine ohne Zinsen?

A. 110.000 €
B. 120.000 €
C. 125.000 €
D. 115.000 €
E. Keine Antwort ist richtig.

53) Der Buchwert einer Anlage beträgt nach einer Abschreibung von 20 Prozent noch 40.000 €. Wie hoch ist der Abschreibungsbetrag?

A. 10.000 €
B. 12.000 €
C. 12.500 €
D. 14.000 €
E. Keine Antwort ist richtig.

54) Herr Mayer erhält monatlich ein Fixgehalt von 5.000 € und eine Umsatzprovision von 4 %. Welchen Umsatz muss er erzielen, um ein Gesamteinkommen von 7.000 € zu erzielen?

A. 48.000 €
B. 50.000 €
C. 50.800 €
D. 51.000 €
E. Keine Antwort ist richtig.

55) Herr Mayer möchte seinem Buchhalter eine Gehaltserhöhung von 2 % geben. Nach der Gehaltserhöhung soll der Angestellte 3.774 € verdienen. Wie viel verdient der Buchhalter vor der Gehaltserhöhung?

A. 3.500 €
B. 3.600 €
C. 3.700 €
D. 3.800 €
E. Keine Antwort ist richtig.

56) Bei einer Betriebsratswahl lag die Wahlbeteiligung mit 72 Beschäftigten bei 96 Prozent. Wie viele wahlberechtigte Beschäftigte hat die Firma?

A. 70 wahlberechtigte Beschäftigte
B. 72 wahlberechtigte Beschäftigte
C. 74 wahlberechtigte Beschäftigte
D. 75 wahlberechtigte Beschäftigte
E. Keine Antwort ist richtig.

57) Herr Mayer bietet sein altes Fahrzeug für 12.000 € an. Als er bemerkt, dass der Preis zu niedrig ist, erhöht er diesen um zehn Prozent. Anschließend erhöht er den Preis nochmals um zehn Prozent, da die Nachfrage nach diesem Modell sehr groß ist. Wie viel Euro kann Herr Mayer für sein altes Fahrzeug erzielen?

A. 14.000 €
B. 14.500 €
C. 14.520 €
D. 14.620 €
E. Keine Antwort ist richtig.

58) Aktiengesellschaft Müller schüttet eine Dividende von 12 Prozent aus. Nach Abzug von 25 Prozent Kapitalertragsteuer erhält Aktionär A einen Betrag von 3.600 € gutgeschrieben. Wie hoch ist der Nennwert seiner Aktien?

A. 30.000 €
B. 35.000 €
C. 40.000 €
D. 45.000 €
E. Keine Antwort ist richtig.

59) Die Max Mayer Industriegesellschaft konnte den Gewinn im Monat März um 5 % gegenüber dem Vormonat auf 198.744 € steigern. Im Februar konnte bereits der Gewinn gegenüber Januar um 4 % gesteigert werden. Wie hoch war der Gewinn im Januar?

A. 180.255 €
B. 181.000 €
C. 181.550 €
D. 182.000 €
E. Keine Antwort ist richtig.

60) Herr Mayer hat bereits $\frac{3}{5}$ seines Kredits zurückgezahlt. Wenn er diesen Monat 380 € abzahlt, dann bleiben noch 7.620 € an Restschuld offen. Wie hoch ist der Gesamtbetrag des Kredits ursprünglich gewesen?

A. 10.000 €
B. 15.000 €
C. 20.000 €
D. 25.000 €
E. Keine Antwort ist richtig.

Zinsrechnen

Bearbeitungszeit 10 Minuten

Bei der kaufmännischen Zinsrechnung werden dem Monat 30 Tage und dem Jahr 360 Tage zugrunde gelegt. Der Zinseszins kann unberücksichtigt bleiben, sofern die Aufgabenstellung nicht ausdrücklich etwas anderes verlangt.

Beantworten Sie bitte die folgenden Aufgaben, indem Sie jeweils den richtigen Lösungsbuchstaben markieren.

61) Herr Mayer möchte einen Betrag von 20.000 € zu fünf Prozent fest anlegen. Wie viel Zinsen erhält er pro Jahr?

A. 800 €
B. 900 €
C. 1.000 €
D. 1.100 €
E. Keine Antwort ist richtig.

62) Herr Mayer erhält auf sein Tagesgeldkonto 5 % Zinsen pro Jahr. Wie hoch ist der Betrag, den Herr Mayer pro Monat an Zinsen erhält, wenn er 24.000 € angelegt hat?

A. 900 €
B. 999 €
C. 100 €
D. 1.200 €
E. Keine Antwort ist richtig.

63) Für eine Geldanlage von 42.000 € hat Herr Mayer nach vier Monaten Zinsen in Höhe von 1.120 € bekommen. Welchen Zinssatz hat Herr Mayer erhalten?

A. 6 %
B. 8 %
C. 10 %
D. 12 %
E. Keine Antwort ist richtig.

64) Welchen Betrag muss Herr Mayer zu einem Zinssatz von fünf Prozent anlegen, um monatlich einen Zins von 500 € zu erhalten?

A. 60.000 €
B. 80.000 €
C. 100.000 €
D. 120.000 €
E. Keine Antwort ist richtig.

65) Herr Mayer muss wegen Liquiditätsengpässen eine Anlage in Höhe von 45.000 € vorzeitig auflösen. Bei einem Jahreszins von acht Prozent hat er 2.400 € Zinsen erhalten. Wie lange war das Geld insgesamt angelegt?

A. 200 Tage
B. 220 Tage
C. 240 Tage
D. 260 Tage
E. Keine Antwort ist richtig.

66) Für eine Festgeldanlage erhält Herr Mayer nach drei Monaten 700 € Zinsen bei einer Verzinsung von sieben Prozent. Welcher Betrag wurde vor einem Jahr angelegt?

A. 25.000 €
B. 30.000 €
C. 35.000 €
D. 40.000 €
E. Keine Antwort ist richtig.

67) Wie viele Zinstage werden vom 17.01. bis zum 22.08. berechnet?

A. 187 Tage
B. 209 Tage
C. 216 Tage
D. 219 Tage
E. Keine Antwort ist richtig.

68) Ein Rentner erhält eine monatliche Rente in Höhe von 600 €. Welchen Betrag müsste er in festverzinsliche Wertpapiere zum Zins von fünf Prozent anlegen, um die gleiche Rendite zu erzielen?

A. 144.000 €
B. 158.000 €
C. 162.000 €
D. 168.000 €
E. Keine Antwort ist richtig.

69) Herr Mayer möchte eine neue Maschine zum Preis von 40.000 € kaufen. Er bekommt von der Bank einen Kredit zu einem Zinssatz von sechs Prozent. Herr Mayer möchte den Kredit nach 90 Tagen abzahlen. Wie viel Prozent des Anschaffungspreises machen die Zinsen für 90 Tage aus?

A. 1,0 %
B. 1,5 %
C. 2,0 %
D. 2,5 %
E. Keine Antwort ist richtig.

70) Herr Mayer ist zu ⅓ an einer Gesellschaft beteiligt. Der Jahresgewinn von 120.000 € soll nun auf die drei Gesellschafter aufgeteilt werden. Herr Mayer möchte seinen Anteil zu fünf Prozent fest anlegen. Welchen Betrag inklusive Zinsen erhält Herr Mayer nach einem Jahr von der Bank zurück?

A. 38.500 €
B. 40.200 €
C. 42.000 €
D. 42.400 €
E. Keine Antwort ist richtig.

Gemischte Textaufgaben

Bearbeitungszeit 10 Minuten

Beantworten Sie bitte die folgenden Aufgaben, indem Sie jeweils den richtigen Lösungsbuchstaben markieren.

71) An einer Prüfung nahmen 10 Prüflinge teil. Folgende Noten wurden erzielt:

- Note 1: 2 Prüflinge
- Note 2: 2 Prüflinge
- Note 3: 5 Prüflinge
- Note 4: 1 Prüfling

Wie lautet die Durchschnittsnote?

A. 2
B. 2,5
C. 3
D. 3,5
E. Keine Antwort ist richtig.

72) Für einen 4 m breiten, 5 m langen und 2,5 m hohen Raum wird weiße Farbe benötigt. Die Wände und die Decke sollen gestrichen werden. Ein Eimer beinhaltet 5 Liter. Wie viel Eimer müssen gekauft werden, wenn pro Quadratmeter 0,23 Liter Farbe verbraucht werden?

A. 1
B. 2
C. 3
D. 4
E. Keine Antwort ist richtig.

73) Die Auszubildenden der Mayer Bank sind teilweise an das Prämiensystem der Bank angeschlossen und erhalten für das Abschließen von Sparbüchern einen anteiligen Betrag als Prämie gutgeschrieben. Auszubildende Maria hat für den Abschluss von 60 Sparbüchern eine kleine Prämie von 6,60 € erhalten. Wie viele Sparbücher konnte Auszubildender Max abschließen, wenn er eine Prämie von 8,58 € erhalten hat?

A. 62
B. 64
C. 78
D. 83
E. Keine Antwort ist richtig.

74) Herr Mayer muss $\frac{2}{5}$ seines Gehaltes an Steuern zahlen. Dies sind genau 2.000 €. Wie hoch ist das Bruttogehalt von Herrn Mayer?

A. 3.000 €
B. 3.500 €
C. 4.000 €
D. 5.000 €
E. Keine Antwort ist richtig

75) Wie viel Gewinn erzielt Herr Mayer pro 0,75-Liter-Weinflasche bei einem Verkaufspreis von 3 €, wenn er für 900 Liter Wein 1.080 € und für 1.200 Etiketten 120 € zahlen muss und weitere Kosten von 1,10 € pro Flasche entstehen?

A. 0,70 €
B. 0,80 €
C. 0,90 €
D. 1 €
E. Keine Antwort ist richtig.

76) Herr Mayer und zwei Gesellschafter möchten einen Gewinn von 210.000 € aufteilen. Der Gewinn soll so verteilt werden, dass Herr Mayer doppelt so viel wie Gesellschafter 1 erhält und Gesellschafter 1 doppelt so viel wie Gesellschafter 2 erhält. Welchen Betrag müsste Herr Mayer erhalten?

A. 100.000 €
B. 120.000 €
C. 140.000 €
D. 160.000 €
E. Keine Antwort ist richtig

77) In einem Käfig befinden sich Gänse und Ziegen. Die Tiere haben zusammen 53 Köpfe und 166 Beine. Wie viele Ziegen befinden sich in dem Käfig?

A. 30
B. 53
C. 40
D. 36
E. Keine Antwort ist richtig.

78) Für die Eingabe von Kundendaten werden drei Mitarbeiter mit unterschiedlichen Arbeitsgeschwindigkeiten eingesetzt. Zur Eingabe der gesamten Daten benötigt Mitarbeiter 1 60 Minuten, Mitarbeiter 2 180 Minuten und Mitarbeiter 3 360 Minuten. Wie lange würde die Eingabe der Kundendaten dauern, wenn alle Mitarbeiter zusammen die Daten eingeben?

A. 35 min
B. 40 min
C. 45 min
D. 50 min
E. Keine Antwort ist richtig.

79) Bei einer Konferenz sind 6 Teilnehmer anwesend. Das sind $2/14$ der Belegschaft der gesamten Abteilung. Wie viele Mitarbeiter hat die Abteilung?

A. 42
B. 37
C. 28
D. 32
E. Keine Antwort ist richtig.

80) Zwei Freunde fahren zeitgleich mit dem Fahrrad von zu Hause los und treffen sich nach 30 Minuten. Der eine Freund erreicht 30 km/h, der andere nur 20 km/h Durchschnittsgeschwindigkeit. Wie weit voneinander entfernt wohnen die beiden Freunde?

A. 20 km
B. 25 km
C. 15 km
D. 10 km
E. Keine Antwort ist richtig.

Schätzaufgaben

Bearbeitungszeit 5 Minuten

Versuchen Sie nicht, die folgenden Aufgaben vollständig auszurechnen: Sie sollen die Ergebnisse geschickt schätzen! Einen **Taschenrechner dürfen Sie dazu nicht benutzen**, auch **schriftliche Nebenrechnungen sind unzulässig.**

Bearbeitungstipps

Konzentrieren Sie sich auf die Endziffern der Operanden, um die letzte Stelle des Ergebnisses zu ermitteln.

Ergebnisbereiche lassen sich durch eine Überschlagsrechnung mit gerundeten Werten abschätzen. Aber Vorsicht: Kleine Abweichungen bei Faktoren, Dividenden und Divisoren können das Ergebnis stark verändern.

Bitte bearbeiten Sie die folgenden Aufgaben, indem Sie jeweils den Lösungsbuchstaben des richtigen Antwortvorschlags markieren.

81) 9,757 – 3,649 = ?

A. 6,108
B. 5,808
C. 6,206
D. 7,456
E. Keine Antwort ist richtig.

82) $6{,}7^2 - 1{,}4^2 = ?$

A. 42,93
B. 37,65
C. 32,78
D. 10,77
E. Keine Antwort ist richtig.

83) 26,8 % von 480 = ?

A. 98,44
B. 210,02
C. 118,98
D. 128,64
E. Keine Antwort ist richtig.

84) 151,23 × 21,44 = ?

A. 3.476,98
B. 3.398,358
C. 2.998,12
D. 3.242,3712
E. Keine Antwort ist richtig.

85) $467{,}45 - 276{,}5 + 1.235{,}55 = ?$

A. 1.508,65
B. 1.492
C. 1.426,5
D. 1.284,5
E. Keine Antwort ist richtig.

86) In welchem Bereich liegt das Ergebnis von: 21.533 + 12.678 + 2.041?

A. Zwischen 34.000 und 34.500
B. Zwischen 34.500 und 35.000
C. Zwischen 35.000 und 35.500
D. Zwischen 35.500 und 36.000
E. Zwischen 36.000 und 36.500

87) In welchem Bereich liegt das Ergebnis von: $4{,}1 \times 3{,}7$?

A. Zwischen 12,5 und 13
B. Zwischen 13 und 13,8
C. Zwischen 13,9 und 14,6
D. Zwischen 14,6 und 15,5
E. Zwischen 15,5 und 15,9

88) $\sqrt{48.400} = ?$

A. 120
B. 200
C. 220
D. 320
E. 400

89) $\frac{5}{14} + \frac{4}{27} = ?$

A. 0,992
B. 1,202
C. 0,848
D. 0,505
E. Keine Antwort ist richtig.

90) In welchem Bereich liegt das Ergebnis von: $3{,}9^2 \times 202$?

A. Zwischen 3.400 und 3.550
B. Zwischen 3.050 und 3.125
C. Zwischen 3.200 und 3.275
D. Zwischen 3.325 und 3.400
E. Zwischen 2.850 und 2.925

Mathematische Kniffeleien *Bearbeitungszeit 10 Minuten*

Bei diesen Aufgaben besteht die Herausforderung darin, die im Text enthaltenen Angaben in die richtige mathematische Form zu bringen.

Beantworten Sie bitte die folgenden Aufgaben, indem Sie jeweils den richtigen Lösungsbuchstaben markieren.

91) Sam hat Kleingeld gesammelt. In seinem Sparschwein findet er diverse Münzen mit den Nennwerten 1 Cent, 2 Cent, 5 Cent, 10 Cent, 20 Cent und 50 Cent. Wie viele Münzen muss er mindestens mitnehmen, damit er jeden möglichen Betrag von 0,01 € bis 1 € passend zahlen kann?

A. 8 Münzen
B. 7 Münzen
C. 10 Münzen
D. 9 Münzen
E. Keine Antwort ist richtig.

92) Wie lautet das Ergebnis für folgende Aufgabe:
$(-3)^2 = ?$

A. –9
B. 9
C. 6
D. –6
E. Keine Antwort ist richtig.

93) Die Zahl A ist dreimal so groß wie die Hälfte der Zahl B. Die Summe beider Zahlen ist 45. Wie lauten die gesuchten Zahlen A und B?

A. A = 27 und B = 18
B. A = 31 und B = 14
C. A = 18 und B = 27
D. A = 20 und B = 25
E. Keine Antwort ist richtig.

94) In einer Prüfung ist die Hälfte der Aufgaben sehr schwer, ein Viertel jedoch sehr leicht zu lösen. Wie viele Aufgaben sind weder sehr schwer noch sehr leicht?

A. Ein Drittel
B. Ein Viertel
C. Drei Viertel
D. Die Hälfte
E. Keine Antwort ist richtig.

95) Auszubildender Müller verfügt über 62 € und Auszubildender Hüllen nur über 38 €. Welchen Betrag muss Auszubildender Müller an den Auszubildenden Hüllen abgeben, damit beide gleich viel Geld haben?

A. 10 €
B. 12 €
C. 16 €
D. 14 €
E. Keine Antwort ist richtig.

96) Auszubildender Müller soll ein 1 Meter langes Stück Holz in zwei Teile zerlegen. Das kürzere Stück soll ¼ der Länge des größeren Stücks haben. Wie lang ist das kürzere Stück?

A. 25 cm
B. 20 cm
C. 15 cm
D. 10 cm
E. Keine Antwort ist richtig.

97) Berechnen Sie ohne Taschenrechner:
$-2^4 \times 2^{-2} = ?$

A. 4
B. 16
C. –4
D. –16
E. Keine Antwort ist richtig.

98) Christoph ist viermal so alt wie Jana. In 8 Jahren wird Jana halb so alt sein wie er. Wie alt ist sie heute?

A. 2
B. 4
C. 8
D. 12
E. Keine Antwort ist richtig.

99) Berechnen Sie ohne Taschenrechner:
$\sqrt{75} \div \sqrt{3} = ?$

A. 5
B. 6,35
C. 5,86
D. 6,071585
E. Keine Antwort ist richtig.

100) In einer Lostrommel liegen 10 Gewinnlose und 15 Nieten. Wie groß ist die Gesamtwahrscheinlichkeit, dass fünfmal nacheinander nur Gewinne oder nur Nieten gezogen werden?

A. Ca. 6,1 %
B. Ca. 3,5 %
C. Ca. 18,4 %
D. Ca. 24,3 %
E. Keine Antwort ist richtig.

Kapitalanlagen

Bearbeitungszeit 10 Minuten

Beantworten Sie bitte die folgenden Aufgaben, indem Sie jeweils den richtigen Lösungsbuchstaben markieren.

101) Herr Hüllen möchte 15 Mayer Bank-Aktien zum Preis von 52 € je Aktie erwerben. Als Bearbeitungsgebühren fallen für einen Auftrag 15 € an. Welchen Betrag muss Herr Hüllen zahlen, wenn er 18 Mayer Bank-Aktien erwerben möchte?

A. 795 €
B. 780 €
C. 936 €
D. 951 €
E. Keine Antwort ist richtig.

102) Herr Mayer hat einen Sparplan aufgestellt und erwirbt jeden Monat für 100 € eine bestimmte Aktie. Im ersten Monat konnte er 15 Aktien erwerben. Im zweiten Monat konnte er 10 Aktien erwerben. Wie viel Euro hat Herr Mayer im Durchschnitt für eine Aktie gezahlt?

A. 8 €
B. 10 €
C. 12 €
D. 15 €
E. Keine Antwort ist richtig.

103) Für einen Kreditvertrag berechnet die Bank eine Bearbeitungsgebühr von 1,5 Promille des Kreditbetrages. Wie hoch ist die Bearbeitungsgebühr bei einem Kredit von 100.000 €?

A. 1.500 €
B. 15.000 €
C. 150 €
D. 15 €
E. Keine Antwort ist richtig.

104) Auszubildender Müller kauft eine Aktie zu einem Preis von 100 €. Danach bricht der Kurs der Aktie um 50 Prozent ein. Um wie viel Prozent muss der Kurs der Aktie wieder steigen, damit kein Verlust entsteht?

A. 50 %
B. 70 %
C. 90 %
D. 100 %
E. Keine Antwort ist richtig.

105) Herr Mayer hat einen Betrag von 18.000 € zu 10 % angelegt. Wie lange dauert es, bis dieser Betrag auf 25.800 € angestiegen ist, wenn er keine Zinseszinsen erhält?

A. 32 Monate
B. 48 Monate
C. 52 Monate
D. 72 Monate
E. Keine Antwort ist richtig.

106) Die Aktien von Herrn Müller sind zweimal hintereinander um fünf Prozent gestiegen und kosten jetzt 88,20 €. Wie viel waren die Aktien vor den Kursanstiegen wert?

A. 79,38 €
B. 80 €
C. 83,79 €
D. 85,00 €
E. Keine Antwort ist richtig.

107) Herr Müller hat 1.932 € zu Verfügung. Zuvor hatte er eine bestimmte Anzahl an Aktien zu einem Kurs von 115 € gekauft. Wie viele Aktien kann er nachkaufen, wenn der Aktienkurs um 20 % gestiegen ist?

A. 10 Aktien
B. 12 Aktien
C. 14 Aktien
D. 16 Aktien
E. Keine Antwort ist richtig.

108) Auszubildender Müller erwirbt acht Aktien zum Gesamtpreis von 108 €. In diesem Betrag sind umgerechnet 12,5 % Verwaltungs- und Bearbeitungsgebühren enthalten. Wie hoch ist der Preis pro Aktie?

A. 96 €
B. 98 €
C. 21 €
D. 12 €
E. Keine Antwort ist richtig.

109) Beim Kauf von Fondsanteilen entstehen Verwaltungs- und Bearbeitungsgebühren in Höhe von zwei Prozent des Kaufwerts. Auszubildender Müller zahlt für 80 Anteile einen Gesamtbetrag von 408 €. Wie hoch sind die Verwaltungs- und Bearbeitungsgebühren?

A. 6 €
B. 7 €
C. 8 €
D. 9 €
E. Keine Antwort ist richtig.

110) Herr Müller hat bereits ⅖ seines Kredits zurückgezahlt. Wenn er diesen Monat 3.500 € abzahlt, dann bleiben noch 14.500 € an Restschuld offen. Wie hoch ist der Gesamtbetrag des Kredits ursprünglich gewesen?

A. 12.000 €
B. 15.000 €
C. 25.000 €
D. 30.000 €
E. Keine Antwort ist richtig.

Versicherungen *Bearbeitungszeit 10 Minuten*

Beantworten Sie bitte die folgenden Aufgaben, indem Sie jeweils den richtigen Lösungsbuchstaben markieren.

111) Ein Versicherungsmakler kalkuliert den Barverkaufspreis eines Produktes. Die Selbstkosten betragen 120 € und der Gewinnzuschlag soll 25 Prozent betragen. Wie lautet der Barverkaufspreis?

A. 125 €
B. 140 €
C. 150 €
D. 170 €
E. Keine Antwort ist richtig.

112) Der Tarifbeitrag einer Versicherung wurde erst um 20 % und dann um 15 % erhöht. Um wie viel Prozent liegt der neue Jahrestarifbeitrag über dem ursprünglichen?

A. 30 %
B. 35 %
C. 38 %
D. 40 %
E. Keine Antwort ist richtig.

113) Ein Versicherungsunternehmen zahlt für einen Kredit in der Zeit vom 6. Januar bis 6. Juli inklusive fünf Prozent Zinsen einen Betrag in Höhe von 20.500 € zurück. Wie hoch ist der Zinsanteil davon?

A. 400 €
B. 450 €
C. 500 €
D. 550 €
E. Keine Antwort ist richtig.

114) Die Jahresprämie für die Kfz-Versicherung wurde um 10 Prozent und anschließend noch mal um 20 Prozent erhöht. Um wie viel Prozent höher liegt der neue Tarif über dem ursprünglichen Tarif?

A. 20 %
B. 24 %
C. 28 %
D. 32 %
E. Keine Antwort ist richtig.

115) Versicherungsmakler Mayer hat Beitragseinnahmen in Höhe von 16.500 € inkl. 10 Prozent Versicherungssteuer. Welchen Betrag muss er an das Versicherungsunternehmen abführen, wenn seine Courtage 15 Prozent auf die Beitragseinahmen exkl. Versicherungssteuer beträgt?

A. 10.000 €
B. 12.000 €
C. 12.500 €
D. 14.250 €
E. Keine Antwort ist richtig.

116) Versicherungsnehmer Mayer bekommt nach Ablauf der Vertragslaufzeit eine Versicherungssumme von 150.000 € ausgezahlt. Hiervon möchte er eine Eigentumswohnung für 200.000 € erwerben. Den fehlenden Betrag möchte er durch eine Hypothek finanzieren, für die er monatlich für Zins und Tilgung 210 Euro an die Bank zahlt. Für sonstige Kosten entstehen monatlich 100 €. Wie hoch müssten die jährlichen Einnahmen durch die Eigentumswohnung sein, damit Herr Mayer eine Verzinsung von sechs Prozent für seinen Kapitaleinsatz erhält?

A. 10.000 €
B. 11.700 €
C. 12.720 €
D. 14.000 €
E. Keine Antwort ist richtig.

117) Versicherungsnehmer Mayer zahlt als Erstprämie einen Jahresbeitrag von 524 €. Im Beitrag sind die Versicherungssteuern und 4 € Grundgebühren enthalten. Bei der nächsten Prämienfälligkeit möchte er auf vierteljährliche Zahlungsweise umsteigen. Bei dieser Zahlungsweise ist ein Zuschlag von fünf Prozent zu berücksichtigen. Wie hoch ist der vierteljährliche Beitrag inklusive Versicherungssteuer, aber ohne die Grundgebühr?

A. 120,50 €
B. 130,50 €
C. 134,50 €
D. 136,50 €
E. Keine Antwort ist richtig.

118) Herr Mayer lässt seinen Versicherungsvertrag zum 01.09. ändern. Das Versicherungsjahr geht vom 01.01. bis zum 31.12. Bisher lautete die Versicherungssumme 350.000 € zu 1,5 Promille. Die neue Versicherungssumme soll 450.000 € zu 1,5 Promille lauten. Wie hoch ist die Nachtragsprämie?

A. 37,50 €
B. 90,45 €
C. 100,25 €
D. 110 €
E. Keine Antwort ist richtig.

119) Herr Mayer zahlt für eine Versicherung inklusive 10 Prozent Versicherungssteuer eine Jahresprämie von 660 €. Wie hoch ist die Versicherungssumme, wenn der Beitragssatz 1,5 Promille beträgt?

A. 300.000 €
B. 350.000 €
C. 400.000 €
D. 450.000 €
E. Keine Antwort ist richtig.

120) Bei der Beitragskalkulation muss Sachbearbeiter Mayer auf einen Versicherungsbeitrag von 100 Euro einen Risikozuschlag von 20 Prozent und einen Kundenrabatt von 10 Prozent berücksichtigen. Versehentlich rechnet er Zuschlag und Nachlass gegeneinander auf, indem er insgesamt 10 Prozent Zuschlag berechnet. Wie hoch ist der dadurch entstandene Mehrbetrag für den Kunden?

A. 2 €

B. 10 €

C. 12 €

D. 20 €

E. Keine Antwort ist richtig.

Währungskurse

Bearbeitungszeit 10 Minuten

Das Umtauschverhältnis verschiedener Währungen untereinander wird durch deren Wechselkurs bestimmt.

Forderungen, die in ausländischer Währung lauten, nennt man Devisen. Hierzu zählen insbesondere Bankguthaben, Wechsel und Schecks. Ausländische Zahlungsmittel, wie beispielsweise Banknoten und Münzen, werden Sorten genannt. Bankkunden können Sorten bei Kreditinstituten kaufen oder verkaufen. In Deutschland werden Fremdwährungen von den Kreditinstituten zum Geldkurs verkauft und zum Briefkurs angekauft.

Währungsraum	Geldkurs / 1 € (EUR)	Briefkurs / 1 € (EUR)
USA US-$ (USD)	1,4706	1,6393
Japan ¥ (JPY)	156,2500	175,4386
Großbritannien £ (GBP)	0,7519	0,8333
Schweiz SFr. (CHF)	1,5798	1,6639

Beantworten Sie bitte die folgenden Aufgaben, indem Sie jeweils den richtigen Lösungsbuchstaben markieren.

121) In einem Frankfurter Kreditinstitut notiert der US-Dollar bei einen Geldkurs von 1,4706. Geschäftsmann Herr Müller möchte für eine Reise in die USA 2.500 € in US-Dollar umtauschen. Wie viel Dollar erhält Herr Müller?

A. 1.525,5 US-$
B. 1.700,5 US-$
C. 2.850,5 US-$
D. 3.676,5 US-$
E. Keine Antwort ist richtig.

122) Nach seiner einwöchigen Reise möchte Herr Müller den Restbetrag in Höhe von 327,86 $ im gleichen Kreditinstitut zu einem Briefkurs von 1,6393 wieder in € umtauschen. Wie viel Euro erhält Herr Müller?

A. 200 €
B. 222 €
C. 244 €
D. 260 €
E. Keine Antwort ist richtig.

123) Herr Müller benötigt für weitere Auslandsreisen diverse Fremdwährungen. Für eine Reise nach Japan werden 25.000 Yen benötigt. Wie viel Euro muss Herr Müller beim Frankfurt Kreditinstitut dafür bezahlen?

A. 100 €
B. 120 €
C. 140 €
D. 160 €
E. Keine Antwort ist richtig.

124) Ein deutscher Exporteur möchte Sorten an seine Hausbank verkaufen. Wie viel Euro bekommt er von seiner Bank gutgeschrieben, wenn er 5.324,48 Schweizer Franken umtauschen möchte?

A. 2.100 €
B. 2.800 €
C. 3.200 €
D. 3.800 €
E. Keine Antwort ist richtig.

125) Im Urlaub möchte Herr Müller eine Lederjacke kaufen. Die Jacke kostet 713 Schweizer Franken. Der Verkäufer bietet einen Wechselkurs von 1,55 SFr. : 1 € an. Wie viel € muss Herr Müller für die Jacke bezahlen?

A. 460 €
B. 850 €
C. 1.105,15 €
D. 1.250 €
E. Keine Antwort ist richtig.

126) Herr Müller bezieht aus Japan Ware im Wert von 390.625 Yen (JPY). Der Wechselkurs beträgt 156,25 JPY : 1 EUR. Wie viel € muss Herr Müller bezahlen?

A. 4.500 €
B. 3.500 €
C. 3.000 €
D. 2.500 €
E. Keine Antwort ist richtig.

127) Ein Kunde aus Japan überweist einen Rechnungsbetrag von 1.947.495 Yen (JPY). Der Wechselkurs liegt bei 175,45 JPY : 1 EUR. Wie viel € beträgt die Bankgutschrift?

A. 10.500 €
B. 11.000 €
C. 11.100 €
D. 12.500 €
E. Keine Antwort ist richtig.

128) Ein Lebensmittelgroßhändler importiert Ware aus der Schweiz für 2.500 €. Der Wechselkurs liegt bei 1,58 CHF : 1 EUR. Wie lautet der Gegenwert in Schweizer Franken?

A. 1.582 CHF
B. 1.700 CHF
C. 2.700 CHF
D. 3.950 CHF
E. Keine Antwort ist richtig.

129) Für eine Auslandsreise kauft Herr Müller bei seiner Hausbank 3.383,55 Britische Pfund (GBP) und 4.739,40 Schweizer Franken (CHF). Mit wie viel € wird sein Konto belastet?

A. 3.000 €
B. 4.500 €
C. 7.500 €
D. 8.000 €
E. Keine Antwort ist richtig.

130) Für eine Maschine zahlt Herr Müller in der Schweiz 2.212 CHF. Die gleiche Maschine kostet in Italien 1.500 EUR. Der Wechselkurs beträgt 1,58 CHF : 1 EUR. Wie groß ist der Preisunterschied?

A. 85 €
B. 90 €
C. 100 €
D. 110 €
E. Keine Antwort ist richtig.

Tabellen auswerten

Bearbeitungszeit 10 Minuten

Welche Informationen liefert die Tabelle?

Bitte analysieren Sie die Angaben und beantworten Sie die nachfolgenden Aufgaben, indem Sie jeweils den richtigen Buchstaben markieren.

I. Gewinn- und Verlustkonto

Aufwand	in €	Ertrag	in €
Rohstoffe	8.000	Umsatzerlöse	50.000
Hilfsstoffe	2.000		
Betriebsstoffe	1.000		
Löhne und Gehälter	22.000		
Miete	3.000		
Bürobedarf	500		
Instandhaltung	200		
Betriebssteuern	300		
Summe	?	**Summe**	**50.000**

131) Für welchen Posten entsteht der größte Aufwand?

A. Roh-, Hilfs- und Betriebsstoffe
B. Rohstoffe und Miete
C. Löhne und Gehälter
D. Betriebssteuern
E. Keine Antwort ist richtig.

132) Wie hoch ist der Gesamtaufwand?

A. 36.600 €
B. 37.000 €
C. 37.500 €
D. 38.800 €
E. Keine Antwort ist richtig.

133) Wie hoch ist der Gewinn?

A. 11.000 €
B. 12.000 €
C. 13.000 €
D. Es liegt ein Verlust vor.
E. Keine Antwort ist richtig.

134) Wie viel Gewinn könnte die Gesellschaft erzielen, wenn die Umsätze bei gleichen Ausgaben um 20 % gesteigert werden könnten?

A. 13.000 €
B. 18.000 €
C. 23.000 €
D. 25.000 €
E. Keine Antwort ist richtig.

135) Um wie viel € müssten die Ausgaben gesenkt werden, um den Gewinn um zwei Prozent zu steigern?

A. 80 €
B. 240 €
C. 260 €
D. 1300 €
E. Keine Antwort ist richtig.

II. Einwohnerzahl und Bruttonationaleinkommen (BNE)

Kaufkraftbereinigtes BNE pro Kopf in US-Dollar (Stand 2021)

Land	BNE/Kopf in US-$	Einwohnerzahl in Mio.
Schweiz	90.360	8,7
USA	70.430	331,9
Österreich	52.210	8,9
Deutschland	51.040	83,1
Belgien	50.510	11,6
Vereinigtes Königreich	45.380	67,3
Frankreich	43.880	67,5
Japan	42.620	125,7
Italien	35.710	59,1
Südkorea	34.980	51,7
Spanien	29.740	47,3
Welt	12.070	7.836,6
Volksrepublik China	11.890	1.412,4
Russland	11.600	143,4
Türkei	9.830	85,0
Indien	2.170	1.393,4

Quelle: Statistisches Bundesamt, Weltbank

136) In Südkorea ist das BNE/Kopf kleiner als …?

A. in Russland.
B. in der Türkei.
C. in Belgien.
D. in der Volksrepublik China.
E. Keine Antwort ist richtig.

137) Im Durchschnitt erwirtschaftet ein Koreaner ungefähr …?

A. 2-mal so viel wie ein Russe.
B. 2,5-mal so viel wie ein Spanier.
C. 3-mal so viel wie ein Chinese.
D. 5-mal so viel wie ein Türke.
E. Keine Antwort ist richtig.

138) Wenn das BNE/Kopf in der Schweiz um 20 % sinkt, während es in den anderen Ländern konstant bleibt, würde die Schweiz auf Platz …?

A. zwei der Tabelle stehen.
B. eins der Tabelle stehen.
C. vier der Tabelle stehen.
D. drei der Tabelle stehen.
E. Keine Antwort ist richtig.

139) Wenn jeder Chinese dreimal so viel arbeiten würde, würde daraus in China ein höheres BNE/Kopf als …?

A. in Belgien entstehen.
B. in Deutschland entstehen.
C. in Frankreich entstehen.
D. in Österreich entstehen.
E. Keine Antwort ist richtig.

140) Wenn das französische BNE/Kopf um 20 % wächst, während es in den anderen Ländern stagniert, würde Frankreich auf Platz …?

A. zwei der Tabelle stehen.
B. drei der Tabelle stehen.
C. vier der Tabelle stehen.
D. fünf der Tabelle stehen.
E. Keine Antwort ist richtig.

Diagramm-Aufgaben *Bearbeitungszeit 10 Minuten*

Welche Informationen liefert das Diagramm?

Bitte analysieren Sie das Schaubild und beantworten Sie die nachfolgenden Aufgaben, indem Sie jeweils den richtigen Buchstaben markieren.

I. Eisenbahn-Güterverkehr in Deutschland

Hauptverkehrsverbindungen 2020 und 2021, Angaben in Kilotonnen/kt (1.000 Tonnen)

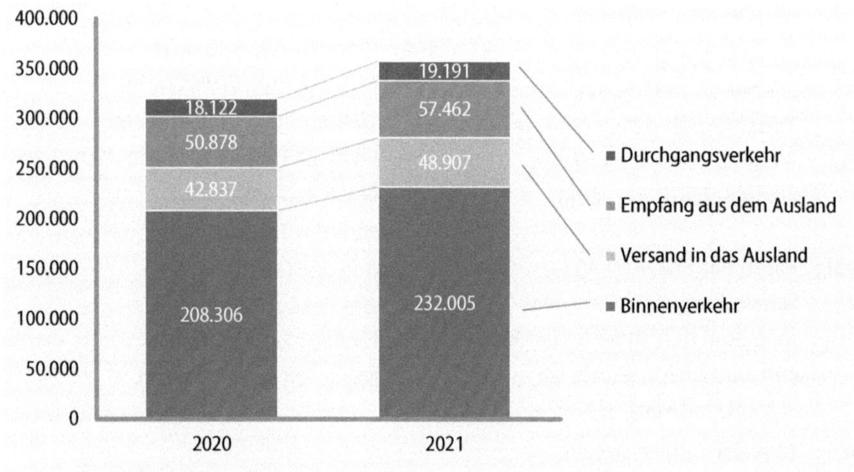

Quelle: Statistisches Bundesamt

141) Wie viel Kilotonnen Güter wurden 2021 auf dem deutschen Schienennetz insgesamt befördert?

A. 363.260
B. 361.332
C. 357.565
D. 352.300
E. Keine Antwort ist richtig.

142) Wie viel Kilotonnen Güter wurden 2020 auf dem deutschen Schienennetz durchschnittlich pro Monat befördert?

A. Rund 70.500 Kilotonnen
B. Rund 26.679 Kilotonnen
C. Rund 15.040 Kilotonnen
D. Rund 29.827 Kilotonnen
E. Keine Antwort ist richtig.

143) Um wie viel Prozent hat sich das Güteraufkommen 2021 gegenüber dem Vorjahr verändert?

A. Um −12,17 Prozent
B. Um +10,47 Prozent
C. Um −10,32 Prozent
D. Um +14,61 Prozent
E. Keine Antwort ist richtig.

144) Wo wurde 2021 das größte prozentuale Wachstum gegenüber dem Vorjahr erzielt?

A. Versand in das Ausland
B. Durchgangsverkehr
C. Empfang aus dem Ausland
D. Binnenverkehr
E. Keine Antwort ist richtig.

145) Im Durchgangsverkehr wurde 2020 eine Steigerung um 24,7 Prozent zum Vorjahr verzeichnet. Wie viel Kilotonnen Güter wurden 2019 befördert?

A. Rund 13.452 kt
B. Rund 14.532 kt
C. Rund 15.366 kt
D. Rund 14.008 kt
E. Keine Antwort ist richtig.

II. Sitzverteilung im 20. Deutschen Bundestag (2021–2025)

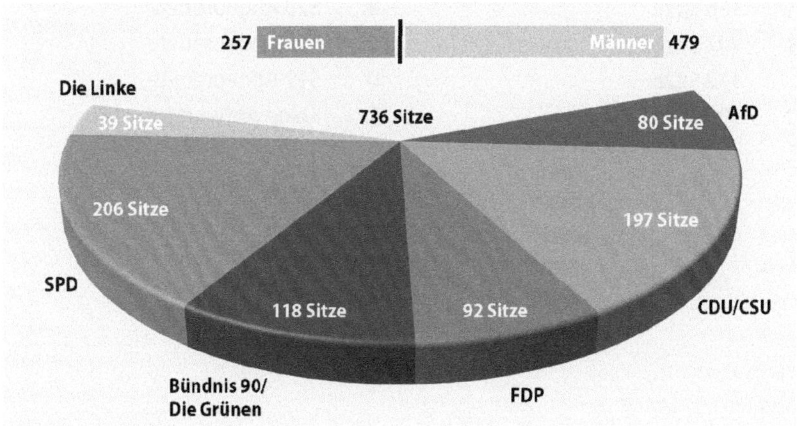

Quelle: Bundestagsverwaltung

146) Wie viel Prozent der Sitze hat die SPD?

A. Rund 27 %
B. Rund 25 %
C. Rund 28 %
D. Rund 20 %
E. Keine Antwort ist richtig.

147) Wie viel Prozent der Abgeordneten sind weiblich?

A. Rund 29 %
B. Rund 35 %
C. Rund 36 %
D. Rund 38 %
E. Keine Antwort ist richtig.

148) Wie viele Sitze hätten CDU/CSU zusätzlich erhalten müssen, um die absolute Mehrheit im Bundestag zu erlangen?

A. 166 Sitze
B. 207 Sitze
C. 172 Sitze
D. 190 Sitze
E. Keine Antwort ist richtig.

149) Wie viele Sitze müssten von Frauen statt von Männern eingenommen werden, damit möglichst genauso viele Männer wie Frauen im Bundestag sitzen?

A. 306 Sitze
B. 111 Sitze
C. 307 Sitze
D. 120 Sitze
E. Keine Antwort ist richtig.

150) Angenommen, 45 Prozent der Frauen und 78 Prozent der Männer im Bundestag wären verheiratet: Wie viele Abgeordnete wären dann insgesamt verheiratet? Runden Sie bitte auf ganze Zahlen!

A. 82 Abgeordnete
B. 320 Abgeordnete
C. 490 Abgeordnete
D. 512 Abgeordnete
E. Keine Antwort ist richtig.

Funktionen und Gleichungen *Bearbeitungszeit 2½ Minuten*

Nun müssen Sie mathematische Zusammenhänge untersuchen.

Beantworten Sie bitte die folgenden Aufgaben, indem Sie jeweils den richtigen Lösungsbuchstaben markieren.

151) Welches Ergebnis erhalten Sie, wenn Sie die Gleichung nach x auflösen: $4x \div 10 = 4$?

A. 5
B. 10
C. 15
D. 20
E. Keine Antwort ist richtig.

152) Welche der Funktionen entspricht dem Graphen im Koordinatensystem?

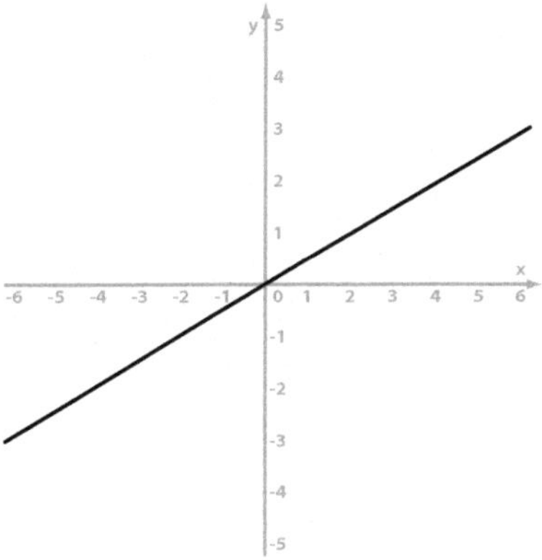

A. $y = 0{,}5x$
B. $y = -x$
C. $y = -2x$
D. $y = 2$
E. Keine Antwort ist richtig.

153) Welche Formel liefert das gleiche Ergebnis wie $[A + (B \times C)]$?

A. $(A + B) \times (A + C)$
B. $(A + B) + (A \times C)$
C. $(A + B) - (A - C)$
D. $(B \times C) + A$
E. Keine Antwort ist richtig.

154) Welche der Funktionen entspricht dem Graphen im Koordinatensystem?

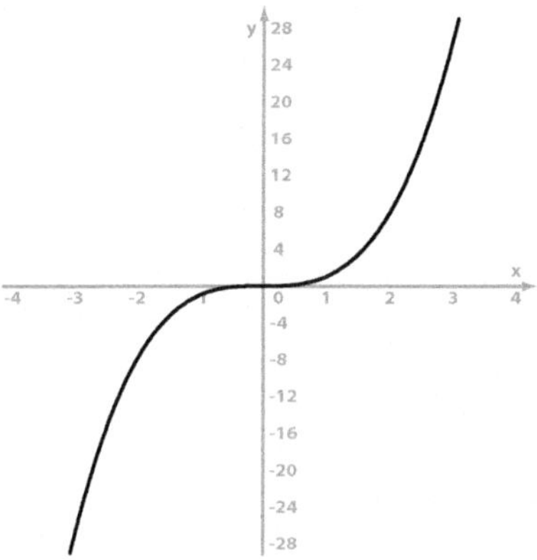

A. $y = 2x^2$
B. $y = x^2$
C. $y = -2x$
D. $y = x^3$
E. Keine Antwort ist richtig.

155) Gegeben sind zwei Gleichungen.

Gleichung 1: $a = \frac{y}{b}$

Gleichung 2: $x = a \times y$

Wie muss eine Gleichung lauten, bei der man x durch die Größen a und b berechnen kann, ohne y zu kennen?

A. $x = a^2 \times b$

B. $x = a \times b^2$

C. $x = a^2 \times b^2$

D. $x = a \times b$

E. Keine Antwort ist richtig.

Geometrie

Bearbeitungszeit 5 Minuten

Beantworten Sie bitte die folgenden Aufgaben, indem Sie jeweils den richtigen Lösungsbuchstaben markieren.

156) Wie groß ist die Oberfläche des abgebildeten Quaders?

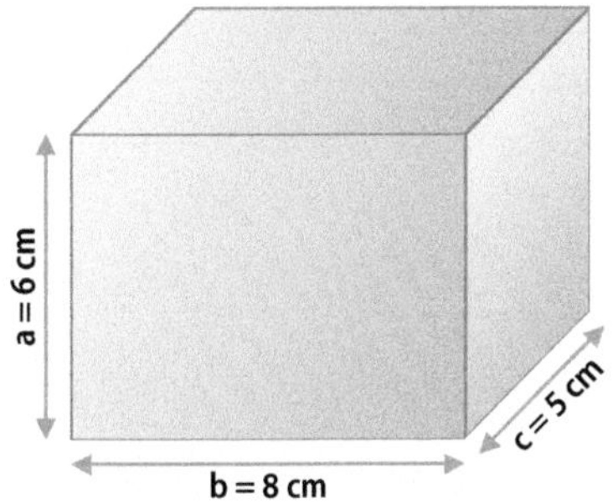

A. 48 cm²
B. 88 cm²
C. 118 cm²
D. 236 cm²
E. Keine Antwort ist richtig.

157) Welche Länge hat die Seite c im abgebildeten Dreieck?

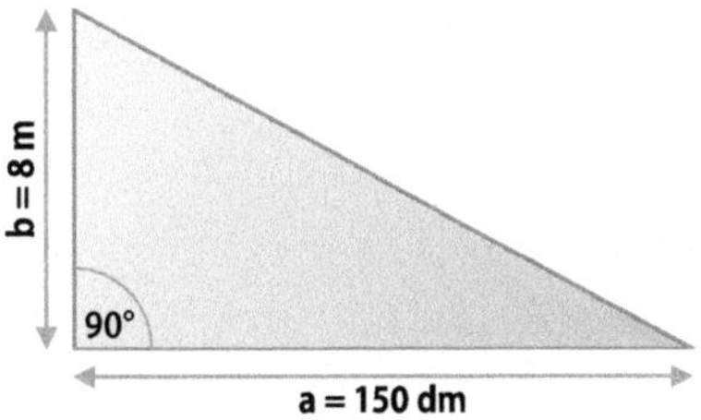

A. 166 dm
B. Rund 18 m
C. 195 dm
D. 17 m
E. Rund 184 dm

158) Wie groß sind die Winkel α und β im abgebildeten gleichschenkligen Dreieck?

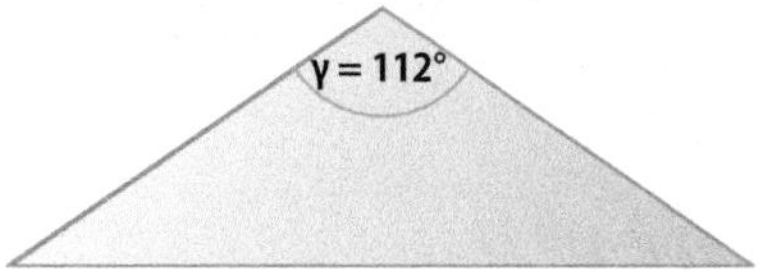

A. 25°
B. 40°
C. 30°
D. 60°
E. 34°

159) Frau Fleischer möchte ihren Swimmingpool auffüllen. Das quaderförmige Becken ist 3,3 Meter breit, 6,5 Meter lang, 2 Meter hoch und bereits zu einem Wasserstand von 20 Zentimetern Höhe gefüllt. Wie viele Liter Wasser muss Frau Fleischer einfüllen, damit das Becken komplett gefüllt ist?

A. 38.610 Liter
B. 3.630 Liter
C. 43,420 Liter
D. 43.800 Liter
E. 390.000 Liter

160) Welches Volumen hat der abgebildete Zylinder?

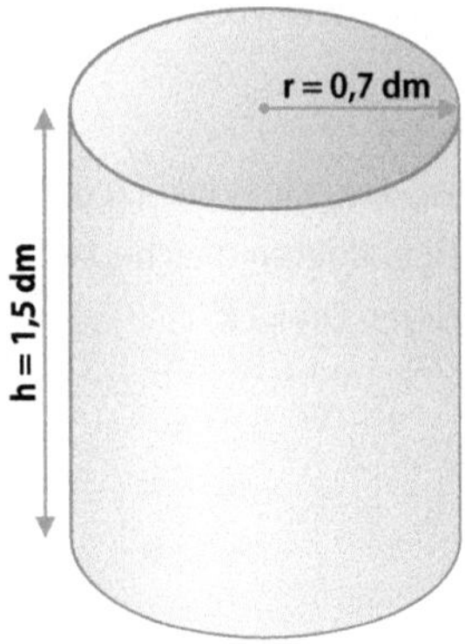

A. Rund 2,58 dm^3
B. Rund 2,50 dm^3
C. Rund 2,31 dm^3
D. Rund 1,94 dm^3
E. Rund 3,63 dm^3

Lösungen: Mathematik

1) 6	31) B	61) C
2) 13	32) B	62) C
3) 29	33) D	63) B
4) 20	34) B	64) D
5) 5	35) C	65) C
6) 6	36) A	66) D
7) 17	37) C	67) C
8) 9	38) C	68) A
9) 24	39) A	69) B
10) 22	40) C	70) C
11) A	41) B	71) B
12) B	42) C	72) C
13) C	43) B	73) C
14) B	44) D	74) D
15) C	45) C	75) C
16) D	46) C	76) B
17) D	47) C	77) A
18) A	48) B	78) B
19) A	49) C	79) A
20) D	50) C	80) B
21) − | +	51) D	81) A
22) − | ÷	52) B	82) A
23) × | ÷	53) A	83) D
24) ÷ | +	54) B	84) D
25) − | ÷	55) C	85) C
26) + | ×	56) D	86) E
27) + | ÷	57) C	87) D
28) − | +	58) C	88) C
29) × | ÷	59) D	89) D
30) ÷ | −	60) C	90) B

91) A	115) D	139) E
92) B	116) C	140) B
93) A	117) D	141) C
94) B	118) A	142) B
95) B	119) C	143) B
96) B	120) A	144) A
97) C	121) D	145) B
98) B	122) A	146) C
99) A	123) D	147) B
100) A	124) C	148) C
101) D	125) A	149) B
102) A	126) D	150) C
103) C	127) C	151) B
104) D	128) D	152) A
105) C	129) C	153) D
106) B	130) C	154) D
107) C	131) C	155) A
108) D	132) B	156) D
109) C	133) C	157) D
110) D	134) C	158) E
111) C	135) C	159) A
112) C	136) C	160) C
113) C	137) C	
114) D	138) A	

Kettenrechnen (Kopfrechnen) (Aufgaben 1–10)

Zu 1) $3 \times 6 \div 9 + 3 \times 9 \div 3 \times 2 - 3 \times 2 \div 9 = \mathbf{\mathit{6}}$

Zu 2) $1 \times 2 + 3 \times 4 - 5 \times 2 + 15 \div 9 \times 10 - 11 \div 3 = \mathbf{\mathit{13}}$

Zu 3) $9 \times 8 \div 6 - 5 \times 7 + 6 \div 5 + 9 \times 3 \div 2 - 1 = \mathbf{\mathit{29}}$

Zu 4) $27 \div 3 + 18 \div 3 \times 2 + 118 - 30 \div 2 + 3 \div 7 \div 2 + 16 = \mathbf{\mathit{20}}$

Zu 5) $1.550 - 26 + 12 \div 3 \times 2 \div 4 - 156 - 20 \div 16 = \mathbf{5}$

Zu 6) $57 - 12 \div 9 + 12 - 3 \div 2 - 3 \times 5 + 6 \div 2 \times 3 - 3 \div 6 = \mathbf{6}$

Zu 7) $2 \times 4 + 5 \times 6 - 8 \div 2 - 2 \div 3 + 4 \div 5 + 9 \times 3 + 5 - 7 \div 2 = \mathbf{17}$

Zu 8) $18 + 4 \div 2 + 9 - 3 \times 4 - 2 \div 2 + 2 - 5 \div 5 \times 3 \div 2 = \mathbf{9}$

Zu 9) $4 + 8 \times 3 \div 6 + 9 \div 5 + 6 - 5 \times 4 + 4 \div 5 \times 6 = \mathbf{24}$

Zu 10) $13 - 5 \times 6 \div 4 \div 3 + 4 + 6 - 3 \times 2 + 17 \div 3 + 12 \div 5 + 6 \times 2 = \mathbf{22}$

Bruchrechnen (Aufgaben 11–20)

Zu 11) A. 0,125

Zähler geteilt durch Nenner:

$$\frac{1}{8} = 0{,}125$$

Zu 12) B. $\frac{11}{6}$

Brüche werden addiert, indem man den gemeinsamen Nenner findet, die Zähler addiert und den Nenner beibehält. Das Ergebnis ist so weit wie möglich zu kürzen:

$$\frac{2}{4} + \frac{4}{3} = \frac{6}{12} + \frac{16}{12} = \frac{22}{12} = \frac{11}{6}$$

Zu 13) C. $\frac{5}{12}$

Brüche werden subtrahiert, indem man den gemeinsamen Nenner findet, diesen beibehält und die Zähler voneinander subtrahiert. Das Ergebnis ist so weit wie möglich zu kürzen:

$$\frac{6}{8} - \frac{2}{6} = \frac{3}{4} - \frac{1}{3} = \frac{9}{12} - \frac{4}{12} = \frac{5}{12}$$

Zu 14) B. $1\frac{1}{2}$

Brüche werden dividiert, indem man mit dem Kehrwert multipliziert. Anschließend ist das Ergebnis hier so weit wie möglich zu kürzen und als gemischte Zahl zu schreiben.

$$\frac{3}{5} \div \frac{2}{5} = \frac{3}{5} \times \frac{5}{2} = \frac{15}{10} = \frac{3}{2} = 1\frac{1}{2}$$

Zu 15) C. $\frac{8}{7}$

Brüche werden dividiert, indem man mit dem Kehrwert multipliziert. Das Ergebnis ist so weit wie möglich zu kürzen:

$$\frac{6}{7} \div \frac{3}{4} = \frac{6}{7} \times \frac{4}{3} = \frac{24}{21} = \frac{8}{7} = 1\frac{1}{7}$$

Zu 16) D. $\frac{23}{35}$

Brüche werden subtrahiert, indem man den gemeinsamen Nenner findet, diesen beibehält und die Zähler voneinander subtrahiert:

$$\frac{6}{7}-\frac{1}{5}=\frac{30}{35}-\frac{7}{35}=\frac{23}{35}$$

Zu 17) D. $\frac{47}{15}$

Brüche werden addiert, indem man den gemeinsamen Nenner findet, die Zähler addiert und den Nenner beibehält. Das Ergebnis ist so weit wie möglich zu kürzen:

$$\frac{4}{5}+\frac{7}{3}=\frac{12}{15}+\frac{35}{15}=\frac{47}{15}$$

Zu 18) A. $\frac{75}{8}$

Gemischte Zahlen sollten in Brüche umgewandelt werden. Danach werden die Brüche multipliziert, indem man Nenner mit Nenner und Zähler mit Zähler multipliziert. Das Ergebnis ist so weit wie möglich zu kürzen:

$$3\frac{6}{8}\times 2\frac{2}{4}=\frac{30}{8}\times\frac{10}{4}=\frac{300}{32}=\frac{75}{8}$$

Zu 19) A. $\frac{3}{2}$

Gemischte Zahlen sollten in Brüche umgewandelt werden. Danach werden die Brüche dividiert, indem man mit dem Kehrwert multipliziert. Das Ergebnis ist so weit wie möglich zu kürzen:

$$3\frac{6}{8}\div 2\frac{2}{4}=\frac{30}{8}\div\frac{10}{4}=\frac{30}{8}\times\frac{4}{10}$$

$$=\frac{120}{80}=\frac{3}{2}$$

Zu 20) D. 1

Gemischte Zahlen sollten zunächst in reine Brüche umgewandelt werden:

$$\left(4\frac{1}{2}+2\frac{1}{4}\right)\div\left(9-2\frac{1}{4}\right)$$

$$=\left(\frac{9}{2}+\frac{9}{4}\right)\div\left(9-\frac{9}{4}\right)$$

Brüche werden addiert bzw. subtrahiert, indem man sie auf einen gemeinsamen Nenner bringt, ihre Zähler addiert bzw. subtrahiert und den Nenner beibehält. Brüche werden dividiert, indem man den ersten Wert (Dividend) mit dem Kehrwert des zweiten Werts (des Divisors, durch den geteilt werden soll) multipliziert – in diesem Fall kann das Ergebnis bereits erkannt werden:

$$\left(\frac{9}{2}+\frac{9}{4}\right)\div\left(9-\frac{9}{4}\right)$$

$$=\left(\frac{18}{4}+\frac{9}{4}\right)\div\left(\frac{36}{4}-\frac{9}{4}\right)=\frac{27}{4}\div\frac{27}{4}=1$$

Rechenzeichen ergänzen (Aufgaben 21–30)

Zu 21) $17 \underline{-} 9 \underline{+} 3 = 8 + 3 = 11$

Zu 22) $11 \underline{-} 6 \underline{\div} 2 = 11 - 3 = 8$

Zu 23) $8 \underline{\times} 7 \underline{\div} 4 = 56 \div 4 = 14$

Zu 24) $9 \underline{\div} 3 \underline{+} 5 = 3 + 5 = 8$

Zu 25) $7 \underline{-} 8 \underline{\div} 4 = 7 - 2 = 5$

Zu 26) $1 \underline{+} 4 \underline{\times} 4 = 1 + 16 = 17$

Zu 27) $7 \underline{+} 9 \underline{\div} 3 = 7 + 3 = 10$

Zu 28) $8 \underline{-} 2 \underline{+} 1 = 6 + 1 = 7$

Zu 29) $14 \underline{\times} 2 \underline{\div} 7 = 28 \div 7 = 4$

Zu 30) $18 \underline{\div} 3 \underline{-} 2 = 6 - 2 = 4$

Maßeinheiten umrechnen (Aufgaben 31–40)

Zu 31) **B.** 384

Ein Zentimeter entspricht zehn Millimetern, also ergeben 38,4 Zentimeter 384 Millimeter:

$38{,}4 \times 10\ \text{mm} = 384\ \text{mm}$

Zu 32) **B.** 690

Eine Tonne entspricht 1.000 Kilogramm, also entsprechen 0,69 Tonnen 690 Kilogramm:

$0{,}69 \times 1.000\ \text{kg} = 690\ \text{kg}$

Zu 33) **D.** 79.800

Ein Kilogramm entspricht 1.000 Gramm, also ergeben 79,8 Kilogramm 79.800 Gramm:

$79{,}8 \times 1.000\ \text{g} = 79.800\ \text{g}$

Zu 34) **B.** 0,00067

Ein Zentimeter entspricht 0,01 Metern bzw. 0,00001 Kilometern, also ergeben 67 Zentimeter 0,00067 Kilometer:

$67 \times 0{,}00001\ \text{km} = 0{,}00067\ \text{km}$

Zu 35) **C.** 17.000 m^2

Das Gewerbegrundstück im Nachbarort hat eine Grundfläche von 17.000 m^2.

$1\ \text{ha} = 10.000\ \text{m}^2$

$10.000\ \text{m}^2 \times 1{,}7 = 17.000\ \text{m}^2$

Zu 36) **A.** 6.800.000

Ein Quadratkilometer umfasst 1.000.000 Quadratmeter, also umfassen 6,8 Quadratkilometer 6,8 Mio. Quadratmeter:

$6{,}8 \times 1.000.000\ \text{m}^2 = 6.800.000\ \text{m}^2$

Zu 37) **C.** 0,6

240 Sekunden entsprechen 4 Minuten, also beträgt die Zeitspanne insgesamt 32 Minuten + 4 Minuten = 36 Minuten. Da eine Stunde aus 60 Minuten besteht, lässt sich der Anteil von 36 Minuten wie folgt berechnen:

$$\frac{36\ \text{min}}{60\ \text{min}} = \frac{3}{5} = 0{,}6$$

Ausgedrückt in Dezimalen, sind 32 Minuten und 240 Sekunden zusammengenommen 0,6 Stunden.

Zu 38) C. 13.500

Ein Liter entspricht 1.000 Kubikzentimetern, also ergeben 13,5 Liter 13.500 Kubikzentimeter:

$13{,}5 \times 1.000\ cm^3 = 13.500\ cm^3$

Zu 39) A. 345.600 Sekunden

Vier Tage haben 345.600 Sekunden:

$4 \times 24\ h = 96\ h$

$96 \times 60\ min = 5.760\ min$

$5.760 \times 60\ s = 345.600\ s$

Zu 40) C. 41,5

Ein Millimeter entspricht 0,001 Metern. Auf einen Quadratmeter gingen demnach 0,0415 Kubikmeter Wasser nieder:

$41{,}5 \times 0{,}001\ m \times 1\ m^2 = 0{,}0415\ m^3$

Ein Kubikmeter entspricht 1.000 Kubikdezimetern bzw. 1.000 Litern, also ergeben 0,0415 Kubikmeter 41,5 Liter:

$0{,}0415 \times 1.000\ l = 41{,}5\ l$

Bei dem Gewitter gingen pro Quadratmeter stündlich 41,5 Liter Wasser nieder.

Dreisatz (Aufgaben 41–50)

Zu 41) B. 3 h

Mit diesem Scanner würde man 3 Stunden benötigen.

4 Mitarbeiter $\times$ 3 h = 12 h

$12\ h \div 4 = 3\ h$

Zu 42) C. 2,16 kg

500 Blatt Kopierpapier wiegen 2,16 kg.

$10{,}8\ kg \div 2.500 \times 500 = 2{,}16\ kg$

Zu 43) B. 54 Minuten

Ein einziger Maler benötigt zum Anstreichen derselben Fläche das Dreifache der Zeit:

$3 \times 1{,}5\ h = 4{,}5\ h$

Fünf Maler benötigen wiederum ein Fünftel dieser Zeit:

$4{,}5\ h \div 5 = 0{,}9\ h$

Fünf Maler brauchen 0,9 Stunden – oder 54 Minuten – um eine Fläche von 63 Quadratmetern zu streichen.

Zu 44) D. 9 Tage

Für die Eingabe der neuen Daten werden 9 Tage benötigt.

Alter Auftrag: $2 \times 3\ d = 6\ d$ Gesamt-Arbeitsaufwand (verteilt auf 2 Mitarbeiter)

Neuer Auftrag: $6\ d + 0{,}5 \times 6\ d = 9\ d$ Gesamt-Arbeitsaufwand (für einen Mitarbeiter)

Zu 45) **C.** 234 kg

Es werden 234 kg Obst benötigt.

$120 + 10 = 130$ Personen

$(216\ \text{kg} \div 120) \times 130 = 234$ kg Obst

Zu 46) **C.** 840 kWh

Der Stromverbrauch würde 840 kWh betragen.

420 kWh ÷ 6 Maschinen ÷ 2 d
= 35 kWh pro Maschine pro Tag

35 kWh × 8 (Maschinen) × 3 (Tage)
= 840 kWh

Zu 47) **C.** 15 m

Es werden 15 Meter dieses Stoffes benötigt.

$12\ \text{m} \times 1{,}50\ \text{m} = 18\ \text{m}^2$

$18\ \text{m}^2 \div 1{,}2\ \text{m} = 15\ \text{m}$

Zu 48) **B.** 25 min

Für 200 Seiten würde der Drucker 25 Minuten benötigen.

$24.000 \div 60 = 400$ Zeilen pro min

$200 \times 50 = 10.000$ Zeilen

$10.000 \div 400 = 25$ min

Zu 49) **C.** Doppelt so hoch wie im Vormonat

Die Rechnung ist mit 9 € doppelt so hoch wie im Vormonat.

320 min – 120 min = 200 min

4,50 € ÷ 200 min = 0,0225 €/min

520 min – 120 min = 400 min

0,0225 €/min × 400 min = 9 €

Zu 50) **C.** 15 Mitarbeiter

Herr Mayer müsste für den zweiten Auftrag 15 Mitarbeiter einsetzen.

160 Maschinen ÷ 20 d = 8 Maschinen pro Tag bei 20 Mitarbeitern

8 ÷ 20 = 0,4 Maschinen pro Mitarbeiter pro Tag

0,4 × 15 d = 6 Maschinen in 15 Tagen pro Mitarbeiter

90 Maschinen ÷ 6 = 15 Mitarbeiter

Prozentrechnen (Aufgaben 51–60)

Zu 51) **D.** 175 €

Herr Mayer erhält zukünftig 175 € mehr Gehalt.

$$\text{Prozentwert} = \frac{\text{Grundwert} \times \text{Prozentsatz}}{100}$$

$$\text{Prozentwert} = \frac{3.500\ € \times 5\ \%}{100} = 175\ €$$

Zu 52) **B.** 120.000 €

Die Maschine hat ohne Zinsen 120.000 € gekostet.

$$\text{Grundwert} = \frac{\text{Prozentwert} \times 100}{\text{Prozentsatz}}$$

$$\text{Grundwert} = \frac{129.600\ € \times 100}{108\ \%}$$

$$= 120.000\ €$$

Zu 53) A. 10.000 €

Der Betrag lautet 10.000 €.

$$Grundwert = \frac{Prozentwert \times 100}{Prozentsatz}$$

$$Grundwert = \frac{40.000\,€ \times 100}{80} = 50.000\,€$$

50.000 € – 40.000 € = 10.000 €

Zu 54) B. 50.000 €

Herr Mayer muss einen Umsatz von 50.000 € erzielen.

$$Grundwert = \frac{Prozentwert \times 100}{Prozentsatz}$$

$$Grundwert = \frac{2.000\,€ \times 100}{4} = 50.000\,€$$

Zu 55) C. 3.700 €

Der Buchhalter verdient vor der Gehaltserhöhung 3.700 €.

$$Grundwert = \frac{Prozentwert \times 100}{Prozentsatz}$$

$$Grundwert = \frac{3.774\,€ \times 100}{102} = 3.700\,€$$

Zu 56) D. 75 wahlberechtigte Beschäftigte

Die Firma hat 75 wahlberechtigte Beschäftigte.

$$Grundwert = \frac{Prozentwert \times 100}{Prozentsatz}$$

$$Grundwert = \frac{72 \times 100}{96\,\%} = 75 \text{ wahl-}$$

berechtigte Beschäftigte

Zu 57) C. 14.520 €

Herr Mayer könnte 14.520 € für sein altes Fahrzeug erzielen.

$$Prozentwert = \frac{Grundwert \times Prozentsatz}{100}$$

$$Prozentwert = \frac{12.000\,€ \times 110\,\%}{100}$$

$$= 13.200\,€$$

$$Prozentwert = \frac{13.200\,€ \times 110\,\%}{100}$$

$$= 14.520\,€$$

Zu 58) C. 40.000 €

Der Nennwert der Aktien beträgt 40.000 €.

Vor Abzug der Kapitalertragsteuer beträgt die Dividende 4.800 €:

$$Grundwert = \frac{Prozentwert \times 100}{Prozentsatz}$$

$$Grundwert = \frac{3.600\,€ \times 100}{75} = 4.800\,€$$

4.800 € entsprechen 12 % eines Aktien-Nennwerts von 40.000 €:

$$Grundwert = \frac{Prozentwert \times 100}{Prozentsatz}$$

$$Grundwert = \frac{4.800\,€ \times 100}{12} = 40.000\,€$$

Zu 59) D. 182.000 €

Der Gewinn betrug im Januar 182.000 €.

$$\text{Prozentwert} = \frac{\text{Grundwert} \times \text{Prozentsatz}}{100}$$

$$\text{Prozentwert} = \frac{198.744\,€ \times 100}{105}$$

$$= 189.280\,€$$

$$\text{Prozentwert} = \frac{189.280\,€ \times 100}{104}$$

$$= 182.000\,€$$

Zu 60) C. 20.000 €

Der ursprüngliche Kredit hat 20.000 € betragen.

7.620 € + 380 € = 8.000 €

8.000 € = ⅖

8.000 € ÷ 2 × 5 = 20.000 €

Zinsrechnen (Aufgaben 61–70)

Zu 61) C. 1.000 €

Herr Mayer erhält pro Jahr 1.000 € Zinsen.

$$\text{Zinsen} = \frac{\text{Kapital} \times \text{Zinssatz} \times \text{Tage}}{100 \times 360\,\text{d}}$$

$$\text{Zinsen} = \frac{20.000\,€ \times 5\,\% \times 360\,\text{d}}{100 \times 360\,\text{d}}$$

$$= 1.000\,€$$

Zu 62) C. 100 €

Herr Mayer erhält monatlich 100 € Zinsen auf 24.000 €.

$$\text{Zinsen} = \frac{\text{Kapital} \times \text{Zinssatz} \times \text{Tage}}{100 \times 360\,\text{d}}$$

$$\text{Zinsen} = \frac{24.000\,€ \times 5 \times 30\,\text{d}}{100 \times 360\,\text{d}} = 100\,€$$

Zu 63) B. 8 %

Herr Mayer hat einen Zinssatz von acht Prozent erhalten.

$$\text{Zinssatz} = \frac{\text{Zinsen} \times 100 \times 360\,\text{d}}{\text{Kapital} \times \text{Tage}}$$

$$\text{Zinssatz} = \frac{1.120\,€ \times 100 \times 360\,\text{d}}{42.000\,€ \times 120\,\text{d}} = 8\,\%$$

Zu 64) D. 120.000 €

Herr Mayer muss einen Betrag von 120.000 € anlegen, um monatlich 500 € Zinsen zu erhalten.

$$\text{Kapital} = \frac{\text{Zinsen} \times 100 \times 360\,\text{d}}{\text{Zinssatz} \times \text{Tage}}$$

$$\text{Kapital} = \frac{500\,€ \times 100 \times 360\,\text{d}}{5\,\% \times 30\,\text{d}}$$

$$= 120.000\,€$$

Zu 65) C. 240 Tage

Das Geld war insgesamt 240 Tage angelegt.

$$\text{Tage} = \frac{\text{Zinsen} \times 100 \times 360\,\text{d}}{\text{Kapital} \times \text{Zinssatz}}$$

$$\text{Tage} = \frac{2.400\,€ \times 100 \times 360\,\text{d}}{45.000\,€ \times 8\,\%} = 240\,\text{d}$$

Zu 66) D. 40.000 €

Es wurde ein Betrag von 40.000 € angelegt.

$$\text{Kapital} = \frac{\text{Zinsen} \times 100 \times 360\,\text{d}}{\text{Zinssatz} \times \text{Tage}}$$

$$\text{Kapital} = \frac{700\,€ \times 100 \times 360\,\text{d}}{7 \times 90\,\text{d}} = 40.000\,€$$

Zu 67) C. 216 Tage

Es werden 216 Zinstage berechnet.

Januar = 14 Tage

Februar bis Juli = 180 Tage

August = 22 Tage

Summe = 216 Tage

Zu 68) A. 144.000 €

Er müsste einen Betrag in Höhe von 144.000 € anlegen.

600 € × 12 = 7.200 €

$$\text{Grundwert} = \frac{\text{Prozentwert} \times 100}{\text{Prozentsatz}}$$

$$\text{Grundwert} = \frac{7.200\,€ \times 100}{5} = 144.000\,€$$

Zu 69) B. 1,5 %

Herr Mayer müsste 600 € Zinsen bezahlen, das sind 1,5 % von 40.000 €.

$$\text{Zinsen} = \frac{\text{Kapital} \times \text{Zinssatz} \times \text{Tage}}{100 \times 360\,\text{d}}$$

$$\text{Zinsen} = \frac{40.000 \times 6\,\% \times 90\,\text{d}}{100 \times 360\,\text{d}} = 600\,€$$

$$\text{Prozentsatz} = \frac{\text{Prozentwert} \times 100}{\text{Grundwert}}$$

$$\text{Prozentsatz} = \frac{600\,€ \times 100}{40.000\,€} = 1{,}5\,\%$$

Zu 70) C. 42.000 €

Herr Mayer erhält nach einem Jahr inklusive Zinsen einen Betrag von 42.000 € zurück.

$120.000\,€ \times \frac{1}{3} = 40.000\,€$ Gewinnanteil

$$\text{Zinsen} = \frac{\text{Kapital} \times \text{Zinssatz} \times \text{Tage}}{100 \times 360\,\text{d}}$$

$$\text{Zinsen} = \frac{40.000 \times 5\,\% \times 360\,\text{d}}{100 \times 360\,\text{d}} = 2.000\,€$$

Betrag = 40.000 € + 2.000 €
= 42.000 €

Gemischte Textaufgaben (Aufgaben 71–80)

Zu 71) B. 2,5

Die Durchschnittsnote lautet 2,5.

1 × 2 + 2 × 2 + 3 × 5 + 4 × 1 = 2 + 4 + 15 + 4 = 25

25 ÷ 10 = 2,5

Zu 72) C. 3

Es werden 3 Eimer weiße Farbe benötigt.

$2 \times$ breite Fläche: $2 \times (4\ m \times 2{,}5\ m) = 20\ m^2$

$2 \times$ lange Fläche: $2 \times (5\ m \times 2{,}5\ m) = 25\ m^2$

Decke: $4\ m \times 5\ m = 20\ m^2$

Gesamtfläche: $20\ m^2 + 25\ m^2 + 20\ m^2 = 65\ m^2$

$65\ m^2 \times 0{,}23\ l/m^2 = 14{,}95$ Liter

$14{,}95\ l \div 5\ l = 2{,}99$ (verkauft werden nur ganze Eimer)

Zu 73) C. 78

Auszubildender Max hat 78 Sparbücher abgeschlossen.

6,60 € ÷ 60 = 0,11 €

8,58 € ÷ 0,11 = 78 Sparbücher

Zu 74) D. 5.000 €

Herrn Mayers Bruttogehalt beträgt 5.000 €.

$\frac{2}{5}$ = 2.000 €

2.000 € ÷ 2 × 5 = 5.000 €

Zu 75) C. 0,90 €

Herr Mayer würde pro Flasche 0,90 € Gewinn erzielen.

Kosten pro Flasche: 1.080 € ÷ 900 l × 0,75 l + 120 € ÷ 1.200 + 1,10 € = 2,10 €

3 € – 2,10 € = 0,90 €

Zu 76) B. 120.000 €

Herrn Mayer stehen 120.000 € zu.

Setzt man für den Anteil von Gesellschafter 2 die Variable x, lässt sich folgende Rechnung aufstellen:

4x (Herr Mayer) + 2x (Gesellschafter 1) + x (Gesellschafter 2) = 210.000 €

7x = 210.000 €

x = 210.000 € ÷ 7 = 30.000 € pro Anteil

Herr Mayer erhält 4 Anteile, also 4 × 30.000 € = 120.000 €.

Zu 77) A. 30

Da Gänse und Ziegen zusammen auf 53 Köpfe kommen, handelt es sich folglich auch um 53 Tiere. Nimmt man für die Anzahl der Gänse die Variable x und für die Zahl der Ziegen die Variable y, lassen sich folgende Gleichungen aufstellen:

$x + y = 53$ (Anzahl der Köpfe)

$2x + 4y = 166$ (Anzahl der Beine)

Nun kann man die erste Gleichung nach x auflösen und sie in die zweite Gleichung einsetzen:

$x = 53 - y$

$2(53 - y) + 4y = 166$

$106 - 2y + 4y = 166 \quad | -106$

$2y = 60 \quad | \div 2$

$y = 30$

Im Käfig befinden sich 30 Ziegen.

Zu 78) B. 40 min

In einer Minute bewältigen die Mitarbeiter zusammen $\frac{1}{40}$ der Datenmenge:

$$\frac{1}{60}+\frac{1}{180}+\frac{1}{360}=\frac{6}{360}+\frac{2}{360}+\frac{1}{360}$$
$$=\frac{9}{360}=\frac{1}{40}$$

Um alle Daten einzugeben, brauchen die Mitarbeiter also 40 Minuten.

Zu 79) A. 42

Wenn 6 Teilnehmer einem Anteil von $\frac{2}{14}$ entsprechen, entsprechen 3 Anwesende einem Anteil von $\frac{1}{14}$. Die ganze Abteilung hat demnach vierzehn Mal so viele Mitarbeiter – insgesamt 42.

Zu 80) B. 25 km

Die Entfernung beträgt 25 km.

Freund 1 legt in 30 Minuten 15 km Strecke zurück, Freund 2 schafft 10 km.

Freund 1: 30 km/h × 0,5 h = 15 km

Freund 2: 20 km/h × 0,5 h = 10 km

15 km + 10 km = 25 km

Prozentrechnen (Aufgaben 81–90)

Zu 81) A. 6,108

Die letzte Ziffer der Lösung lässt sich berechnen, indem man nur die Endziffern der einzelnen Werte betrachtet:

57 – 49 = 8

Die Endziffer des gesuchten Werts lautet also 8. Per Überschlag kann man sich außerdem dem gesuchten Wert annähern:

9,7 – 3,6 = 6,1

Beide dieser Bedingungen erfüllt nur Antwort A.

Zu 82) A. 42,93

Die letzte Ziffer der Lösung lässt sich berechnen, indem man nur die Endziffern der einzelnen Werte betrachtet: Diese Endziffern lauten 9 (7 × 7 = 49) und 6 (4 × 4 = 16). Die letzte Ziffer des Endergebnisses ergibt sich demnach aus der Rechnung:

9 – 6 = 3

Zu 83) D. 128,64

Für die Schätzung kann statt 26,8 ein handlicherer Wert von 25 % – das entspricht $\frac{1}{4}$ – angenommen werden. Ein Viertel von 480 ist 120. Das Endergebnis muss leicht darüber liegen.

Zu 84) D. 3.242,3712

Die letzte Ziffer der Lösung lässt sich berechnen, indem man nur die Endziffern der einzelnen Werte betrachtet:

$3 \times 4 = 12$

Die letzte Ziffer des Endergebnisses lautet also 2. Mit gerundeten Werten lässt sich das Ergebnis außerdem wie folgt überschlagen:

$150 \times 20 = 3.000$

Da die Lösung größer als 3.000 sein muss, kommt schließlich nur Antwort D infrage.

Zu 85) **C.** 1.426,5

Die Nachkommastellen lassen sich geschickt umgruppieren und gesondert berechnen:

$0{,}45 - 0{,}5 + 0{,}55 = 0{,}45 + 0{,}55 - 0{,}5$
$= 0{,}5$

Die Nachkommastelle der Lösung lautet also 0,5. Mit gerundeten Hunderterwerten lässt sich das Ergebnis außerdem wie folgt überschlagen:

$4{,}7 - 2{,}8 + 12{,}3 = 14{,}2$

Beide dieser Bedingungen erfüllt nur Antwort C.

Zu 86) **E.** Zwischen 36.000 und 36.500

Die angegebenen Zahlenblöcke decken jeweils 500er-Bereiche ab, daher empfiehlt sich der Überschlag mit Hunderterwerten: 215 + 126 + 20 = 361 (also 36.100). Somit muss die richtige Antwort E lauten: Alle übrigen Lösungsvorschläge liegen unter dem geschätzten Wert, doch das tatsächliche Ergebnis ist aufgrund der vernachlässigten Zehner und Einer sogar noch etwas höher.

Zu 87) **D.** Zwischen 14,6 und 15,5

Runden Sie zunächst den Faktor, der am nächsten an einer ganzen Zahl liegt, und multiplizieren Sie ihn mit dem anderen Faktor: $4 \times 3{,}7 = 14{,}8$. Somit kommen Sie dem tatsächlichen Ergebnis ausreichend nahe, da die vernachlässigte Nachkommastelle 0,1 nur zu einer geringen Erhöhung führen kann ($0{,}1 \times 3{,}7 = 0{,}37$).

Zu 88) **C.** 220

Da $200 \times 200 = 40.000$ ergibt und $300 \times 300 = 90.000$ ergibt, muss das Ergebnis zwischen 200 und 300 liegen. Als richtige Lösung kommt somit nur Antwort C infrage.

Zu 89) **D.** 0,505

Für die Schätzung kann statt $4/27$ der Wert $4/28$ – oder $2/14$ – verwendet werden. Als Annäherung erhält man so:

$5/14 + 2/14 = 7/14 = 0{,}5$

Zu 90) **B.** Zwischen 3.050 und 3.125

Überschlagen Sie mit gerundeten Werten: Die zweite Potenz von 3,9 liegt nahe an der zweiten Potenz von 4, und die lautet 16. Multipliziert mit 200, ergibt sich 3.200. Da das Aufrunden der Potenz durch das Abrunden des zweiten Faktors nicht ausgeglichen wird, ist das tatsächliche Ergebnis etwas kleiner – als richtige Lösung kommt nur der Bereich zwischen 3.050 und 3.125 infrage.

Mathematische Kniffeleien (Aufgaben 91–100)

Zu 91) A. 8 Münzen

Sam braucht mindestens acht Münzen: eine 1-Cent-Münze, zwei 2-Cent-Münzen, eine 5-Cent-Münze, eine 10-Cent-Münze, zwei 20-Cent-Münzen und eine 50-Cent-Münze. Damit kann er alle Beträge von 1 Cent bis 100 Cent darstellen.

Zu 92) B. 9

Das Ergebnis lautet 9; minus mal minus ergibt plus:

$-3 \times -3 = 9$

Zu 93) A. A = 27 und B = 18

Die gesuchten Zahlen lauten 27 und 18. Aus den Angaben der Aufgabenstellung lassen sich zunächst folgende Gleichungen aufstellen:

$A = \frac{3}{2} B$

$A + B = 45$

Ein Gleichungssystem mit zwei Gleichungen und zwei Unbekannten lässt sich lösen, indem man eine Gleichung nach einem der beiden unbekannten Werte auflöst und den erhaltenen Rechenausdruck anstelle dieses Werts in die zweite Gleichung einsetzt (Substitution). Die erste Gleichung ist bereits aufgelöst und kann in die zweite eingesetzt werden:

$\frac{3}{2} B + B = 45$

$\frac{5}{2} B = 45 \quad | \div 5$

$\frac{1}{2} B = 9 \quad | \times 2$

$B = 18$

$A = \frac{3}{2} B = 27$

Zu 94) B. Ein Viertel

Ein Viertel der Prüfungsaufgaben ist weder sehr schwer noch sehr leicht.

$\frac{1}{4}$ = sehr schwer

$\frac{1}{2}$ = leicht

$1 - \frac{1}{4} - \frac{1}{2} = \frac{4}{4} - \frac{1}{4} - \frac{2}{4} = \frac{1}{4}$

Zu 95) B. 12 €

Auszubildender Müller müsste dem Auszubildenden Hüllen zwölf Euro geben, damit beide gleich viel Geld haben.

62 € + 38 € = 100 €

100 € ÷ 2 = 50 €

62 € – 50 € = 12 €

Zu 96) B. 20 cm

Das kürzere Stück ist 20 cm lang.

Das längere Stück ist viermal so lang wie das kürzere Stück. Beide Stücke zusammen sind 1 Meter lang. Mathematisch ausgedrückt:

$x + 4x = 100$ cm

$5x = 100$ cm | $\div 5$

$x = 20$ cm

Zu 97) C. –4

Beachten Sie beim ersten Faktor, dass die Potenz stärker bindet als das Vorzeichen: $-2^4 = -(2 \times 2 \times 2 \times 2) = -16$.

Beim zweiten Faktor ist der Exponent negativ, also potenziert man den Kehrwert der Basis mit dem Betrag des Exponenten: $2^{-2} = (½)^2 = ¼$.

Für das gesuchte Produkt ergibt sich somit:

$-2^4 \times 2^{-2} = -16 \times ¼ = -4$

Zu 98) B. 4

Nimmt man für Christophs Alter die Variable x, für Janas Alter die Variable y, lassen sich folgende Gleichungen aufstellen:

$x = 4y$ (Alter heute)

$x + 8 = 2(y + 8)$ (Alter in 8 Jahren)

Nun kann man die erste Gleichung in die zweite Gleichung einsetzen:

$4y + 8 = 2(y + 8)$

$4y + 8 = 2y + 16$ | $-2y - 8$

$2y = 8$ | $\div 2$

$y = 4$

Jana ist heute 4 Jahre alt.

Zu 99) A. 5

Nach den Wurzelgesetzen gilt:

$\sqrt{a} \div \sqrt{b} = \sqrt{a \div b}$

$\sqrt{75} \div \sqrt{3} = \sqrt{75 \div 3} = \sqrt{25} = 5$

Zu 100) A. Ca. 6,1%

Die gesuchte Gesamtwahrscheinlichkeit ergibt sich aus der Addition der Wahrscheinlichkeiten, dass fünfmal nacheinander nur Gewinnlose (g) oder nur Nieten (n) gezogen werden: $P = P(\{ggggg\}) + P(\{nnnnn\})$.

Beim ersten Ziehen liegen insgesamt 25 Lose in der Trommel, darunter 10 Gewinnlose. Die Wahrscheinlichkeit auf einen Gewinn liegt also bei 10 zu 25. Wird nun ein Gewinnlos gezogen, sind anschließend noch 24 Lose und 9 Gewinne übrig. Für 5 Gewinne in Folge ergibt sich folgende Wahrscheinlichkeit:

$$P(\{ggggg\}) = \frac{10}{25} \times \frac{9}{24} \times \frac{8}{23} \times \frac{7}{22} \times \frac{6}{21}$$

$$= \frac{30.240}{6.375.600} \approx 0{,}0047$$

Auf dieselbe Weise errechnet sich die Wahrscheinlichkeit, dass nur Nieten gezogen werden:

$$P(\{nnnnn\}) = \frac{15}{25} \times \frac{14}{24} \times \frac{13}{23} \times \frac{12}{22} \times \frac{11}{21}$$

$$= \frac{360.360}{6.375.600} \approx 0{,}0565$$

Insgesamt erhält man:

$P = P(\{ggggg\}) + P(\{nnnnn\}) = 0{,}0047 + 0{,}0565 = 0{,}061 = 6{,}1\,\%$

Kapitalanlagen (Aufgaben 101–110)

Zu 101) D. 951 €

Herr Mayer muss für 18 Aktien 951 € zahlen.

18 × 52 € = 936 €

936 € + 15 € = 951 €

Zu 102) A. 8 €

Herr Mayer hat im Durchschnitt 8 € pro Aktie gezahlt.

100 € + 100 € = 200 €

10 + 15 = 25 Aktien

200 € ÷ 25 = 8 €

Zu 103) C. 150 €

Die Bearbeitungsgebühr würde 150 € betragen.

$$\frac{100.000 \times 1{,}5\,‰}{1.000} = 150\,€$$

Zu 104) D. 100 %

Der Kurs der Aktie müsste um 100 Prozent steigen.

$$\text{Prozentwert} = \frac{\text{Grundwert} \times \text{Prozentsatz}}{100}$$

$$\text{Prozentwert} = \frac{100\,€ \times 50}{100} = 50\,€$$

Um von 50 € auf 100 € zu steigen, müsste die Aktie um 50 € steigen, das sind genau 100 %.

Zu 105) C. 52 Monate

Der Betrag von 18.000 € ist nach 52 Monaten auf 25.800 € gestiegen.

$$\text{Tage} = \frac{\text{Zinsen} \times 100 \times 360\,\text{d}}{\text{Kapital} \times \text{Zinssatz}}$$

$$\frac{7.800\,€ \times 100 \times 360\,\text{d}}{18.000\,€ \times 10\,\%} = 1.560\,\text{d}$$

1.560 d ÷ 30 = 52 Monate

Zu 106) B. 80 €

Die Aktien hatten vorher einen Kurswert von 80 €.

$$\text{Grundwert} = \frac{\text{Prozentwert} \times 100}{\text{Prozentsatz}}$$

$$\frac{88{,}20\,€ \times 100}{105} = 84\,€$$

$$\frac{84\,€ \times 100}{105} = 80\,€$$

Zu 107) C. 14 Aktien

Herr Mayer kann 14 Aktien nachkaufen.

$$\text{Prozentwert} = \frac{\text{Grundwert} \times \text{Prozentsatz}}{100}$$

$$\text{Prozentwert} = \frac{115\,€ \times 120}{100} = 138\,€$$

1.932 € ÷ 138 € = 14 Aktien

Zu 108) **D.** 12 €

Der Preis für eine Aktie beträgt 12 €.

$$\text{Grundwert} = \frac{\text{Prozentwert} \times 100}{\text{Prozentsatz}}$$

$$\text{Grundwert} = \frac{108\,€ \times 100}{112{,}5} = 96\,€$$

96 € ÷ 8 = 12 €

Zu 109) **C.** 8 €

Die Verwaltungs- und Bearbeitungsgebühren betragen 8 €.

$$\text{Grundwert} = \frac{\text{Prozentwert} \times 100}{\text{Prozentsatz}}$$

$$\text{Grundwert} = \frac{408\,€ \times 100}{102} = 400\,€$$

408 € – 400 € = 8 €

Zu 110) **D.** 30.000 €

Der ursprüngliche Kredit hat 30.000 € betragen.

14.500 € + 3.500 € = 18.000 €

18.000 € = ³⁄₅

18.000 € ÷ 3 × 5 = 30.000 €

Versicherungen (Aufgaben 111–120)

Zu 111) **C.** 150 €

Der Barverkaufspreis lautet 150 €.

$$\text{Prozentwert} = \frac{\text{Grundwert} \times \text{Prozentsatz}}{100}$$

$$\text{Prozentwert} = \frac{120\,€ \times 125}{100} = 150\,€$$

Zu 112) **C.** 38 %

Der neue Jahrestarifbeitrag liegt 38 Prozent über dem ursprünglichen.

$$\text{Prozentwert} = \frac{\text{Grundwert} \times \text{Prozentsatz}}{100}$$

$$\text{Prozentwert} = \frac{100 \times 120}{100} = 120$$

$$\text{Prozentwert} = \frac{120 \times 115}{100} = 138$$

138 – 100 = 38 %

Zu 113) **C.** 500 €

Der Betrag für die Zinsen beträgt 500 €.

5 % ÷ 2 = 2,5 % Jahreszinssatz

$$\text{Grundwert} = \frac{\text{Prozentwert} \times 100}{\text{Prozentsatz}}$$

$$\text{Grundwert} = \frac{20.500\,€ \times 100}{102{,}5} = 20.000\,€$$

20.500 € – 20.000 € = 500 €

Zu 114) **D.** 32 %

Der neue Tarif liegt 32 Prozent über dem ursprünglichen.

$$\text{Prozentwert} = \frac{\text{Grundwert} \times \text{Prozentsatz}}{100}$$

$$\text{Prozentwert} = \frac{100 \times 110}{100} = 110$$

$$\text{Prozentwert} = \frac{110 \times 120}{100} = 132$$

132 – 100 = 32 %

Zu 115) D. 14.250 €

Er muss einen Betrag in Höhe von 14.250 € an das Versicherungsunternehmen abführen.

$$\text{Grundwert} = \frac{\text{Prozentwert} \times 100}{\text{Prozentsatz}}$$

$$\text{Grundwert} = \frac{16.500\ € \times 100}{110} = 15.000\ €$$

$$\text{Prozentwert} = \frac{\text{Grundwert} \times \text{Prozentsatz}}{100}$$

$$\text{Prozentwert} = \frac{15.000\ € \times 15}{100} = 2.250\ €$$

16.500 € – 2.250 € = 14.250 €

Zu 116) C. 12.720 €

Die jährlichen Einnahmen müssten 12.720 € betragen.

Tilgung und Kreditzins p.a.: 210 € × 12 = 2.520 €

Sonstige Kosten p.a.: 100 € × 12 = 1.200 €

Eigenkapitalzins p.a.:

$$\text{Prozentwert} = \frac{\text{Grundwert} \times \text{Prozentsatz}}{100}$$

$$\text{Prozentwert} = \frac{150.000\ € \times 6}{100} = 9.000\ €$$

Jahreseinnahmen: 9.000 € + 2.520 € + 1.200 € = 12.720 €

Zu 117) D. 136,50 €

Herr Mayer müsste vierteljährlich eine Prämie in Höhe von 136,50 € zahlen.

524 € – 4 € = 520 €

520 € ÷ 4 = 130 €

$$\text{Prozentwert} = \frac{\text{Grundwert} \times \text{Prozentsatz}}{100}$$

$$\text{Prozentwert} = \frac{130\ € \times 105}{100} = 136,50\ €$$

Zu 118) A. 37,50 €

Die Nachtragsprämie beläuft sich auf 37,50 €.

Alter Betrag für das 4. Quartal:

$$\text{Prozentwert} = \frac{\text{Grundwert} \times \text{Prozentsatz}}{100}$$

$$\text{Prozentwert} = \frac{350.000\ € \times 1,5}{1.000} = 525\ €$$

525 € ÷ 4 = 131,25 €

Neuer Betrag für das 4. Quartal:

$$\text{Prozentwert} = \frac{\text{Grundwert} \times \text{Prozentsatz}}{100}$$

$$\text{Prozentwert} = \frac{450.000\ € \times 1,5}{1.000} = 675\ €$$

675 € ÷ 4 = 168,75 €

Differenz (Nachtragsprämie): 168,75 € – 131,25 € = 37,50 €

Zu 119) C. 400.000 €

Die Versicherungssumme beträgt 400.000 €.

$$\text{Grundwert} = \frac{\text{Prozentwert} \times 100}{\text{Prozentsatz}}$$

$$\text{Grundwert} = \frac{660\,€ \times 100}{110} = 600\,€$$

(Jahresprämie ohne Steuern)

$$\text{Grundwert} = \frac{600\,€ \times 1.000}{1{,}5} = 400.000\,€$$

Zu 120) **A.** 2 €

Der Mehrbetrag beläuft sich auf 2 €.

Falsche Kalkulation:

$$\text{Prozentwert} = \frac{\text{Grundwert} \times \text{Prozentsatz}}{100}$$

$$\text{Prozentwert} = \frac{100\,€ \times 110}{100} = 110\,€$$

Richtige Kalkulation:

$$\text{Prozentwert} = \frac{\text{Grundwert} \times \text{Prozentsatz}}{100}$$

$$\text{Prozentwert} = \frac{100\,€ \times 120}{100} = 120\,€$$

(20 % Risikozuschlag)

$$\text{Prozentwert} = \frac{120\,€ \times 90}{100} = 108\,€$$

(10 % Kundenrabatt)

110 € – 108 € = 2 € (Differenzbetrag)

Währungskurse (Aufgaben 121–130)

Zu 121) **D.** 3.676,5 US-$

Herr Müller erhält 3.676,5 US-Dollar.

1 EUR = 1,4706 USD (Geldkurs)

2.500 € × 1,4706 $/€ = 3.676,50 $

Zu 122) **A.** 200 €

Herr Müller erhält 200 Euro.

1,6393 $ = 1 € (Briefkurs)

327,86 $ ÷ 1,6393 $/€ = 200 €

Zu 123) **D.** 160 €

Herr Müller muss 160 Euro bezahlen.

156,25 ¥ = 1 € (Geldkurs)

25.000 ¥ ÷ 156,25 ¥/€ = 160 €

Zu 124) **C.** 3.200 €

Er bekommt 3.200 € gutgeschrieben.

1,6639 SFr. = 1 € (Briefkurs)

5.324,48 SFr. ÷ 1,6639 SFr./€ = 3.200 €

Zu 125) **A.** 460 €

Herr Müller muss 460 € bezahlen.

1,55 SFr. = 1 €

713 SFr. ÷ 1,55 SFr./€ = 460 €

Zu 126) **D.** 2.500 €

Herr Müller muss 2.500 € bezahlen.

156,25 ¥ = 1 €

390.625 ¥ ÷ 156,25 ¥/€ = 2.500 €

Zu 127) **C.** 11.100 €

Die Bankgutschrift beträgt 11.100 €.

175,45 ¥ = 1 €

1.947.495 ¥ ÷ 175,45 ¥/€ = 11.100 €

Zu 128) **D.** 3.950 CHF

Der Gegenwert liegt bei 3.950 CHF.

1 € = 1,58 SFr.

2.500 € × 1,58 SFr./€ = 3.950 SFr.

Zu 129) **C.** 7.500 €

Sein Konto wird mit 7.500 € belastet.

0,7519 £ = 1 € (Geldkurs)

3.383,55 £ ÷ 0,7519 £/€ = 4.500 €

1,5798 SFr. = 1 € (Geldkurs)

4.739,4 SFr. ÷ 1,5798 SFr./€ = 3.000 €

4.500 € + 3000 € = 7.500 €

Zu 130) **C.** 100 €

Der Preisunterschied beträgt 100 €.

1,58 SFr. = 1 €

2.212 SFr. ÷ 1,58 SFr./€ = 1.400 €

1.500 € – 1.400 € = 100 €

Tabellen auswerten (Aufgaben 131–140)

I. Gewinn- und Verlustkonto

Zu 131) **C.** Löhne und Gehälter

Für Löhne und Gehälter entsteht der größte Aufwand.

Löhne und Gehälter = 22.000 €

Zu 132) **B.** 37.000 €

Der Gesamtaufwand beträgt 37.000 €.

8.000 € + 2.000 € + 1.000 €
+ 22.000 € + 3.000 € + 500 €
+ 200 € + 300 € = 37.000 €

Zu 133) **C.** 13.000 €

Der Gewinn beträgt 13.000 €.

Umsatz – Aufwand = Gewinn

50.000 € – 37.000 € = 13.000 €

Zu 134) **C.** 23.000 €

Der Gewinn würde 23.000 € betragen.

$$\text{Prozentwert} = \frac{\text{Grundwert} \times \text{Prozentsatz}}{100}$$

$$\text{Prozentwert} = \frac{50.000\,€ \times 120}{100} = 60.000\,€$$

Umsatz – Aufwand = Gewinn

60.000 € – 37.000 € = 23.000 €

Zu 135) **C.** 260 €

Die Ausgaben müssten um 260 € gesenkt werden.

Umsatz – Aufwand = Gewinn

50.000 € – 37.000 € = 13.000 €

$$\text{Prozentwert} = \frac{\text{Grundwert} \times \text{Prozentsatz}}{100}$$

$$\text{Prozentwert} = \frac{13.000\,€ \times 2}{100} = 260\,€$$

II. Einwohnerzahl und Bruttonationaleinkommen (BNE)

Zu 136) C. in Belgien.

In Südkorea ist das BNE/Kopf kleiner als in Belgien.

Südkorea = 34.980 US-$ < Belgien = 50.510 US-$

Zu 137) C. 3-mal so viel wie ein Chinese.

Das koreanische BNE/Kopf ist etwa dreimal so groß wie das chinesische.

Südkorea = 34.980 US-$;
Volksrepublik China = 11.890 US-$

$34.980 \div 11.890 = 2{,}94 \approx 3$

Zu 138) A. zwei der Tabelle stehen.

Die Schweiz würde mit einem um 20 % verminderten BNE/Kopf auf Platz 2 der Tabelle landen.

Schweiz – 20 %:

$$\text{Prozentwert} = \frac{\text{Grundwert} \times \text{Prozentsatz}}{100}$$

$$\text{Prozentwert} = \frac{90.360 \text{ US-\$} \times 80\,\%}{100}$$

$$= 72.288 \text{ US-\$}$$

Zu 139) E. Keine Antwort ist richtig.

Eine solche Aussage lässt sich nicht folgern, da das BNE/Kopf nicht alleine von der Arbeitszeit, sondern der Gesamtproduktivität einer Volkswirtschaft abhängig ist.

Zu 140) B. drei der Tabelle stehen.

Wenn das französische BNE/Kopf um 20 % wächst, während es in den anderen Ländern stagniert, würde Frankreich mit einem BNE/Kopf von 52.656 US-$ auf Platz drei der Tabelle landen.

Frankreich + 20 %:

$$\text{Prozentwert} = \frac{\text{Grundwert} \times \text{Prozentsatz}}{100}$$

$$\text{Prozentwert} = \frac{43.880 \text{ US-\$} \times 120\%}{100}$$

$$= 52.656 \text{ US-\$}$$

Diagramm-Aufgaben (Aufgaben 141–150)

I. Eisenbahn-Güterverkehr

Zu 141) C. 357.565

Auf dem deutschen Schienennetz wurden 2021 insgesamt 357.565 Kilotonnen Güter befördert.

232.005 kt + 48.907 kt + 57.462 kt + 19.191 kt = 357.565 kt

Zu 142) B. Rund 26.679 Kilotonnen

Auf dem deutschen Schienennetz wurden 2020 durchschnittlich rund 26.679 Kilotonnen Güter pro Monat befördert.

Jahresmenge 2020: 208.306 kt
+ 42.837 kt + 50.878 kt + 18.122 kt
= 320.143 kt

Durchschnittliche Monatsmenge:
320.143 kt ÷ 12 = 26.678,6 kt
≈ 26.679 kt

Zu 143) B. Um +10,47 Prozent

Das Güteraufkommen ist von 2020 bis 2021 um 10,47 Prozent gestiegen.

Differenz: 357.565 – 320.143 = 37.422

$$\text{Prozentsatz} = \frac{\text{Prozentwert} \times 100}{\text{Grundwert}}$$

$$\text{Prozentsatz} = \frac{37.422 \times 100}{357.565} = 10{,}47\,\%$$

Zu 144) A. Versand in das Ausland

Das größte Wachstum wurde mit rund 14 % beim Versand in das Ausland erzielt. Der Prozentanteil der Gütermenge von 2021, bezogen auf die Vorjahresmenge, berechnet sich wie folgt:

$$\text{Prozentsatz} = \frac{\text{Prozentwert} \times 100}{\text{Grundwert}}$$

Für die einzelnen Verkehrswege ergibt sich:

Durchgangsverkehr:

$$\frac{19.191 \times 100}{18.122} = 105{,}90\,\%$$

Versand ins Ausland:

$$\frac{48.907 \times 100}{42.837} = 114{,}17\,\%$$

Empfang aus dem Ausland:

$$\frac{57.462 \times 100}{50.878} = 112{,}94\,\%$$

Binnenverkehr:

$$\frac{232.005 \times 100}{208.306} = 111{,}38\,\%$$

Zu 145) B. Rund 14.532 kt

Im Jahr 2019 wurden 14.532 Kilotonnen Güter befördert.

Durch die Steigerung um 24,7 % entspricht die 2020 im Binnenverkehr beförderte Gütermenge 124,7 % der Vorjahresmenge. Diese berechnet sich wie folgt:

$$\text{Grundwert} = \frac{\text{Prozentwert} \times 100}{\text{Prozentsatz}}$$

$$\text{Grundwert} = \frac{18.122 \times 100}{124{,}7\,\%} = 14.532$$

II. Sitzverteilung

Zu 146) C. Rund 28 %

Die SPD ist mit rund 28 Prozent der Sitze im Parlament vertreten.

$$\text{Prozentsatz} = \frac{\text{Prozentwert} \times 100}{\text{Grundwert}}$$

$$\text{Prozentsatz} = \frac{206 \times 100}{736} = 27{,}99\,\%$$

Zu 147) B. Rund 35 %

Der Frauenanteil im Bundestag beträgt rund 35 Prozent.

$$\text{Prozentsatz} = \frac{\text{Prozentwert} \times 100}{\text{Grundwert}}$$

$$\text{Prozentsatz} = \frac{257 \times 100}{736} = 34{,}92\,\%$$

Zu 148) **C.** 172 Sitze

Für die absolute Mehrheit braucht man mindestens 369 Sitze. CDU und CSU hätten also mindestens noch 172 weitere Sitze erlangen müssen: 369 – 197 = 172.

Zu 149) **B.** 111 Sitze

Damit Männer und Frauen gleich viele Sitze haben, müssten auf beide Geschlechter 736 ÷ 2 = 368 Sitze entfallen. Die Differenz zu den tatsächlich weiblich belegten Sitzen beträgt 368 – 257 = 111 Sitze. Wenn also weitere 111 Abgeordnete weiblich statt männlich wären, säßen genauso viele Frauen wie Männer im Bundestag.

Zu 150) **C.** 490 Abgeordnete

490 Abgeordnete wären verheiratet.

$$\text{Prozentwert} = \frac{\text{Grundwert} \times \text{Prozentsatz}}{100}$$

Verheiratete Frauen:

$$\text{Prozentwert} = \frac{257 \times 45\,\%}{100} = 115{,}65$$

Verheiratete Männer:

$$\text{Prozentwert} = \frac{479 \times 78\,\%}{100} = 373{,}62$$

$116 + 374 = 490$ Abgeordnete

Funktionen und Gleichungen (Aufgaben 151–155)

Zu 151) **B.** 10

Das Ergebnis für x lautet 10.

$4x \div 10 = 4 \quad | \times 10$

$4x = 40 \quad | \div 4$

$x = 10$

Zu 152) **A.** $y = 0{,}5x$

Setzt man in der Gleichung $y = 0{,}5x$ für x probeweise die Werte 1, 2 und 3 ein, dann erhält man für y die Werte 0,5, 1 und 1,5. Dies entspricht dem Graphen im Koordinatensystem.

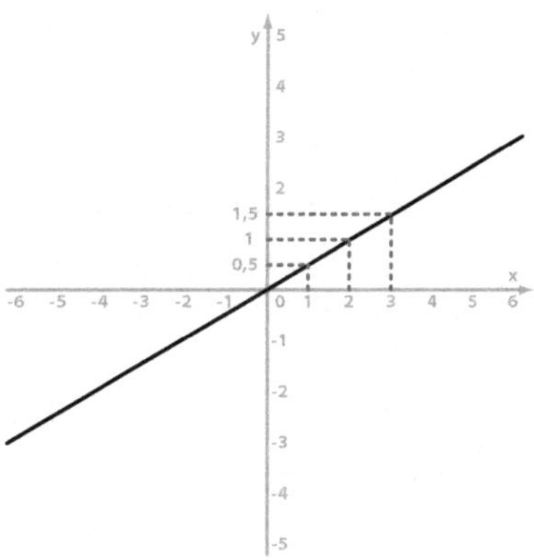

Zu 153) **D.** $(B \times C) + A$

Nach dem Kommutativgesetz können bei einer Addition die einzelnen Summanden (hier A und $(B \times C)$) beliebig umgestellt werden.

Zu 154) D. $y = x^3$

Setzt man in die Gleichung $y = x^3$ für x probeweise die Werte 1, 2 und 3 ein, dann erhält man für y die Werte 1, 8 und 27. Dies entspricht dem Graphen im Koordinatensystem.

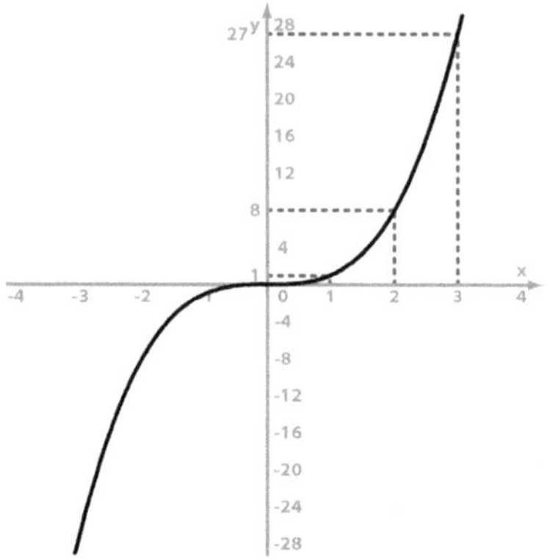

Zu 155) A. $x = a^2 \times b$

Die Gleichung lautet: $x = a^2 \times b$

a)

Gleichung 1 nach y auflösen:

$y = a \times b$

b)

In Gleichung 2 das y durch den erhaltenen Rechenausdruck $a \times b$ ersetzen:

$x = a \times a \times b = a^2 \times b$

Geometrie (Aufgaben 156–160)

Zu 156) D. 236 cm^2

Der Quader ist ein Körper, der aus 12 Kanten und 8 Ecken besteht, wobei die Kanten unterschiedlich lang sein können. Die Gesamt-Oberfläche eines Quaders setzt sich aus 6 rechteckigen Seitenflächen zusammen; die jeweils gegenüberliegenden Seitenflächen sind identisch. Um die Oberfläche eines Quaders zu berechnen, genügt es also, die drei unterschiedlichen Seitenflächen zu berechnen und mit 2 zu multiplizieren:

$O = 2\,(a \times b) + 2\,(b \times c) + 2\,(c \times a)$

$O = 2\,(6\text{ cm} \times 8\text{ cm}) + 2\,(8\text{ cm} \times 5\text{ cm}) + 2\,(5\text{ cm} \times 6\text{ cm}) = 2 \times 48\text{ cm}^2 + 2 \times 40\text{ cm}^2 + 2 \times 30\text{ cm}^2 = 96\text{ cm}^2 + 80\text{ cm}^2 + 60\text{ cm}^2 = 236\text{ cm}^2$

Die Oberfläche des abgebildeten Quaders beträgt 236 cm^2.

Zu 157) D. 17 m

Da es sich hier um ein rechtwinkliges Dreieck handelt, gilt der Satz des Pythagoras: $a^2 + b^2 = c^2$. Nachdem man die in Dezimetern angegebene Seitenlänge in Meter umgeformt hat, lässt sich der gesuchte Wert wie folgt berechnen:

$c^2 = a^2 + b^2 = (15\ m)^2 + (8\ m)^2$
$= 225\ m^2 + 64\ m^2 = 289\ m^2$

$c = \sqrt{289\ m^2} = 17\ m$

Die Seite c – die Hypotenuse des rechtwinkligen Dreiecks – ist 17 Meter lang.

Zu 158) E. 34°

Ein gleichschenkliges Dreieck hat zwei gleich lange Seiten, denen zwei gleich große Winkel – im abgebildeten Dreieck α und β – gegenüberliegen. Da die Summe aller Winkel im Dreieck 180° ergibt, lassen sich die gesuchten Winkel wie folgt berechnen:

$\alpha = \beta = (180° - 112°) \div 2 = 34°$

Die Winkel α und β betragen jeweils 34°.

Zu 159) A. 38.610 Liter

Das Becken ist ein Quader, dessen Rauminhalt sich durch die Multiplikation seiner Länge, Breite und Höhe ergibt – diese reduziert sich jedoch um 20 Zentimeter, da das Becken ja schon bis zu dieser Höhe gefüllt ist. Das noch aufzufüllende Volumen des Beckens beträgt demnach:

$\text{Volumen} = l \times b \times (h - 0{,}2\ m) = 6{,}5\ m$
$\times 3{,}3\ m \times 1{,}8\ m = 38{,}61\ m^3$

Frau Fleischer muss noch 38,61 Kubikmeter Wasser in das Becken einfüllen. Dies entspricht einer Menge von 38.610 Litern Wasser (1 Kubikmeter = 1.000 Liter).

Zu 160) C. Rund 2,31 dm^3

Das Zylindervolumen (V) berechnet sich nach der Formel $V = \pi \times r^2 \times h$. Durch Einsetzen ergibt sich:

$V = \pi \times r^2 \times h = \pi \times (0{,}7\ dm)^2$
$\times 1{,}5\ dm = \pi \times 0{,}49\ dm^2 \times 1{,}5\ dm$
$= \pi \times 0{,}735\ dm^3 \approx 2{,}31\ dm^3$

Das Volumen des abgebildeten Zylinders beträgt rund 2,31 Kubikdezimeter.

Logisches Denkvermögen

Zahlenreihen

Bearbeitungszeit 5 Minuten

Jede Zahlenreihe ist sinnvoll nach einer bestimmten Bildungsregel aufgebaut. Welche Zahl setzt die Reihe logisch fort?

Hierzu ein Beispiel

Aufgabe

1)

1	2	3	4	5	?

A. 6
B. 7
C. 8
D. 9
E. Keine Antwort ist richtig.

Antwort

(A.) 6

Gesucht ist die 6: Jede Zahl ist um 1 größer als ihre Vorgängerin.

Bitte bearbeiten Sie nun die Aufgaben: Setzen Sie die Zahlenreihen sinnvoll fort, indem Sie jeweils den richtigen Lösungsbuchstaben markieren.

1)

40	5	42	6	44	7	?

A. –30
B. 28
C. 8
D. 46
E. Keine Antwort ist richtig.

2)

20	26	21	25	22	24	?

A. 22
B. 23
C. 43
D. 26
E. Keine Antwort ist richtig.

3)

68	61	55	50	46	?

A. 41
B. 48
C. 43
D. 47
E. Keine Antwort ist richtig.

4)

6	18	36	5	15	30	4	?

A. 12
B. 20
C. 3
D. 34
E. Keine Antwort ist richtig.

5)

1	4	12	6	24	72	36	?

A. 18
B. 24
C. 16
D. 144
E. Keine Antwort ist richtig.

6)

6	7	9	6	10	15	9	?

A. 3
B. 16
C. 14
D. 8
E. Keine Antwort ist richtig.

7)

120	120	60	20	?

A. 4
B. 5
C. 10
D. 15
E. Keine Antwort ist richtig.

8)

12	9	27	30	27	?

A. 87
B. 54
C. 162
D. 81
E. Keine Antwort ist richtig.

9)

1	2	6	15	31	?

A. 36
B. 44
C. 58
D. 56
E. Keine Antwort ist richtig.

10)

1	2	–2	–12	–20	?

A. –200
B. –220
C. –40
D. 200
E. Keine Antwort ist richtig.

Ein Element passt nicht hinein *Bearbeitungszeit 5 Minuten*

In jeder Reihe befindet sich ein Element, das dort nicht hineingehört – um welches es sich handelt, sollen Sie herausfinden. Bitte streichen Sie es durch.

Hierzu ein Beispiel

Aufgabe

1)	Aa	Bb	CC	Dd

Antwort

~~CC~~

Es handelt sich um eine alphabetisch fortlaufende Reihe mit Buchstabenpaaren aus einem Groß- und einem Kleinbuchstaben. Das dritte Element passt nicht hinein; statt „CC" müsste es „Cc" heißen.

Bitte bearbeiten Sie nun die Aufgaben: Streichen Sie in jeder Reihe das Element durch, das dort nicht hineinpasst.

11)	S	RR	Q	P	O	NN	M	LL	K
12)	1	5	2	6	3	7	2	8	5
13)	5	u	10	p	15	s	20	f	25
14)	13m	5E	19S	17q	9I	11K	8g	4D	20T
15)	19	31	15	41	23	37	29	11	13

16)	x	24	j	53	w	46	g	80	d
17)	Z	A	Y	A	B	A	W	A	V
18)	B	d	U	c	W	k	X	K	O
19)	t	l	p	f	j	i	k	b	d
20)	A	B	C	D	H	I	M	N	O

Oberbegriffe

Bearbeitungszeit 3½ Minuten

Zu jeder Aufgabe erhalten Sie zwei Begriffe. Bitte ermitteln Sie den dazu passenden Oberbegriff und markieren Sie den richtigen Lösungsbuchstaben.

21) Schraubenzieher, Zange

A. Baustelle
B. Reparatur
C. Elektriker
D. Werkzeug
E. Keine Antwort ist richtig.

22) Milch, Käse

A. Obst
B. Cornflakes
C. Eiweiße
D. Molkereiprodukte
E. Keine Antwort ist richtig.

23) Radio, Fernseher

A. CD-Player
B. Nachrichten
C. Bildung
D. Unterhaltungselektronik
E. Keine Antwort ist richtig.

24) China, Japan

A. Kontinent
B. Fernost
C. Europa
D. USA
E. Keine Antwort ist richtig.

25) Albrecht Dürer, Vincent van Gogh

A. Bildhauer
B. Maler
C. Artist
D. Clown
E. Keine Antwort ist richtig.

26) George Washington, John Fitzgerald Kennedy

A. USA
B. Kanzler
C. Präsidenten
D. Mitarbeiter
E. Keine Antwort ist richtig.

27) Festplatte, USB-Speicherstick

A. Datenträger
B. Arbeitsspeicher
C. Computer
D. RAM
E. Keine Antwort ist richtig.

28) Würfel, Quader

A. Körper
B. Kreis
C. Zylinder
D. Fläche
E. Keine Antwort ist richtig.

29) Ampere, Volt

A. Widerstand
B. Elektrizität
C. Spannung
D. Leitung
E. Keine Antwort ist richtig.

30) Schildkröte, Schlange

A. Reptil
B. Säugetier
C. Krokodil
D. Amphibie
E. Keine Antwort ist richtig.

Wortanalogien

Bearbeitungszeit 3½ Minuten

In diesem Abschnitt wird Ihre Fähigkeit zu logischem Denken im sprachlichen Bereich geprüft.

Pro Aufgabe erhalten Sie zwei Wörter, die in einer bestimmten Beziehung zueinander stehen. Eine ähnliche Beziehung besteht zwischen einem dritten und vierten Wort. Das dritte Wort wird Ihnen vorgegeben, das vierte sollen Sie in den Antworten A bis E selbst ermitteln.

Hierzu ein Beispiel

Aufgabe

1) **dick** : **dünn** wie
lang : ?

A. hell
B. dunkel
C. schmal
D. kurz
E. schlank

Antwort

(D.) kurz

Gesucht wird ein Begriff, zu dem sich „lang" genauso verhält wie „dick" zu „dünn". Da „dick" das Gegenteil von „dünn" ist, muss nun ein Gegenbegriff zu „lang" gefunden werden. Von den Wahlwörtern kommt dafür nur „kurz" infrage; Lösungsbuchstabe ist daher das D.

Bitte bearbeiten Sie nun die Aufgaben: Vervollständigen Sie die Wortgleichung, indem Sie den richtigen Lösungsbuchstaben markieren.

31) **schrill** : **Ohr** wie
scharf : ?

A. süß
B. sauer
C. Auge
D. Zunge
E. Messer

32) **Eisen** : **feilen** wie
Holz : ?

A. kleben
B. leimen
C. färben
D. hobeln
E. behandeln

33) **erinnern** : **vergessen** wie
finden : ?

A. schweigen
B. vergessen
C. behalten
D. entdecken
E. verlieren

34) **messen** : **schätzen** wie
wissen : ?

A. raten
B. vermuten
C. behaupten
D. sagen
E. prüfen

35) **addieren** : **subtrahieren** wie
multiplizieren : ?

A. reduzieren
B. tangieren
C. quadrieren
D. lavieren
E. dividieren

36) **viel** : **wenig** wie
alles : ?

A. nichts
B. etwas
C. ein wenig
D. ausreichend
E. kaum

37) **groß** : **klein** wie
dick : ?

A. leicht
B. weich
C. dünn
D. fest
E. flüssig

38) **Schweiz** : **Franken** wie
Schweden : ?

A. Norwegen
B. König
C. Krone
D. Rubel
E. Zepter

39) **Kegel** : **Raum** wie
Rechteck : ?

A. Dimension
B. Fläche
C. Linie
D. Punkt
E. Gerade

40) **Äquator** : **Breitengrad** wie
Nullmeridian : ?

A. Querstreifen
B. Längengrad
C. Höhengrad
D. Koordinate
E. Datumsgrenze

Schlussfolgerungen *Bearbeitungszeit 5 Minuten*

Jede Aufgabe konfrontiert Sie mit mehreren Aussagen. Welche Schlussfolgerung lässt sich daraus ziehen? Ob die Aussagen in einem sinnvollen Bezug zur Realität stehen, ist hierbei unerheblich.

41) Welche Schlussfolgerung ist logisch richtig, wenn die folgende Behauptung zugrunde gelegt wird? „Marc ist unbegabt. Wenn Marc unbegabt ist, dann malt er gerne."

A. Marc ist begabt und malt gerne.
B. Marc ist unbegabt und malt gerne.
C. Marc malt nicht gerne.
D. Marc ist begabt und malt nicht gerne.
E. Keine Antwort ist richtig.

42) Welches Wetter ist am schönsten?

¬ Regenwetter ist nicht so schön wie Strandwetter.
¬ Winterwetter ist schöner als das Wetter im April.
¬ Strandwetter ist nicht ganz so schön wie Winterwetter.

A. Regenwetter
B. Winterwetter
C. Strandwetter
D. Das Wetter im April
E. Keine Antwort ist richtig.

43) „Wenn Leute Sachen bauen, dann sind sie froh. Wenn Leute Sachen sehen, dann sind sie nicht froh. Leute sehen Sachen oder haben Angst. Leute bauen Sachen. Also …"

A. sehen Leute Sachen.
B. sind Leute nicht froh.
C. haben Leute keine Angst.
D. haben Leute Angst.
E. Keine Antwort ist richtig.

44) Wer weiß am meisten?

¬ Sinan weiß mehr als Anja.

¬ Pierre weiß weniger als Anja.

¬ Pierre weiß mehr als Sarah.

¬ Charlene weiß fast genauso viel wie Pierre.

A. Anja
B. Sinan
C. Sarah
D. Pierre
E. Keine Antwort ist richtig.

45) Welcher Weg ist am breitesten?

¬ Der Wanderweg ist schmaler als der Radweg.

¬ Auf dem Holzweg kann man zu dritt nebeneinander gehen, auf dem Überweg nur zu zweit.

¬ Der Gehweg ist weniger breit als der Rechtsweg.

¬ Der Rechtsweg bietet weniger Breite als der Radweg, aber mehr als der Holzweg.

A. Holzweg
B. Radweg
C. Gehweg
D. Rechtsweg
E. Keine Antwort ist richtig.

46) „Wenn Mehmet auf seinen Lehrer hört und die Mathearbeit ernst nimmt, wird er heute Mittag nicht zum Training kommen. Mehmet wird heute Mittag nicht zum Training kommen. Also …"

A. nimmt Mehmet die Mathearbeit nicht ernst.
B. nimmt Mehmet die Mathearbeit ernst.
C. hört Mehmet nicht auf seinen Lehrer und nimmt die Mathearbeit ernst.
D. kann man nicht sicher wissen, ob Mehmet die Mathearbeit ernst nimmt.
E. Keine Antwort ist richtig.

47) Wer hat das Schachturnier gewonnen?

¬ Paul und Angela haben Remis gespielt.

¬ Barbara hat Paul, Martin und Angela geschlagen.

¬ Tanja hat gegen Barbara verloren, aber gegen Paul und Angela gewonnen.

¬ Martin hat gegen Angela eine Niederlage erlitten.

¬ Wilhelm musste sich nur Barbara geschlagen geben und hat alle anderen besiegt.

A. Angela
B. Barbara
C. Martin
D. Tanja
E. Keine Antwort ist richtig.

48) Welche Währung ist am härtesten?

¬ Der Bonar ist härter als der Kinar.

¬ Der Kabint konnte sich nach einem zwischenzeitlichen Einbruch gegenüber dem Kinar behaupten und bleibt härter.

¬ Der Quin hat gegenüber dem Kabint nachgelassen, der aber immer noch etwas weicher ist.

¬ Der Unterschied vom Quin zum Bonar ist größer als jener vom Quin zum Kinar.

A. Bonar
B. Kinar
C. Kabint
D. Quin
E. Keine Antwort ist richtig.

49) „Kühe können fliegen, weil sie Flügel haben. Vögel haben keine Flügel. Also …"

A. ist Fliegen ohne Flügel nicht möglich.
B. können alle Vögel nicht fliegen.
C. können alle Kühe auch ohne Flügel fliegen.
D. können Kühe fliegen.
E. Keine Antwort ist richtig.

50) „Eine Schwalbe macht noch keinen Sommer. Zwei Schwalben machen einen Sommer, aber nur, wenn es kalt ist. Wenn es regnet, ist es kalt. Wenn die Sonne scheint, regnet es. Die Sonne scheint. Also …"

A. ist es im Sommer warm.
B. machen zwei Schwalben noch keinen Sommer.
C. macht eine Schwalbe einen Sommer.
D. machen zwei Schwalben einen Sommer.
E. Keine Antwort ist richtig.

Kombinationsvermögen

Bearbeitungszeit 5 Minuten

Um die Aufgaben zu lösen, müssen Sie die benötigten Informationen aus den vorangestellten Aussagen herausfiltern und richtig miteinander verknüpfen.

I. Vier Freunde

Anton, Berta, Cesar und Dora wohnen in derselben Stadt in verschiedenen Straßen: Einer wohnt in der Frankfurter Straße, einer in der Berliner Straße, einer in der Hamburger Straße und einer in der Münchener Straße.

Satz a) Anton wohnt in einer Parallelstraße der Münchener Straße.

Satz b) Cesar wohnte früher in der Hamburger Straße und würde heute gern in der Münchener Straße leben.

Satz c) Berta wohnt nicht an den Kreuzungen Münchener Straße/Berliner Straße und Hamburger Straße/Münchener Straße.

Satz d) Berta und Dora können es sich nicht leisten, in der Berliner Straße zu wohnen.

51) In welcher Straße wohnt Anton?

A. Frankfurter Straße
B. Berliner Straße
C. Hamburger Straße
D. Münchener Straße
E. Es gibt keine eindeutige Lösung.

52) In welcher Straße wohnt Cesar?

A. Frankfurter Straße
B. Berliner Straße
C. Hamburger Straße
D. Münchener Straße
E. Es gibt keine eindeutige Lösung.

53) In welcher Straße wohnt Dora?

A. Frankfurter Straße
B. Berliner Straße
C. Hamburger Straße
D. Münchener Straße
E. Es gibt keine eindeutige Lösung.

II. Drei Sportler

Herr Hüllen, Herr Gültig und Herr Färber sind leidenschaftliche Sportler. Jeder bevorzugt eine andere Sportart: Einer joggt, einer schwimmt, einer fährt Rad.

Aussage a) Herr Gültig und der Schwimmer besuchen das gleiche Fitnessstudio.

Aussage b) Herr Färber spielt mit dem Radfahrer gelegentlich Tennis.

Aussage c) Herr Gültig mag Radfahren gar nicht.

54) Wer ist der Radfahrer?

A. Herr Hüllen
B. Herr Gültig
C. Herr Färber
D. Keiner der drei
E. Die Aussagen widersprechen sich; es gibt keine Lösung.

55) Wer ist der Jogger?

A. Herr Hüllen
B. Herr Gültig
C. Herr Färber
D. Keiner der drei
E. Die Aussagen widersprechen sich; es gibt keine Lösung.

Bedingungen

Bearbeitungszeit 10 Minuten

Nun geht es um Ihren analytischen Scharfsinn.

Welche Angaben brauchen Sie, um die Fragestellung eindeutig zu beantworten? Bitte markieren Sie jeweils den richtigen Lösungsbuchstaben.

56) Wie groß ist Winkel β? Um die Aufgabe zu lösen, brauchen Sie …

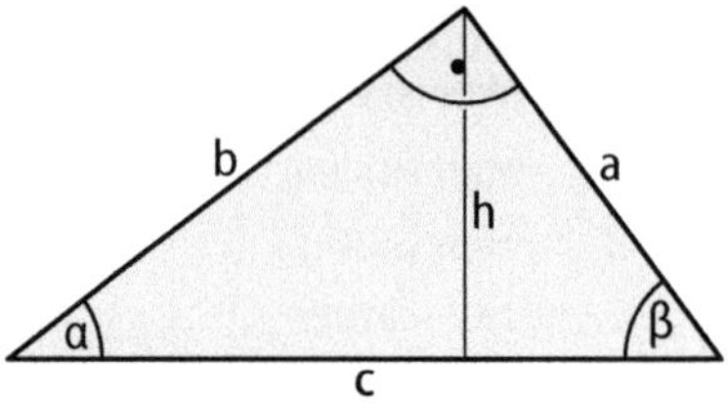

A. die Seiten a und c.
B. die Seiten b und c.
C. Höhe h und Winkel α.
D. nur Winkel α.
E. Keine Antwort ist richtig.

57) Welche Aussage(n) brauchen Sie, um die gesuchte Zahl zu ermitteln?

a) Die gesuchte Zahl ist eine Quadratzahl.
b) Die gesuchte Zahl ist durch 2 teilbar.
c) Die gesuchte Zahl ist größer als 2 und kleiner als 8.

A. Nur Aussage a)
B. Nur Aussage b)
C. Nur Aussage c)
D. Aussagen a) und c)
E. Keine Antwort ist richtig.

58) Welche Aussagen brauchen Sie, um herauszufinden, welches Durchschnittstempo Tom auf seiner letzten Radtour erreicht hat?

a) Mit seinem neuen Rad kann Tom doppelt so schnell fahren wie mit seinem alten.

b) Bei seiner letzten Radtour war Tom 2,5 Stunden lang im Sattel unterwegs.

c) Mit seinem alten Fahrrad ist Tom einmal 35 km/h schnell gefahren.

d) Toms letzte Radtour ging über eine Strecke von 50 Kilometern.

A. Aussagen a) und b)
B. Aussagen c) und d)
C. Aussagen b) und d)
D. Aussagen a) und c)
E. Keine Antwort ist richtig.

59) Welche Aussage(n) brauchen Sie, um herauszufinden, wie hoch der Zinssatz für das Tagesgeld ist?

a) Am Ende des ersten Jahres sind inklusive Zinsen 1.020 Euro auf dem Tagesgeldkonto.

b) Der Zinssatz für das Sparbuch ist halb so hoch wie für das Tagesgeld.

c) Im ersten Jahr wirft das Tagesgeld 20 Euro Zinsen ab.

d) Auf dem Sparbuch hätte derselbe Anlagebetrag im gleichen Zeitraum nur 10 Euro Zinsen eingebracht.

A. Aussagen a) und c)
B. Aussagen b) und d)
C. Nur Aussage b)
D. Nur Aussage c)
E. Keine Antwort ist richtig.

60) Welche Aussagen brauchen Sie, um herauszufinden, ob Ali und Ina gleich alt sind?

a) Lea ist nicht jünger als Jan.

b) Wenn Ali jünger ist als Jan, ist Ina auch jünger als Jan.

c) Wenn Ali und Ina gleich alt sind, ist Ali älter als Pia.

d) Wenn Kim und Ben gleich alt sind, sind auch Ali und Ina gleich alt.

e) Wenn Ali älter ist als Pia, ist Lea jünger als Jan.

A. Aussagen a), b) und c)

B. Aussagen c), d) und e)

C. Aussagen b), c) und d)

D. Aussagen a), c) und e)

E. Keine Antwort ist richtig.

61) Welche Aussagen brauchen Sie, um herauszufinden, an welchem Wochentag der Termin stattfindet?

a) Heute ist nicht Dienstag.

b) Der Termin findet 2 Tage nach übermorgen statt.

c) Morgen ist 2 Tage nach Freitag.

d) Gestern waren es bis zum Termin noch 5 Tage.

A. Aussagen a) und b)

B. Aussagen b) und d)

C. Aussagen a) und c)

D. Aussagen c) und d)

E. Keine Antwort ist richtig.

62) Welche Aussage(n) brauchen Sie, um herauszufinden, wie viele Kilogramm Heu die Pferde im Stall pro Woche insgesamt fressen?

a) Der Hengst Caligula frisst pro Tag 5 kg Heu.

b) Die Stute Abbey frisst pro Woche 30 kg Heu.

c) Drei der Pferde fressen zusammen 430 kg Heu pro Monat.

d) Neben Caligula sind noch sechs weitere Pferde im Stall.

e) Pro Jahr fressen die Pferde zusammen 8 Ballen Heu.

f) Außer Abbey fressen alle Pferde gleich viel.

A. a), b), d), e)

B. a), b), c), d)

C. b), c), d), e)

D. a), b), d), f)

E. Keine Antwort ist richtig.

63) Gegeben sind folgende Gleichungen:

$x + y + z = 18$

$3x = z$

$z = 6y$

$x = 2y$

Um x, y und z zu berechnen, brauchen Sie …

A. nur eine der angegebenen Gleichungen.

B. nur zwei der angegebenen Gleichungen.

C. nur drei der angegebenen Gleichungen.

D. alle vier angegebenen Gleichungen.

E. Keine Antwort ist richtig.

64) An einem Tag dreht sich die Erde einmal um die eigene Achse. Wie schnell dreht sich ein Haus um die Erdachse, das genau auf der Äquatorlinie steht? Um die Aufgabe zu lösen, brauchen Sie zusätzlich …

A. keine weiteren Angaben.
B. den Erdumfang.
C. die Strecke vom Haus zum Erdmittelpunkt und den Erdumfang.
D. den Erdumfang und die Strecke vom Haus zur Sonne.
E. Keine Antwort ist richtig.

65) Wie viele Aussagen brauchen Sie mindestens, um herauszufinden, welchen Preis Mia für die benötigte Farbe zahlt?

a) Mia will die Wand an einer Querseite des Wohnzimmers streichen.
b) Beim Kauf der Farbe bekommt Mia 10 % Rabatt auf den Normalpreis.
c) Das Wohnzimmer hat eine Bodenfläche von 36 m^2.
d) Das Wohnzimmer ist rechteckig und 2,50 m hoch.
e) Der Normalpreis für 1 l Farbe sind 3 €.
f) Eine Längsseite des Wohnzimmers ist 9 m lang.
g) Für 1 m^2 Fläche braucht Mia 200 ml Farbe.

A. Mindestens vier Aussagen
B. Mindestens fünf Aussagen
C. Mindestens sechs Aussagen
D. Man braucht alle Aussagen.
E. Keine Antwort ist richtig.

Symbolrechnen

Bearbeitungszeit 5 Minuten

In jeder Aufgabe stehen gleiche Symbole für gleiche Zahlen. Jedes Symbol repräsentiert eine Zahl von 0 bis 9, zwei zusammengezogene Symbole entsprechen einer zweistelligen Zahl. Welche Zahl wird durch das gesuchte Symbol ausgedrückt?

Hierzu ein Beispiel

Aufgabe

1) Für welche Zahl steht das Symbol Ω?

$$\Omega \times \Omega = \Omega$$

A. 4
B. 3
C. 2
D. 1
E. Keine Antwort ist richtig.

Antwort

(D.) 1

Gesucht wird eine Zahl, die mit sich selbst multipliziert sich selbst zum Ergebnis hat – von den Auswahlmöglichkeiten kommt nur die 1 infrage: $1 \times 1 = 1$.

Bitte bearbeiten Sie nun die Aufgaben: Markieren Sie jeweils den Lösungsbuchstaben des richtigen Antwortvorschlags.

66) Für welche Zahl steht das Symbol Δ?

$$\Delta^2 = \Delta + \Delta + \Delta$$

A. 1
B. 3
C. 9
D. 2
E. Keine Antwort ist richtig.

67) Für welche Zahl steht das Symbol Δ?

$$\Delta\Delta = \Delta + \Delta$$

A. 2
B. 1
C. 3
D. 4
E. Keine Antwort ist richtig.

68) Für welche Zahl steht das Symbol Δ?

$$\Delta 2 - 1\Delta = \Psi 8$$

A. 1
B. 2
C. 4
D. 8
E. Keine Antwort ist richtig.

69) Für welche Zahl steht das Symbol Π?

$$\Pi 5 \times \Pi + \Pi = 5\Pi$$

A. 3
B. 1
C. 6
D. 2
E. Keine Antwort ist richtig.

70) Für welche Zahl steht das Symbol Π?

$$(\Omega + 1) \times \Pi = \Omega + 2 + \Omega$$

A. 1
B. 9
C. 2
D. 3
E. Keine Antwort ist richtig.

71) Für welche Zahl steht das Symbol Δ?

$$(2 + \Psi) \times \Delta = \Delta$$

A. 1
B. 3
C. 5
D. 0
E. Keine Antwort ist richtig.

72) Für welche Zahl steht das Symbol Ψ?

$$\partial\Psi - \partial = \Psi\partial$$

A. 3
B. 6
C. 8
D. 1
E. Keine Antwort ist richtig.

73) Für welche Zahl steht das Symbol δ?

$$(\Psi + \delta) \times (\Psi - \delta) = \Psi \times \Psi - 64$$

A. 9
B. 7
C. 8
D. 6
E. Keine Antwort ist richtig.

74) Für welche Zahl steht das Symbol Λ?

$$\sqrt{\Psi\Lambda\Lambda} = \Omega\Lambda$$

A. 3

B. 5

C. 1

D. 0

E. Keine Antwort ist richtig.

75) Für welche Zahl steht das Symbol Π?

$$\Delta\Delta \times \Omega = \Omega\Pi + \Omega$$

A. 0

B. 3

C. 6

D. 8

E. Keine Antwort ist richtig.

Schaubilder interpretieren *Bearbeitungszeit 2½ Minuten*

Sind die folgenden Aussagen zum vorliegenden Schaubild korrekt? Bitte entscheiden Sie sich für „stimmt" oder „stimmt nicht".

Bundestagswahlen

Zweitstimmenanteile in Prozent von 1998 bis 2017, ausgewiesen für alle nach 2017 im Bundestag vertretenen Parteien bzw. deren Vorgängerparteien

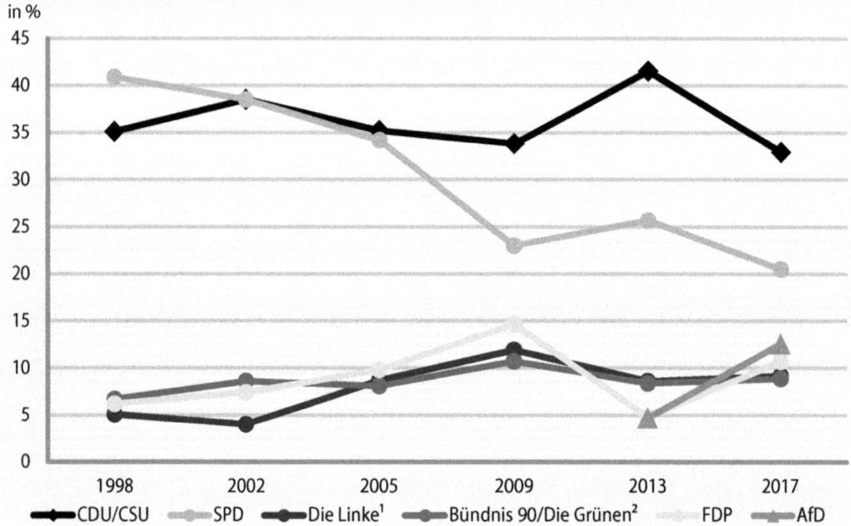

Quelle: Der Bundeswahlleiter; [1] bis 2005 PDS, [2] bis 1994 Grüne (West) und Bündnis 90/Grüne (Ost)

76) Das Wahlbündnis CDU/CSU konnte bei jeder Wahl die meisten Stimmen auf sich vereinen.

☐ stimmt ☐ stimmt nicht

77) Immer wenn die SPD Stimmen verliert, sinkt auch der Anteil von CDU/CSU.

☐ stimmt ☐ stimmt nicht

78) Vom Stimmenrückgang der großen Parteien konnten 2009 alle kleinen Parteien profitieren.

☐ stimmt ☐ stimmt nicht

79) Wenn CDU/CSU die meisten Stimmen auf sich vereinen, erreicht auch die FDP mehr Stimmen als die Grünen.

☐ stimmt ☐ stimmt nicht

80) Die Linke erzielte 2009 ihr bestes Wahlergebnis seit 1998.

☐ stimmt ☐ stimmt nicht

Lösungen: Logisches Denkvermögen

1) D	28) A	55) B
2) B	29) B	56) D
3) C	30) A	57) D
4) A	31) D	58) C
5) D	32) D	59) A
6) B	33) E	60) D
7) B	34) B	61) D
8) D	35) E	62) D
9) D	36) A	63) C
10) A	37) C	64) B
11) P	38) C	65) D
12) 2	39) B	66) B
13) S	40) B	67) A
14) 8g	41) B	68) C
15) 15	42) B	69) D
16) 53	43) D	70) C
17) B	44) B	71) D
18) K	45) B	72) C
19) i	46) D	73) C
20) D	47) B	74) D
21) D	48) A	75) A
22) D	49) D	76) stimmt nicht
23) D	50) D	77) stimmt nicht
24) B	51) A	78) stimmt
25) B	52) B	79) stimmt nicht
26) C	53) E	80) stimmt
27) A	54) A	

Zahlenreihen (Aufgaben 1–10)

Zu 1) D. 46

$x \mid y \mid x+2 \mid y+1 \mid x+2+2 \mid y+1+1 \mid x+2+2+2$

Zu 2) B. 23

$+6 \mid -5 \mid +4 \mid -3 \mid +2 \mid -1$

Zu 3) C. 43

$-7 \mid -6 \mid -5 \mid -4 \mid -3$

Zu 4) A. 12

$x \mid x \times 3 \mid x \times 6 \mid y \mid y \times 3 \mid y \times 6 \mid z \mid z \times 3$

Zu 5) D. 144

$\times 4 \mid \times 3 \mid \div 2 \mid \times 4 \mid \times 3 \mid \div 2 \mid \times 4$

Zu 6) B. 16

$+1 \mid +2 \mid -3 \mid +4 \mid +5 \mid -6 \mid +7$

Zu 7) B. 5

$\div 1 \mid \div 2 \mid \div 3 \mid \div 4$

Zu 8) D. 81

$-3 \mid \times 3 \mid +3 \mid -3 \mid \times 3$

Zu 9) D. 56

Addieren Sie die Quadratzahlen in aufsteigender Folge:

$+1 \mid +4 \mid +9 \mid +16 \mid +25$

Zu 10) A. –200

$\times 2 \mid -4 \mid \times 6 \mid -8 \mid \times 10$

Ein Element passt nicht hinein (Aufgaben 11–20)

Zu 11)	S	RR	Q	~~P~~	O	NN	M	LL	K

Die Reihe läuft alphabetisch rückwärts, wobei jeder zweite Buchstabe doppelt genannt wird. Anstelle des P müsste daher PP stehen.

Zu 12)	1	5	2	6	3	7	~~2~~	8	5

Hier wird im Wechsel 4 addiert und 3 subtrahiert. Das siebte Element ist fehl am Platze; anstelle der „2" müsste eine „4" stehen.

Zu 13)	5	u	10	p	15	~~S~~	20	f	25

Hier wechselt sich eine Zahlenfolge, die in Fünferschritten wächst, mit Kleinbuchstaben ab. Das sechste Element sprengt diese Reihe mit einem Großbuchstaben.

Zu 14)	13m	5E	19S	17q	9I	11K	~~8g~~	4D	20T

Jede Zahl entspricht der alphabetischen Position des nebenstehenden Buchstabens. Das siebte Element hält sich nicht an diese Regel; statt „8g" müsste es „7g" oder „8h" heißen.

Zu 15)	19	31	~~15~~	41	23	37	29	11	13

Die Reihe besteht aus Primzahlen, also Zahlen, die nur durch 1 und sich selbst ohne Rest teilbar sind. Das dritte Element fällt daher aus der Reihe.

Zu 16)	x	24	j	~~53~~	w	46	g	80	d

Hier wechseln sich Kleinbuchstaben mit geraden Zahlen ab. Das vierte Element fällt mit einer ungeraden Zahl aus der Reihe.

Zu 17)	Z	A	Y	A	~~B~~	A	W	A	V

Hier wechselt sich eine Buchstabenreihe, die alphabetisch rückwärts läuft (Z, Y, X …) mit dem Buchstaben A ab. Anstelle des B müsste daher ein X stehen.

Zu 18)	B	d	U	c	W	k	X	~~K~~	O

Hier wechseln sich groß- (B, U, W …) und kleingeschriebene Buchstaben (d, c, k …) ab, das K fällt daher aus der Reihe.

Zu 19)	t	l	p	f	j	~~i~~	k	b	d

Das i ist der einzige Vokal der Reihe, die sonst nur aus Konsonanten besteht.

Zu 20)	A	B	C	~~D~~	H	I	M	N	O

Hier werden die Buchstaben in alphabetischer Folge aufgezählt, wobei nach jeweils drei Buchstaben die drei Folgebuchstaben ausgelassen werden. Anstelle des D müsste daher ein G stehen.

Oberbegriffe (Aufgaben 21–30)

Zu 21) D. Werkzeug

Schraubenzieher und Zange sind Werkzeuge.

Zu 22) D. Molkereiprodukte

Milch und Käse sind Molkereiprodukte.

Zu 23) D. Unterhaltungselektronik

Radio- und Fernsehgeräte fallen in den Bereich der Unterhaltungselektronik.

Zu 24) B. Fernost

Mit Fernost bezeichnet man eine Region im Osten Asiens, zu der auch China und Japan gehören. Da der Ausdruck von einem eurozentrischen Standpunkt ausgeht und historisch eng mit dem europäischen Imperialismus verbunden ist, wird er heutzutage meist durch „Ostasien" ersetzt.

Zu 25) B. Maler

Albrecht Dürer war ein deutscher und Vincent van Gogh ein holländischer Maler.

Zu 26) C. Präsidenten

George Washington und John Fitzgerald Kennedy waren zwei bedeutende amerikanische Präsidenten.

Zu 27) A. Datenträger

Festplatte und USB-Speicherstick sind Datenträger. Sie fallen zwar ebenfalls unter den Oberbegriff „Computer", werden aber durch die Bezeichnung „Datenträger" genauer definiert.

Zu 28) A. Körper

Würfel und Quader sind Körper, das heißt dreidimensionale geometrische Gebilde.

Zu 29) B. Elektrizität

Ampere und Volt sind Maßeinheiten aus dem Bereich der Elektrizität: In Ampere werden Stromstärken angegeben, in Volt Spannungen.

Zu 30) A. Reptil

Schildkröte und Schlange gehören zur Gruppe der Reptilien.

Wortanalogien (Aufgaben 31–40)

Zu 31) D. Zunge

Geräusche werden über das Ohr wahrgenommen, Geschmacksrichtungen über die Zunge.

Zu 32) D. hobeln

Durch Feilen kann man Späne von Eisenteilen abtragen, durch Hobeln Späne von Holzstücken.

Zu 33) E. verlieren

„Erinnern" ist das Gegenteil zu „vergessen", so wie „finden" das Gegenteil von „verlieren" ist.

Zu 34) B. vermuten

Das präzise Messen verhält sich zum ungefähren Schätzen eines Werts wie das sichere Wissen um einen Sachverhalt zum unsicheren Vermuten.

Zu 35) E. dividieren

Addition und Subtraktion – Zusammenzählen und Abziehen – sind die grundlegenden Vorgänge der Strichrechnung. Zusammen mit den Punktrechnungen Multiplikation (Malnehmen) und Division (Teilen) bilden sie die Grundrechenarten.

Zu 36) A. nichts

Das erste Wortpaar stellt eine große Menge (viel) einer kleinen Menge (wenig) gegenüber. Das zweite Paar korreliert die größtmögliche Menge (alles) mit der kleinstmöglichen Menge (nichts).

Zu 37) C. dünn

„Groß" und „klein" sind Gegensätze – ebenso wie „dick" und „dünn".

Zu 38) C. Krone

Der Franken ist die Währung der Schweiz, die Krone ist Schwedens Währung.

Zu 39) B. Fläche

Ein Kegel ist ein Körper im Raum, das zweidimensionale geometrische Gebilde Rechteck befindet sich in der Fläche.

Zu 40) B. Längengrad

Der Äquator ist der 0. Breitengrad, der Nullmeridian der 0. Längengrad.

Schlussfolgerungen (Aufgaben 41–50)

Zu 41) B. Marc ist unbegabt und malt gerne.

Hier handelt es sich um die logische Form des Modus ponens, der bestimmt: Wenn die Bedingung X erfüllt ist („wenn Marc unbegabt ist"), dann gilt auch Y („dann malt er gerne"). Da Marc laut den angegebenen Prämissen unbegabt ist, malt er demzufolge auch gerne – Antwort B stimmt. Die Antworten A und D fallen weg, da „Marc ist begabt" nicht zutrifft, denn er ist laut Prämissen unbegabt. Zudem trifft Antwort C nicht zu, da sich wie gezeigt schlussfolgern lässt, dass Marc gerne malt.

Zu 42) B. Winterwetter

Winterwetter ist am schönsten, denn es ist schöner als das Wetter im April und Strandwetter, welches wiederum schöner ist als Regenwetter.

Zu 43) **D.** haben Leute Angst.

Laut Satz 4 bauen Leute Sachen, folglich sind sie froh (Satz 1). Das bedeutet wiederum, dass sie gerade keine Sachen sehen, denn in diesem Fall wären sie nicht froh (Satz 2). Vor dem Hintergrund von Satz 3 führt das zu dem Schluss: Leute haben Angst.

Zu 44) **B.** Sinan

Sinan weiß am meisten. Er weiß mehr als Anja, die wiederum mehr weiß als Pierre, und der weiß mehr als Sarah und Charlene. Die Reihenfolge der Personen nach Wissensstand lautet: Sinan, Anja, Pierre, Sarah und Charlene.

Zu 45) **B.** Radweg

Nach den ersten drei Sätzen kommen der Radweg, der Holzweg und der Rechtsweg infrage. Die letzte Aussage ordnet die Verhältnisse dieser drei Wege zueinander – am breitesten ist demnach der Radweg.

Zu 46) **D.** kann man nicht sicher wissen, ob Mehmet die Mathearbeit ernst nimmt.

Vorsicht, Falle: „Wenn Mehmet die Mathearbeit ernst nimmt" ist nicht dasselbe wie „nur wenn Mehmet die Mathearbeit ernst nimmt". Es könnte noch andere Gründe geben, die Mehmet vom Training abhalten – zum Beispiel eine strenge Mutter oder ein Unfall. Man kann also nicht sicher wissen, ob Mehmet auf seinen Lehrer hört und die Mathearbeit ernst nimmt; Vorschlag D stimmt.

Zu 47) **B.** Barbara

Da Barbara gegen jeden ein Spiel gewonnen hat, ist sie die Siegerin. Die richtige Reihenfolge der Spielstärke nach lautet: Barbara, Wilhelm, Tanja, Angela, Paul, Martin.

Zu 48) **A.** Bonar

Nach den ersten vier Sätzen kommen zwei Währungen infrage: der Bonar, der härter ist als der Kinar, und der Quin, der härter ist als Kabint und Kinar. Den Ausschlag gibt die letzte Aussage: Wenn der Quin mehr Abstand zum Bonar hat als zum Kinar und gleichzeitig stärker ist als Letzterer, muss er zwischen beiden Währungen liegen. Absteigend nach Härte sortiert: Bonar, Quin, Kabint, Kinar.

Zu 49) **D.** können Kühe fliegen.

Die Vorschläge A, B und C sind falsch: Es wird nicht festgestellt, dass Fliegen nur mit Flügeln möglich ist – vielleicht gibt es dafür noch andere Hilfsmittel und Techniken. Somit bleibt nur Antwort D übrig, die den Inhalt der ersten Aussage wiedergibt.

Zu 50) D. machen zwei Schwalben einen Sommer.

Die letzten Verknüpfungen lassen sich nacheinander aufschlüsseln: Die Sonne scheint, also regnet es, und folglich ist es kalt. Wenn es kalt ist, machen wiederum zwei Schwalben einen Sommer: Somit stimmt Lösung D, und die gegensätzliche Antwort B liegt falsch. Vorschlag C widerspricht dem ersten Satz der Aufgabenstellung, und auch Möglichkeit A führt in die Irre – es ist ja gerade kalt, wenn zwei Schwalben einen Sommer machen.

Kombinationsvermögen (Aufgaben 51–55)

I. Vier Freunde

Zu 51) A. Frankfurter Straße

Aus **Satz a)** „Anton wohnt in einer Parallelstraße der Münchener" folgt, dass Anton nicht in der Münchener Straße wohnt. Aus **Satz c)** „Berta wohnt nicht an den Kreuzungen Münchener Straße/Berliner Straße und Hamburger Straße/Münchener Straße" geht hervor, dass weder die Berliner Straße noch die Hamburger Straße parallel zur Münchener Straße verlaufen. Folglich muss Anton in der Frankfurter Straße wohnen.

Straße	Anton	Berta	Cesar	Dora
Frankfurter	**ja**	**nein**	**nein**	**nein**
Berliner	**nein** (Satz c)			
Hamburger	**nein** (Satz c)			
Münchener	**nein** (Satz a)			

Zu 52) B. Berliner Straße

Die Frankfurter Straße scheidet aus, weil dort bereits Anton lebt. Aus **Satz b)** „Cesar wohnte früher in der Hamburger Straße und würde heute gern in der Münchener Straße leben" folgt: In der Hamburger Straße oder der Münchener Straße lebt Cesar aktuell nicht. Somit bleibt für ihn nur die Berliner Straße übrig.

Straße	Anton	Berta	Cesar	Dora
Frankfurter	ja	nein	nein	nein
Berliner	nein (Satz c)	**nein**	**ja**	**nein**
Hamburger	nein (Satz c)		**nein** (Satz b)	
Münchener	nein (Satz a)		**nein** (Satz b)	

Zu 53) E. Es gibt keine eindeutige Lösung.

Wir wissen bereits, dass Dora weder in der Frankfurter Straße noch in der Berliner Straße wohnen kann, denn dort leben Anton und Cesar. **Satz d)** „Berta und Dora können sich die Berliner Straße nicht leisten" enthält somit keine neuen Informationen. Auch **Satz c)** „Berta wohnt nicht an den Kreuzungen Münchener Straße/Berliner Straße oder Hamburger Straße/Münchener Straße" führt nicht weiter. Es gibt also keine eindeutige Lösung.

Straße	Anton	Berta	Cesar	Dora
Frankfurter	ja	nein	nein	nein
Berliner	nein	nein	ja	nein
Hamburger	nein	**?**	nein	**?**
Münchener	nein	**?**	nein	**?**

II. Drei Sportler

Zu 54) A. Herr Hüllen

Aus **Aussage b)** „Herr Färber spielt mit dem Radfahrer gelegentlich Tennis" folgt: Herr Färber kann nicht der Radfahrer sein. Aus **Aussage c)** „Herr Gültig mag Radfahren gar nicht" folgt, dass auch Herr Gültig nicht der Radfahrer ist. Also kann es nur Herr Hüllen sein.

	Herr Hüllen	Herr Gültig	Herr Färber
Jogger	**nein**		
Schwimmer	**nein**		
Radfahrer	**ja**	**nein** (Aussage c)	**nein** (Aussage b)

Zu 55) B. Herr Gültig

Aus **Aussage a)** „Herr Gültig und der Schwimmer besuchen das gleiche Fitnessstudio" folgt: Herr Gültig kann nicht der Schwimmer sein. Aus **Aussage c)** „Herr Gültig mag Radfahren gar nicht" folgt, dass Herr Gültig auch nicht der Radfahrer ist. Also kann er nur der Jogger sein.

	Herr Hüllen	Herr Gültig	Herr Färber
Jogger	nein	**ja**	**nein**
Schwimmer	nein	**nein** (Aussage a)	
Radfahrer	ja	nein (Aussage c)	nein (Aussage b)

Bedingungen (Aufgaben 56–65)

Zu 56) D. nur Winkel α.

Die Summe der Innenwinkel eines Dreiecks beträgt 180°. Im vorliegenden Fall ist einer der Innenwinkel ein rechter Winkel (erkennbar am Punkt im Viertelkreis), deshalb können Sie Winkel β berechnen, wenn Sie Winkel α kennen: $\beta = 180° - 90° - \alpha$.

Zu 57) D. Aussagen a) und c)

Um die gesuchte Zahl zu ermitteln, brauchen Sie die Aussagen a) und c): Es gibt nur eine Quadratzahl zwischen 2 und 8, nämlich 4. Würde man nur eine einzige Aussage nutzen, fände man keine eindeutige Lösung.

Zu 58) C. Aussagen b) und d)

Das Durchschnittstempo ergibt sich aus dem zurückgelegten Weg und der benötigten Zeit. Diese Angaben finden sich in den Sätzen b) und d).

Zu 59) A. Aussagen a) und c)

Die Verweise auf das Sparbuch sind falsche Fährten. Um den Zinssatz zu berechnen, braucht man den in Satz c) angegebenen Zinsbetrag und den Anlagebetrag, der sich aus Satz a) ergibt.

Zu 60) D. Aussagen a), c) und e)

Den logischen Ausgangspunkt bildet Satz c) mit der Feststellung, dass Ali älter ist als Pia, wenn er genauso alt ist wie Ina. In diesem Fall müsste Lea gemäß Aussage e) jünger sein als Jan, was jedoch laut Satz a) nicht zutrifft. Folglich sind Ali und Ina nicht gleich alt.

Zu 61) D. Aussagen c) und d)

Ermitteln Sie zuerst, welcher Tag heute ist. Die Informationen dazu liefert Satz c): Wenn morgen zwei Tage nach Freitag ist, ist morgen Sonntag, also ist heute Samstag. Daran anknüpfen könnte man mit Aussage b) oder d) – beide besagen dasselbe, nämlich dass der Termin von heute aus betrachtet in vier Tagen stattfindet. Als Antwortmöglichkeit ist jedoch nur die Kombination der Sätze c) und d) angegeben.

Zu 62) **D.** a), b), d), f)

Gemäß Satz d) stehen insgesamt sieben Pferde im Stall. Sechs davon fressen laut Satz f) gleich viel – wie viel genau, beziffert Aussage a). Hochgerechnet fressen diese sechs Pferde pro Woche $5 \times 6 \times 7 = 210$ kg. Rechnet man Abbeys Bedarf aus Aussage b) hinzu, kommt man auf insgesamt 240 kg.

Zu 63) **C.** nur drei der angegebenen Gleichungen.

Um alle drei Variablen zu berechnen, brauchen Sie drei der angegebenen Gleichungen – eine davon muss die erste Gleichung sein. Beispielhaft lässt sich die Aufgabe lösen, indem Sie zuerst die Werte für z und x aus der dritten bzw. vierten Gleichung in die erste Gleichung einsetzen und y berechnen:

$x + y + z = 18$

$2y + y + 6y = 18$

$9y = 18 \qquad | \div 2$

$y = 2$

Dieses Ergebnis setzen Sie nun in die Gleichungen 3 und 4 ein, um z und x zu bestimmen:

$z = 6y = 6 \times 2 = 12$

$x = 2y = 2 \times 2 = 4$

Zu 64) **B.** den Erdumfang.

Die Geschwindigkeit berechnet sich aus Weg durch Zeit. Die Zeit ist mit einem Tag angegeben, der Weg ist in diesem Fall der Erdumfang (ungefähr 40.000 km). Die Rechnung lautet also:

$V = 40.000 \text{ km} \div 24 \text{ h}$

$\approx 1.666{,}67 \text{ km/h}$.

Zu 65) **D.** Man braucht alle Aussagen.

Um die Farbkosten zu berechnen, muss man die Menge und den Grundpreis der benötigten Farbe kennen. Letzterer ergibt sich aus den Aussagen b) und e): 1 Liter Farbe kostet rabattiert 2,70 Euro. Mit der Menge ist es etwas komplizierter, denn dafür braucht man zunächst die zu streichende Fläche. Hier helfen die Sätze a), c), d) und f) weiter: Wenn das rechteckige Zimmer 36 Quadratmeter Bodenfläche hat und eine Längsseite 9 Meter lang ist, muss die Querseite 4 Meter lang sein. Multipliziert mit 2,50 Metern Höhe, ergibt sich eine zu streichende Fläche von

10 Quadratmetern. Laut Satz g) braucht man für einen Quadratmeter Fläche 200 Milliliter Farbe – also muss Mia insgesamt 2 Liter kaufen und dafür 5,40 Euro ausgeben.

Symbolrechnen (Aufgaben 66–75)

Zu 66) B. 3

Die Quadratzahl der gesuchten Zahl ist zugleich das Dreifache des gesuchten Werts. Dies trifft nur auf Antwort B zu:

$3^2 = 3 \times 3 = 3 + 3 + 3$

Das Symbol Δ steht also für die Zahl 3.

Zu 67) A. 2

Setzt man die möglichen Lösungen in die Rechnung ein, kommt man schnell zu dem Ergebnis, dass nur 2 die gesuchte Zahl sein kann:

$2^2 = 4; 2 + 2 = 4$

$1^1 = 1; 1 + 1 = 2$

$3^3 = 27; 3 + 3 = 6$

$4^4 = 256; 4 + 4 = 8$

Zu 68) C. 4

Setzt man die Antwortvorschläge für Δ in die Rechnung ein, erkennt man, dass die gesuchte Zahl 4 heißt: Nur dann erhält man die 8 als Endziffer des Ergebnisses. Die Rechnung lautet:

$42 - 14 = 28$

Zu 69) D. 2

Betrachtet man nur die Einerstelle der ersten Zahl (5), erkennt man, dass das Symbol Π für eine gerade Zahl stehen muss. Denn multipliziert man eine Zahl mit der Einerstelle 5 mit einem beliebigen zweiten Wert und zählt diesen zweiten Wert anschließend noch einmal hinzu, führt dies immer zu einem gradzahligen Ergebnis:

$5 \times 1 + 1 = 6$

$15 \times 2 + 2 = 32$

$25 \times 3 + 3 = 78$

Darüber hinaus läge das Ergebnis nicht mehr zwischen 50 und 59, wenn Π für eine Zahl größer als 2 stünde. Korrekt ist demnach Antwort D, das Symbol Π repräsentiert die Zahl 2.

Zu 70) C. 2

Auf der linken Gleichungsseite erhält man durch das Auflösen der Klammer:

$(\Omega + 1) \times \Pi = \Pi\Omega + \Pi$

Auf der rechten Gleichungsseite ergibt sich durch das Zusammenziehen der Ω:

$\Omega + 2 + \Omega = 2\Omega + 2$

Stellt man die umgeformten Ausdrücke nebeneinander, zeigt sich, dass das Symbol Π eine 2 symbolisiert:

$\Pi\Omega + \Pi = 2\Omega + 2$

Zu 71) D. 0

Bei der Multiplikation zweier Faktoren entspricht das Produkt nur dann einem dieser beiden Faktoren, wenn einer der Faktoren 0 oder 1 lautet:

$1 \times 2 = 2$; $1 \times 4 = 4$ usw. (wenn ein Faktor 1 ist)

$1 \times 0 = 0$; $2 \times 0 = 0$ usw. (wenn ein Faktor 0 ist)

Da der erste Faktor durch die Addition gleich oder größer als 2 ist, entfällt die erste Möglichkeit. Somit kann nur Lösung D stimmen. Das Symbol Δ steht für 0.

Zu 72) C. 8

Das Ergebnis Ψ∂ ist die Umkehrzahl des Ausgangswerts ∂Ψ: Erste und zweite Stelle sind vertauscht. Da der Subtrahend ∂ zwischen 0 und 9 liegen muss, kann eine Umkehrzahl nur dann entstehen, wenn ∂ und Ψ genau um 1 auseinanderliegen. Die Differenz zwischen ∂Ψ und Ψ∂ beträgt dann für alle beliebigen Werte immer 9:

$32 - 23 = 9$

$54 - 45 = 9$

$87 - 78 = 9$

Das Symbol ∂ steht also für die Zahl 9. Die Rechnung lautet nun:

$9\Psi - 9 = \Psi 9$

Das Symbol Ψ repräsentiert folgerichtig die Zahl 8:

$98 - 9 = 89$

Zu 73) C. 8

Die Aufgabenstellung liegt in Form der dritten Binomischen Formel vor, für die gilt:

$(a + b) \times (a - b) = a^2 - b^2$

$(\Psi + \delta) \times (\Psi - \delta) = \Psi \times \Psi - 64$

64 ist demnach die Quadratzahl von δ. Die Wurzel von 64 ist 8.

Zu 74) D. 0

Die Einerzahl der zweistelligen Wurzel entspricht dem Zehner- und Einerwert der dreistelligen Quadratzahl. Dies ist nur dann möglich, wenn das Symbol Λ für die Zahl 0 steht:

$\sqrt{400} = 20$

$\sqrt{900} = 30$

Zu 75) A. 0

Die rechte Gleichungsseite (ΩΠ + Ω) kann maximal den Wert 107 annehmen (98 + 9 = 107). Die linke Seite der Gleichung darf demnach nur zu einer zweistelligen Elferzahl (11, 22, 33…) im Zahlenraum bis 99 führen: Eine größere Zahl (z. B. $22 \times 5 = 110$) wäre auf der rechten Gleichungsseite nicht erreichbar.

Wenn die Multiplikation $\Delta\Delta \times \Omega$ nun eine zweistellige Elferzahl darstellt, bei der Zehner- und Einerstelle identisch sind, gilt das auch für die Addition $\Omega\Pi + \Omega$. Am einfachsten wäre es, wenn Π für 0 stünde – dann könnte Ω beliebige Werte von 1–9 annehmen, damit als Ergebnis die Elferzahl $\Omega\Omega$ resultiert. Und tatsächlich bestätigt sich diese Annahme in Vorschlag A.

Schaubilder interpretieren (Aufgaben 76–80)

Zu 76) stimmt nicht

Die Aussage ist falsch. 1998 erreichte die SPD mit 40,9 Prozent der Stimmen einen deutlichen Vorsprung gegenüber den Unionsparteien CDU/CSU, die bei Bundestagswahlen stets gemeinsam antreten. Bei der darauffolgenden Wahl 2002 lagen SPD und CDU/CSU mit jeweils 38,5 Prozent gleichauf.

Zu 77) stimmt nicht

Die Aussage trifft nicht zu. Solange man nur die Wahlergebnisse nach 2002 betrachtet, scheint sie zwar korrekt zu sein, doch vorher verlief die Entwicklung entgegengesetzt.

Zu 78) stimmt

Die Aussage ist richtig. Von 2002 bis 2009 ist der Stimmenanteil der großen Volksparteien CDU/CSU und SPD immer weiter gesunken. Die drei kleineren Parteien (FDP, Grüne, Die Linke) konnten 2009 dagegen zum Teil deutliche Zuwächse verbuchen.

Zu 79) stimmt nicht

Die Aussage ist falsch. Sind die Unionsparteien CDU/CSU erfolgreich, spricht man zwar häufig von einer Stärke des bürgerlichen Lagers, womit auch die FDP gemeint ist. Doch damit geht nicht zwingend ein Vorsprung der FDP gegenüber den Grünen einher, wie das Wahlergebnis von 2013 zeigt.

Zu 80) stimmt

Die Aussage ist richtig. Mit 11,9 Prozent der abgegebenen Zweitstimmen bedeutet das Wahlergebnis 2009 für Die Linke das beste Abschneiden bei einer Bundestagswahl überhaupt.

Visuelles Denkvermögen

Figurenreihen *Bearbeitungszeit 5 Minuten*

Jede Figurenreihe ist so aufgebaut, dass sich ein logischer Zusammenhang zwischen den einzelnen Abbildungen ergibt. Welche der zur Auswahl gestellten Figuren setzt die Reihe fort?

Hierzu ein Beispiel

Aufgabe

1)

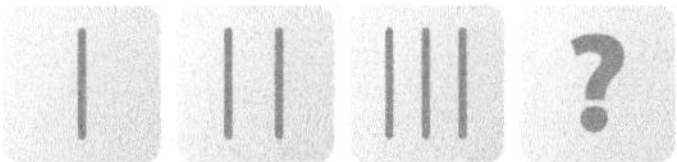

Welche Figur setzt die Reihe logisch fort?

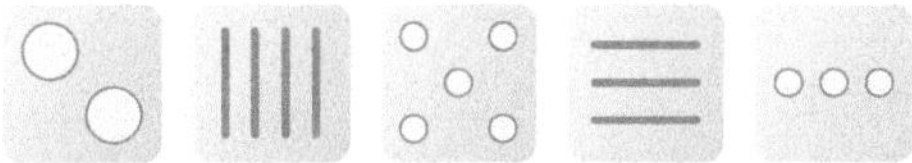

A B C D E

Antwort

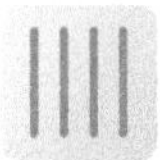

(B)

Die Abbildungen zeigen eine steigende Anzahl senkrechter Striche – Figur B setzt diese Reihe logisch fort.

Bitte bearbeiten Sie nun die Aufgaben: Markieren Sie jeweils den Lösungsbuchstaben des richtigen Antwortvorschlags. Sie haben dafür **5 Minuten** Zeit.

1)

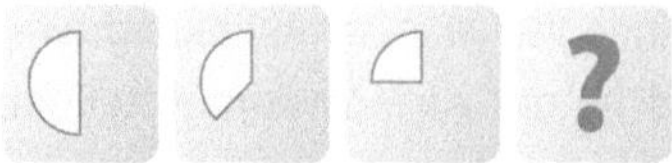

Welche Figur setzt die Reihe logisch fort?

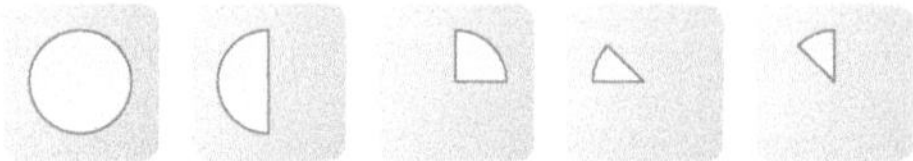

A B C D E

2)

Welche Figur setzt die Reihe logisch fort?

A B C D E

3)

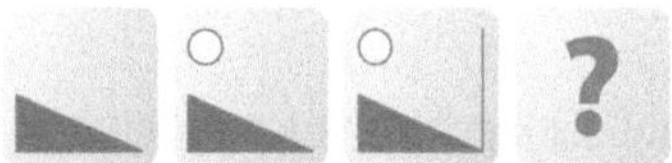

Welche Figur setzt die Reihe logisch fort?

A B C D E

4)

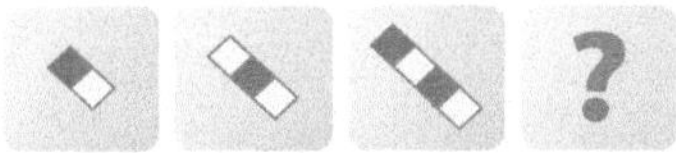

Welche Figur setzt die Reihe logisch fort?

A B C D E

5)

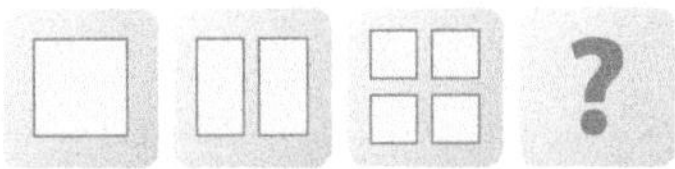

Welche Figur setzt die Reihe logisch fort?

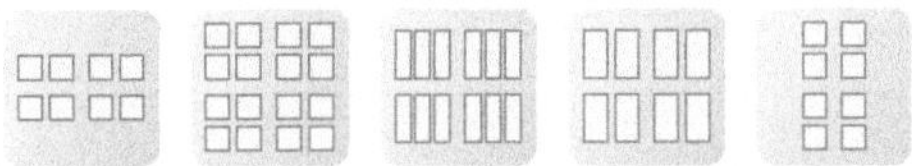

A B C D E

6)

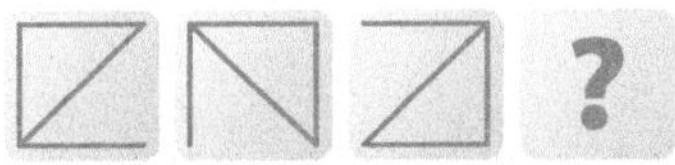

Welche Figur setzt die Reihe logisch fort?

A B C D E

7)

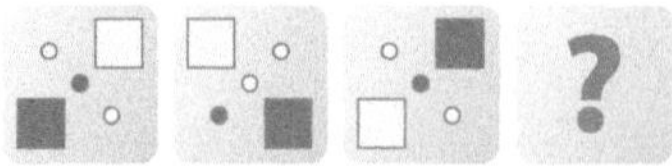

Welche Figur setzt die Reihe logisch fort?

A B C D E

8)

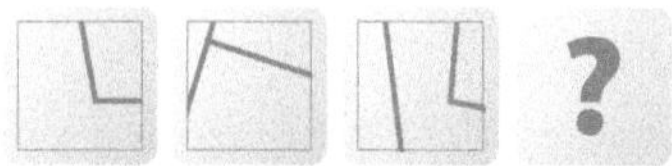

Welche Figur setzt die Reihe logisch fort?

A B C D E

9)

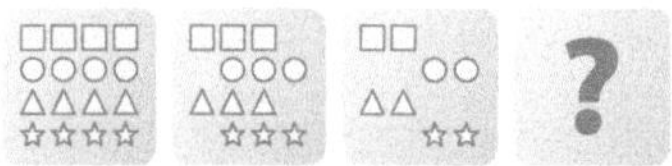

Welche Figur setzt die Reihe logisch fort?

A B C D E

10)

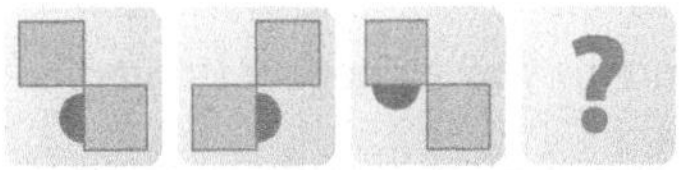

Welche Figur setzt die Reihe logisch fort?

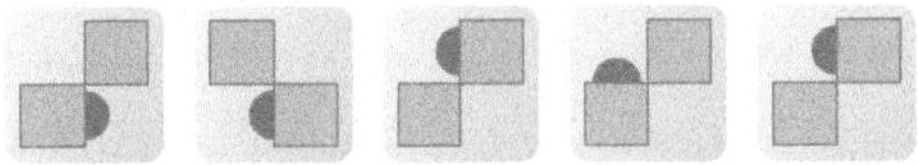

A B C D E

Figurenmatrizen

Bearbeitungszeit 7½ Minuten

Finden Sie heraus, nach welcher Regel die Figurenmatrix aufgebaut ist, und ergänzen Sie die fehlende Figur.

Hierzu ein Beispiel

Aufgabe

1)

Welche Figur ersetzt das Fragezeichen logisch?

A B C D E

Antwort

(A)

Die beiden linken Figuren einer Reihe überlagern sich rechts, wobei sie ihre Farben tauschen.

Bitte bearbeiten Sie nun die Aufgaben: Markieren Sie den Lösungsbuchstaben der fehlenden Figur. Sie haben dafür **7½ Minuten** Zeit.

11)

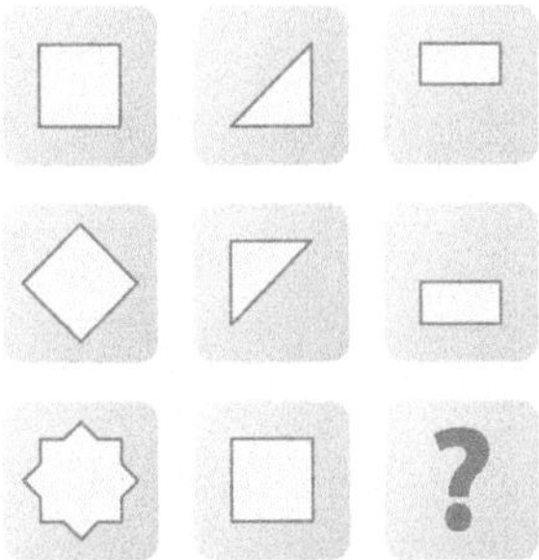

Welche Figur ersetzt das Fragezeichen logisch?

A B C D E

12)

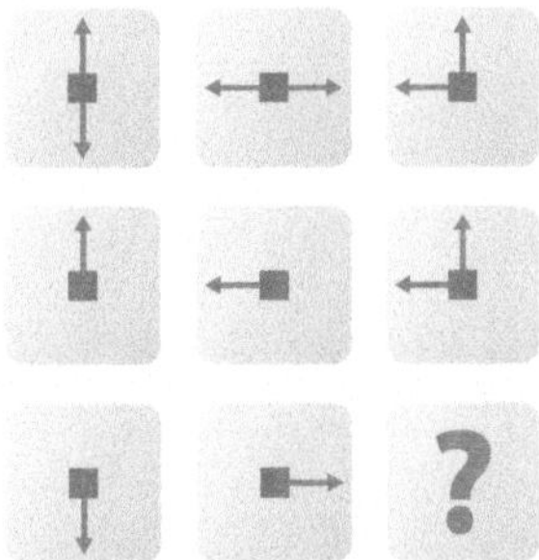

Welche Figur ersetzt das Fragezeichen logisch?

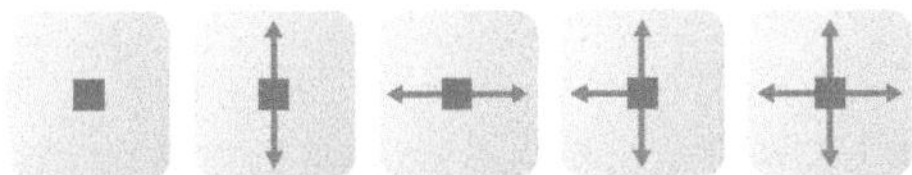

A B C D E

13)

Welche Figur ersetzt das Fragezeichen logisch?

A B C D E

14)

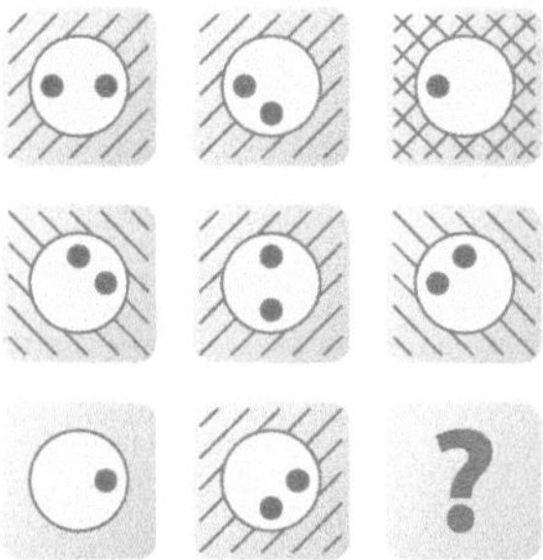

Welche Figur ersetzt das Fragezeichen logisch?

A B C D E

15)

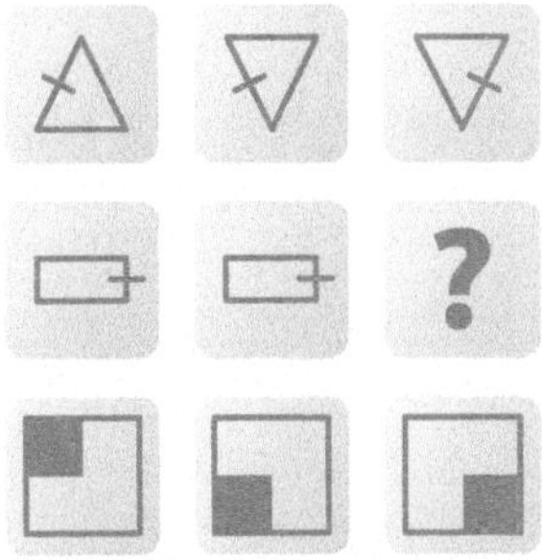

Welche Figur ersetzt das Fragezeichen logisch?

A B C D E

16)

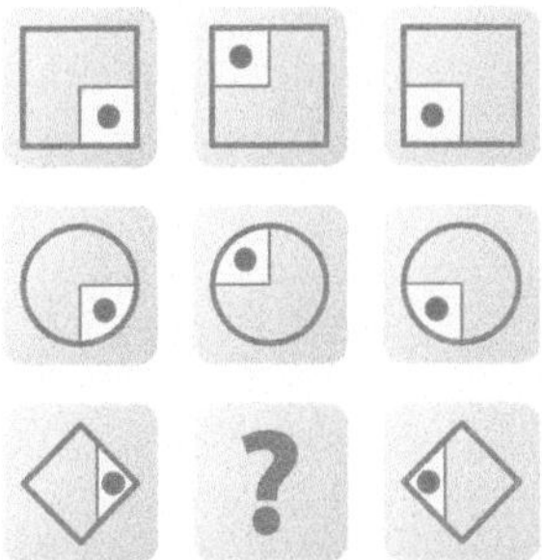

Welche Figur ersetzt das Fragezeichen logisch?

A B C D E

17)

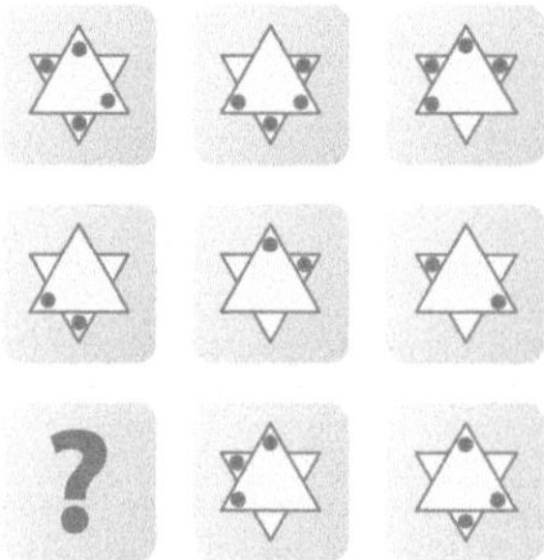

Welche Figur ersetzt das Fragezeichen logisch?

A B C D E

18)

Welche Figur ersetzt das Fragezeichen logisch?

A B C D E

19)

Welche Figur ersetzt das Fragezeichen logisch?

A B C D E

20)

Welche Figur ersetzt das Fragezeichen logisch?

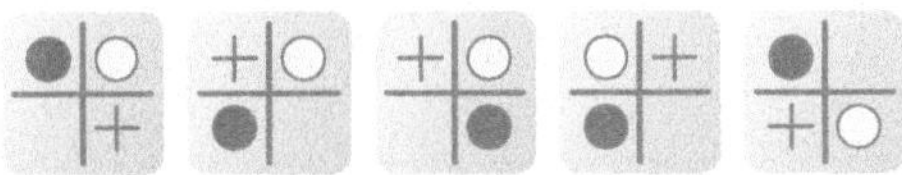

A B C D E

Faltvorlagen

Bearbeitungszeit 5 Minuten

Sie sehen jeweils eine Faltvorlage. Finden Sie heraus, welcher der fünf Körper A bis E daraus hergestellt werden kann.

Hierzu ein Beispiel

Aufgabe

1) Diese Faltvorlage ist die Außenseite eines Körpers.

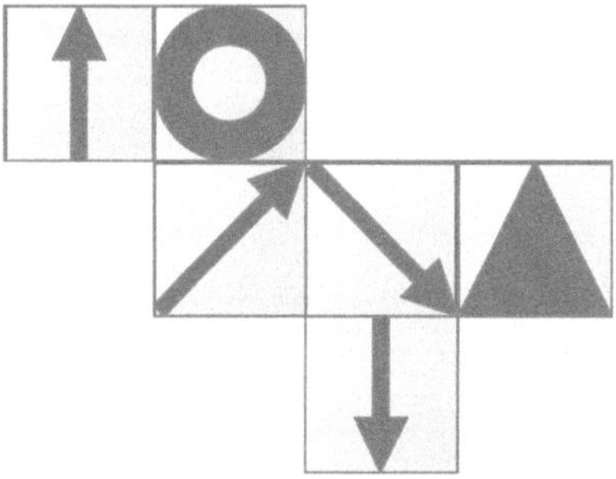

Welcher der Körper A bis E kann aus der Faltvorlage gebildet werden?

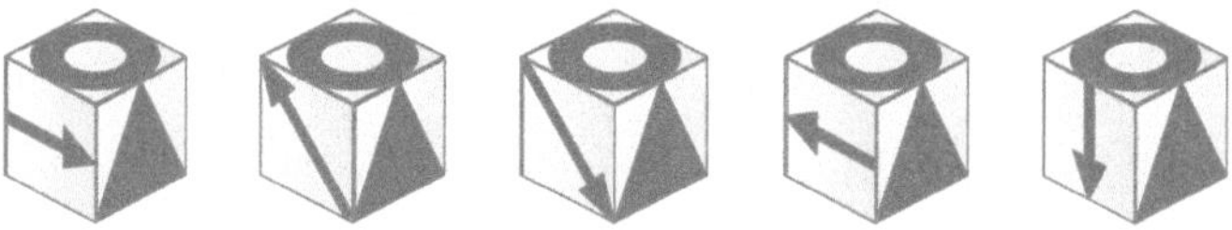

A B C D E

Antwort

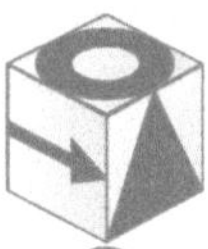

(A)

Bitte bearbeiten Sie nun die Aufgaben: Markieren Sie jeweils den Lösungsbuchstaben des richtigen Antwortvorschlags. Sie haben dafür **5 Minuten** Zeit.

21) Diese Faltvorlage ist die Außenseite eines Körpers.

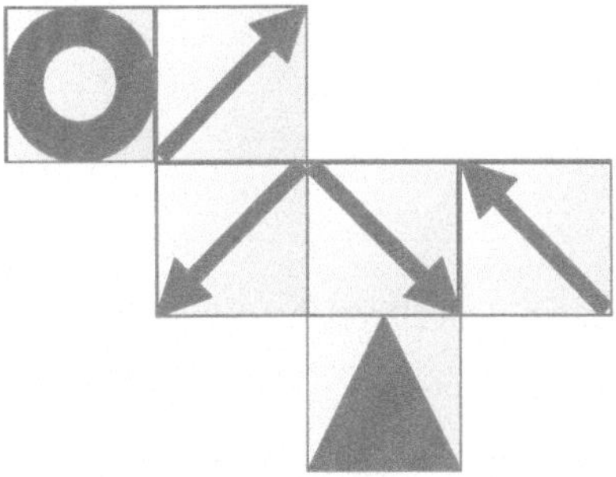

Welcher der Körper A bis E kann aus der Faltvorlage gebildet werden?

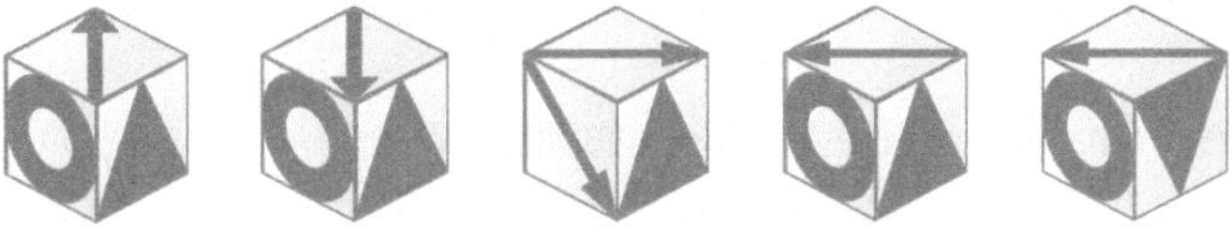

A **B** **C** **D** **E**

22) Diese Faltvorlage ist die Außenseite eines Körpers.

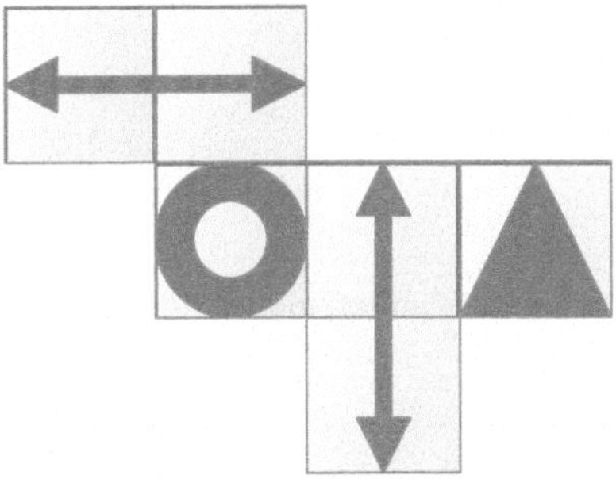

Welcher der Körper A bis E kann aus der Faltvorlage gebildet werden?

A **B** **C** **D** **E**

23) Diese Faltvorlage ist die Außenseite eines Körpers.

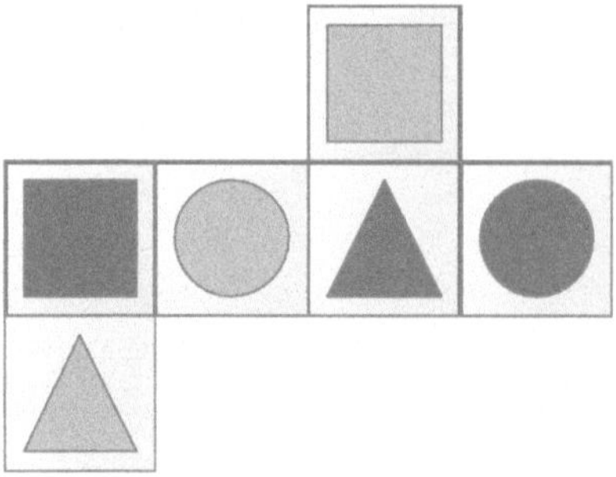

Welcher der Körper A bis E kann aus der Faltvorlage gebildet werden?

A B C D E

24) Diese Faltvorlage ist die Außenseite eines Körpers.

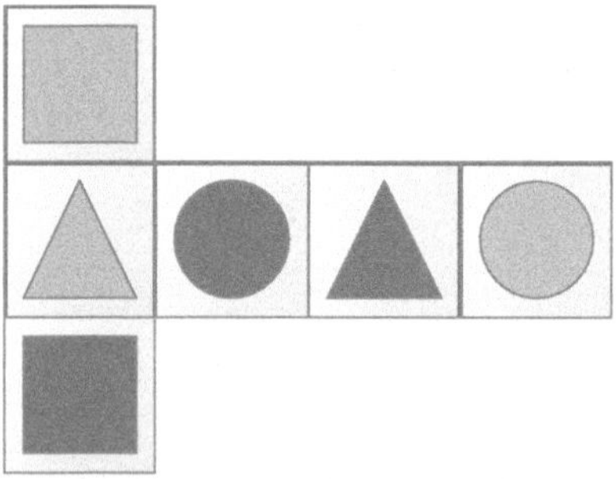

Welcher der Körper A bis E kann aus der Faltvorlage gebildet werden?

A B C D E

25) Diese Faltvorlage ist die Außenseite eines Körpers.

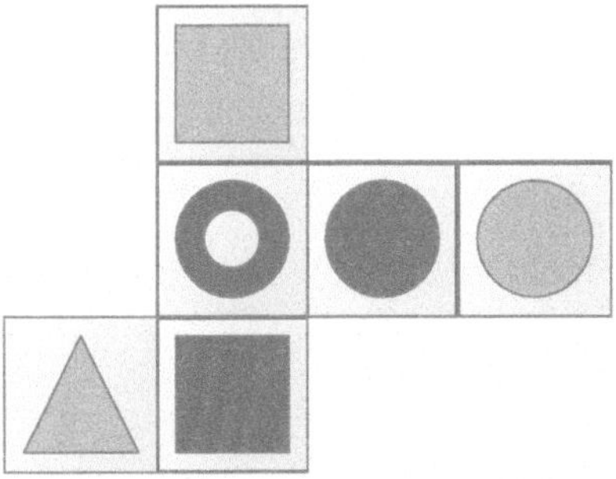

Welcher der Körper A bis E kann aus der Faltvorlage gebildet werden?

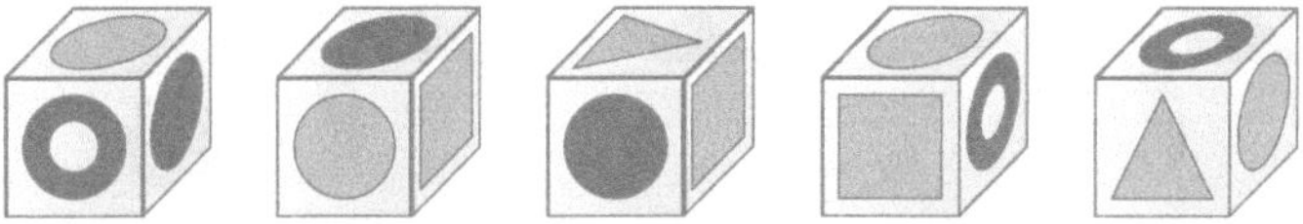

A B C D E

26) Diese Faltvorlage ist die Außenseite eines Körpers.

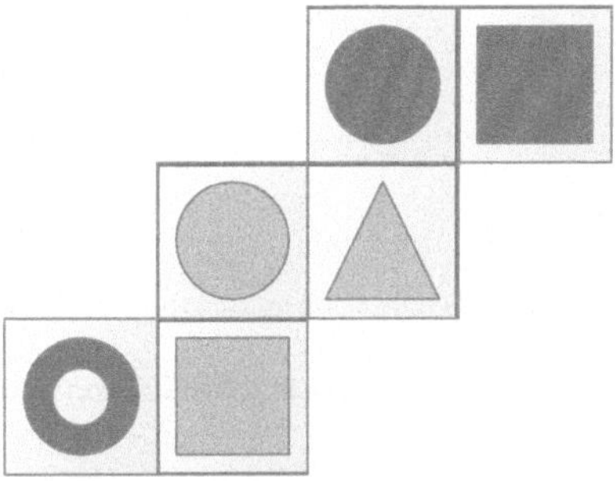

Welcher der Körper A bis E kann aus der Faltvorlage gebildet werden?

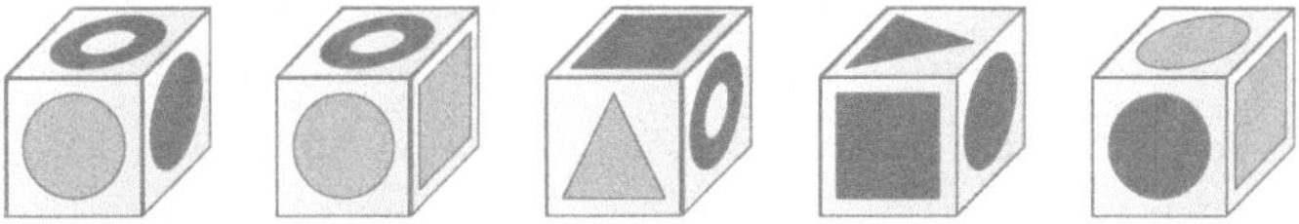

A B C D E

27) Diese Faltvorlage ist die Außenseite eines Körpers.

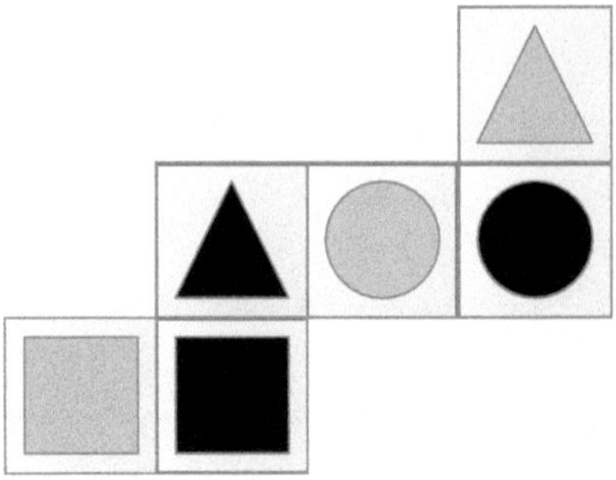

Welcher der Körper A bis E kann aus der Faltvorlage gebildet werden?

A B C D E

28) Diese Faltvorlage ist die Außenseite eines Körpers.

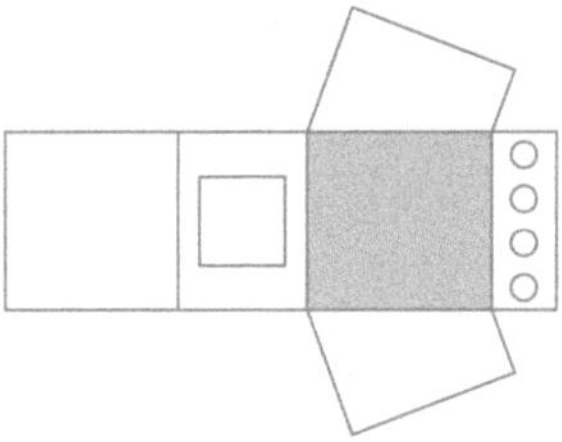

Welcher der Körper A bis E kann aus der Faltvorlage gebildet werden?

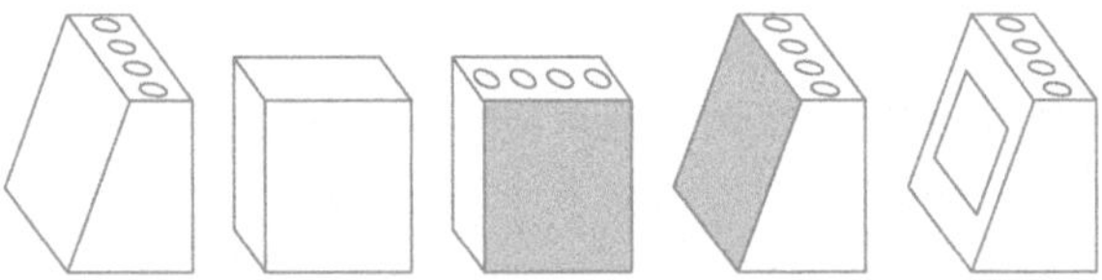

A B C D E

29) Diese Faltvorlage ist die Außenseite eines Körpers.

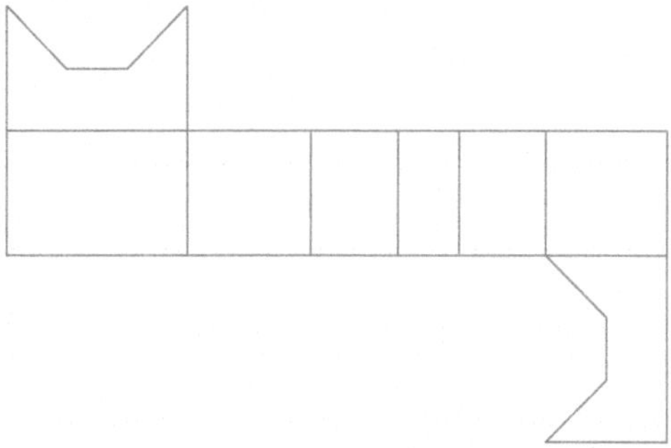

Welcher der Körper A bis E kann aus der Faltvorlage gebildet werden?

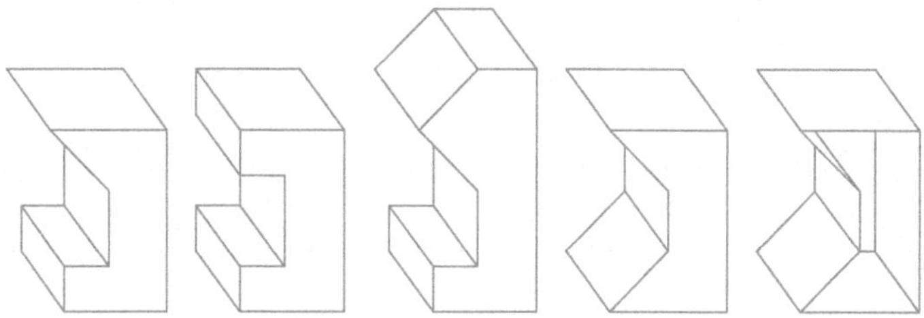

A **B** **C** **D** **E**

30) Diese Faltvorlage ist die Außenseite eines Körpers.

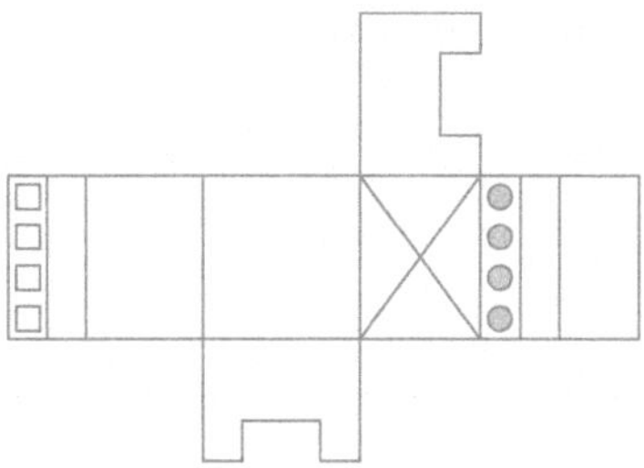

Welcher der Körper A bis E kann aus der Faltvorlage gebildet werden?

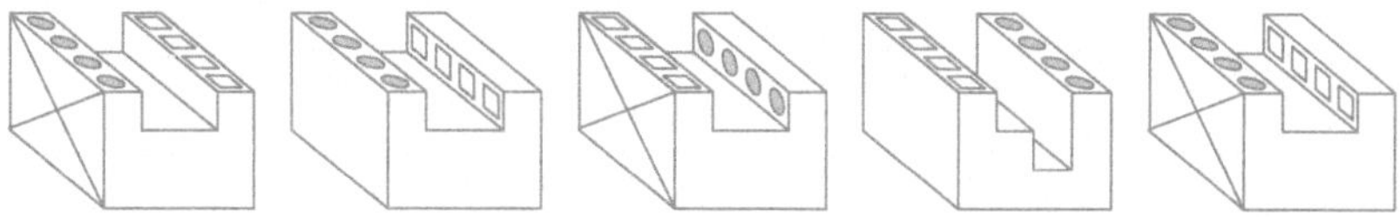

A **B** **C** **D** **E**

Würfelaufgaben

Bearbeitungszeit 5 Minuten

Zu jeder Aufgabe erhalten Sie einen Würfel, dessen Seiten unterschiedlich gemustert sind. Entscheiden Sie, welcher der abgebildeten Musterwürfel dem Aufgabenwürfel entspricht – dieser kann beliebig nach links oder rechts, nach vorne oder hinten, im oder gegen den Uhrzeigersinn gedreht bzw. gekippt werden.

Hierzu ein Beispiel

Aufgabe

1) Ihnen wird ein Aufgabenwürfel vorgegeben.

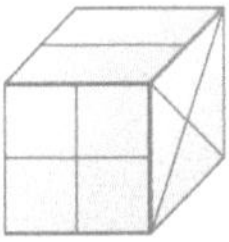

Welcher der Musterwürfel A bis E ist identisch mit dem Aufgabenwürfel?

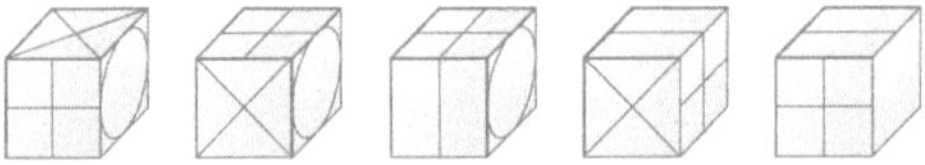

A B C D E

Antwort

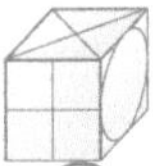

(A)

Kippen Sie den Aufgabenwürfel nach links.

Bitte bearbeiten Sie nun die Aufgaben: Markieren Sie jeweils den Lösungsbuchstaben des richtigen Antwortvorschlags. Sie haben dafür **5 Minuten** Zeit.

31) Ihnen wird ein Aufgabenwürfel vorgegeben.

Welcher der Musterwürfel A bis E ist identisch mit dem Aufgabenwürfel?

A B C D E

32) Ihnen wird ein Aufgabenwürfel vorgegeben.

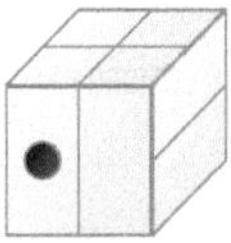

Welcher der Musterwürfel A bis E ist identisch mit dem Aufgabenwürfel?

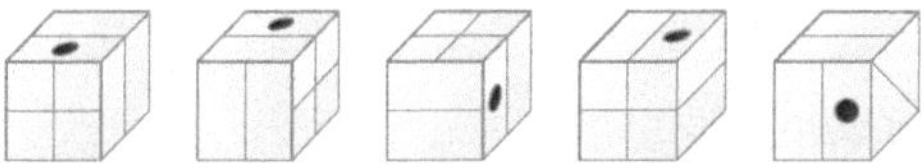

A B C D E

33) Ihnen wird ein Aufgabenwürfel vorgegeben.

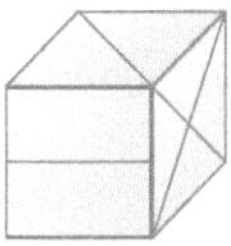

Welcher der Musterwürfel A bis E ist identisch mit dem Aufgabenwürfel?

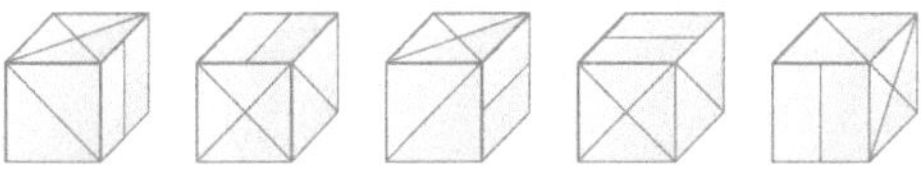

A B C D E

34) Ihnen wird ein Aufgabenwürfel vorgegeben.

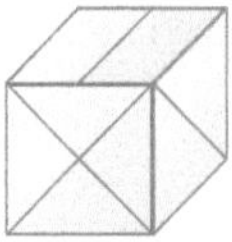

Welcher der Musterwürfel A bis E ist identisch mit dem Aufgabenwürfel?

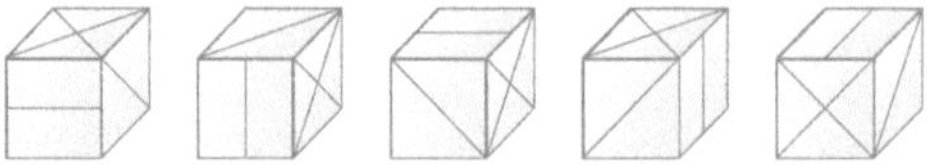

A **B** **C** **D** **E**

35) Ihnen wird ein Aufgabenwürfel vorgegeben.

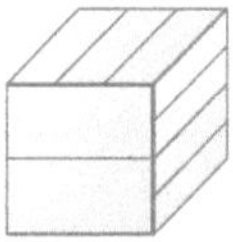

Welcher der Musterwürfel A bis E ist identisch mit dem Aufgabenwürfel?

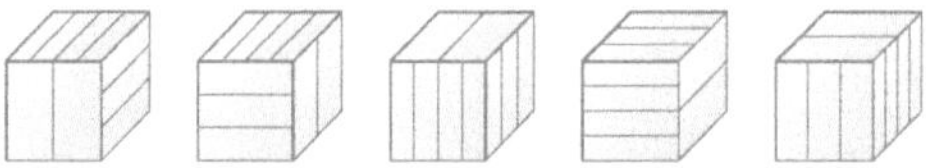

A **B** **C** **D** **E**

36) Ihnen wird ein Aufgabenwürfel vorgegeben.

Welcher der Musterwürfel A bis E ist identisch mit dem Aufgabenwürfel?

A **B** **C** **D** **E**

37) Ihnen wird ein Aufgabenwürfel vorgegeben.

Welcher der Musterwürfel A bis E ist identisch mit dem Aufgabenwürfel?

A B C D E

38) Ihnen wird ein Aufgabenwürfel vorgegeben.

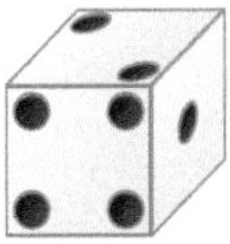

Welcher der Musterwürfel A bis E ist identisch mit dem Aufgabenwürfel?

A B C D E

39) Ihnen wird ein Aufgabenwürfel vorgegeben.

Welcher der Musterwürfel A bis E ist identisch mit dem Aufgabenwürfel?

A B C D E

40) Ihnen wird ein Aufgabenwürfel vorgegeben.

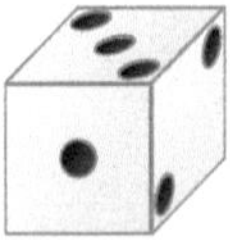

Welcher der Musterwürfel A bis E ist identisch mit dem Aufgabenwürfel?

A **B** **C** **D** **E**

Figuren drehen

Bearbeitungszeit 5 Minuten

Jede Aufgabenfigur besteht aus mehreren Elementen, die unabhängig voneinander gedreht werden können. Bitte führen Sie die vorgegebenen Operationen durch und markieren Sie den Antwortbuchstaben der korrekten Lösung.

41) Drehen Sie das Quadrat 45 Grad im Uhrzeigersinn und den Stern 90 Grad gegen den Uhrzeigersinn.

Welche Figur erhalten Sie?

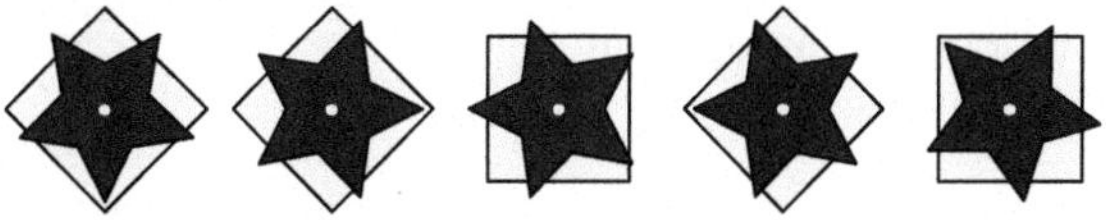

A B C D E

42) Drehen Sie die Raute 90 Grad gegen den Uhrzeigersinn, den dunklen Pfeil 45 Grad im Uhrzeigersinn und den hellen Pfeil 135 Grad gegen den Uhrzeigersinn.

Welche Figur erhalten Sie?

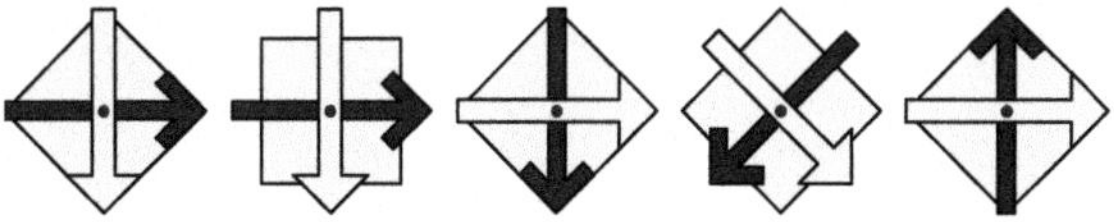

A B C D E

43) Drehen Sie das Dreieck 90 Grad im Uhrzeigersinn, das Kreuz 45 Grad gegen den Uhrzeigersinn und den Pfeil 135 Grad im Uhrzeigersinn.

Welche Figur erhalten Sie?

A B C D E

44) Drehen Sie den dunklen Stern 60 Grad gegen den Uhrzeigersinn und den hellen Stern 210 Grad im Uhrzeigersinn.

Welche Figur erhalten Sie?

A B C D E

45) Drehen Sie das helle Dreieck 60 Grad im Uhrzeigersinn, das dunkle Dreieck 30 Grad gegen den Uhrzeigersinn und den Pfeil 45 Grad im Uhrzeigersinn.

Welche Figur erhalten Sie?

A B C D E

46) Drehen Sie den Stern 45 Grad im Uhrzeigersinn und den Pfeil 270 Grad gegen den Uhrzeigersinn.

Welche Figur erhalten Sie?

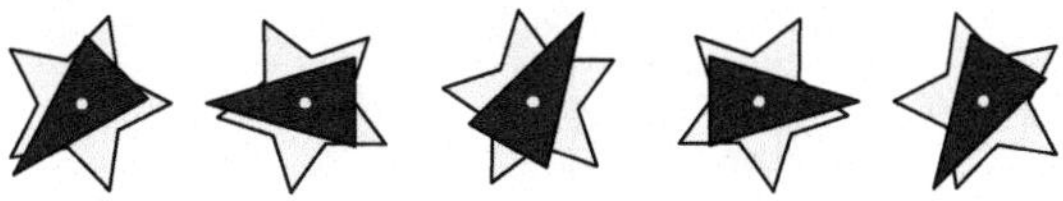

A B C D E

47) Drehen Sie das Dreieck 60 Grad gegen den Uhrzeigersinn und den Propeller 135 Grad im Uhrzeigersinn.

Welche Figur erhalten Sie?

A B C D E

48) Drehen Sie den dunklen Propeller 45 Grad gegen den Uhrzeigersinn, den hellen Propeller 180 Grad im Uhrzeigersinn und den Pfeil 160 Grad gegen den Uhrzeigersinn.

Welche Figur erhalten Sie?

A B C D E

49) Drehen Sie die Linie 90 Grad im Uhrzeigersinn, das dunkle Objekt 45 Grad im Uhrzeigersinn und das helle Objekt um 180.

Welche Figur erhalten Sie?

A B C D E

50) Drehen Sie das helle Dreieck 90 Grad gegen den Uhrzeigersinn, das dunkle Dreieck 270 Grad gegen den Uhrzeigersinn und die Kugelstange 135 Grad im Uhrzeigersinn.

Welche Figur erhalten Sie?

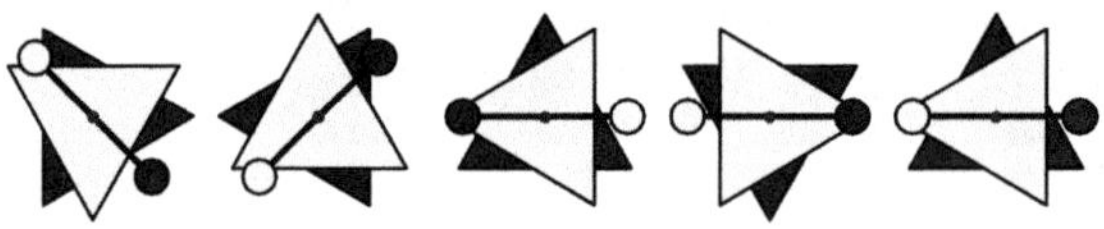

A B C D E

Spiegelungen

Bearbeitungszeit 3½ Minuten

Diese Aufgaben prüfen Ihre visuelle Auffassungsgabe.

Jede Reihe enthält eine Figur in fünf Variationen – viermal unterschiedlich weit gedreht, einmal jedoch gespiegelt.

Beantworten Sie bitte die folgenden Aufgaben, indem Sie jeweils den Antwortbuchstaben der gespiegelten Figur markieren.

51)

A B C D E

52)

A B C D E

53)

A B C D E

54)

A B C D E

55)

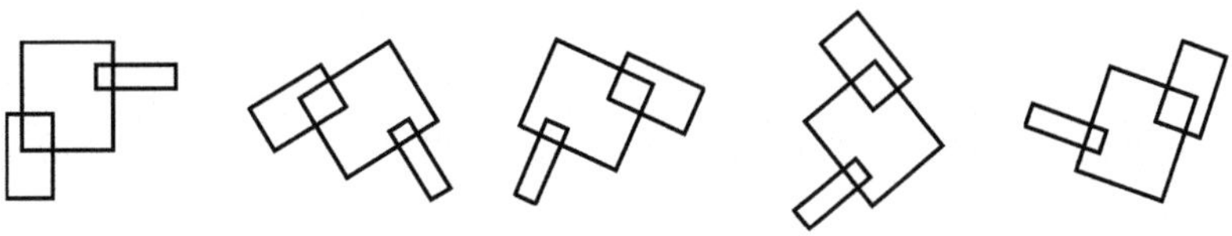

A B C D E

56)

A B C D E

57)

A B C D E

58)

A B C D E

59)

A B C D E

60)

A B C D E

Lösungen: Visuelles Denkvermögen

1) E	21) C	41) D
2) B	22) D	42) A
3) E	23) C	43) E
4) B	24) D	44) C
5) D	25) B	45) D
6) C	26) A	46) B
7) A	27) D	47) A
8) B	28) D	48) D
9) E	29) D	49) B
10) D	30) E	50) E
11) C	31) D	51) A
12) A	32) B	52) C
13) A	33) B	53) D
14) D	34) D	54) B
15) C	35) C	55) C
16) C	36) B	56) B
17) D	37) A	57) B
18) A	38) B	58) C
19) B	39) B	59) D
20) B	40) C	60) A

Figurenreihen (Aufgaben 1–10)

Zu 1) E.

Mit jeder folgenden Figur schrumpft der Halbkreis um 45 Grad im Uhrzeigersinn.

Zu 2) B.

Die Ausgangsfigur links verliert mit jedem Schritt eines ihrer Elemente: zuerst die Buchstabenreihe, dann das Dreieck, schließlich den senkrechten Strich.

Zu 3) E.

Die Figur wächst mit jedem Schritt um ein neues Objekt.

Zu 4) B.

Die Figur wächst mit jedem Schritt um ein weiteres Kästchen, und gleichfarbige Kästchen sind nicht benachbart.

Zu 5) D.

Im ersten Schritt teilt sich die Ursprungsform senkrecht in zwei Hälften, die daraufhin waagerecht halbiert werden. Dementsprechend wird auch im Folgenden abwechselnd senkrecht und waagerecht halbiert.

Zu 6) C.

Das Objekt dreht sich schrittweise um 90° im Uhrzeigersinn.

Zu 7) A.

Die Gruppe der Elemente dreht sich um 90° gegen den Uhrzeigersinn, wobei der schwarze Kreis zwischen der äußeren und der inneren Position hin- und herwandert.

Zu 8) B.

Achten Sie auf die Berührungspunkte der inneren Linien mit dem quadratischen Rahmen: Ihre Anzahl wächst mit jedem Schritt um eins.

Zu 9) E.

Die Anzahl der Vierecke, Kreise, Dreiecke und Sterne nimmt von Schritt zu Schritt um eins ab. Dabei werden Vierecke und Dreiecke innerhalb der Abbildungen von rechts nach links, Kreise und Sterne von links nach rechts entfernt.

Zu 10) D.

Die beiden grauen Quadrate drehen sich schrittweise um 90° im Uhrzeigersinn um den Mittelpunkt der Figur. Sie überlagern dabei einen schwarzgrauen Kreis, der mit jedem zweiten Schritt um 90° im Uhrzeigersinn um den Mittelpunkt wandert.

Figurenmatrizen (Aufgaben 11–20)

Zu 11) C.

Gehen Sie von oben nach unten vor: Die beiden oberen Figuren einer Spalte ergeben aufeinandergelegt das jeweils untere Objekt.

Zu 12) A.

Gehen Sie von oben nach unten vor: Die beiden oberen Figuren einer Spalte ergeben aufeinandergelegt das jeweils untere Objekt, wobei doppelt vorhandene Pfeile entfernt werden müssen.

Zu 13) A.

Betrachten Sie jede Spalte für sich: Dreht man das jeweils obere Objekt um 90° gegen den Uhrzeigersinn, erhält man das mittlere Objekt. Wird dieses wiederum an einer waagerechten Achse gespiegelt, ergibt sich das jeweils untere Objekt.

Zu 14) D.

Gehen Sie von oben nach unten vor. Jedes Feld zeigt ein Objekt vor einem Hintergrund. Von oben nach unten betrachtet, besteht der Hintergrund des untersten Feldes nur aus demjenigen Muster, das in beiden darüber liegenden Feldern ebenfalls vorkommt. In der linken Spalte sind beispielsweise die obersten Felder vollkommen unterschiedlich gemustert, so dass im untersten Feld als gemeinsames Muster nur eine leere Fläche übrigbleibt. Das Objekt ist ein Kreis mit zwei schwarzen Punkten. Von Feld zu Feld wird nun stets ein Punkt in derselben Position wiederholt, wobei der zweite Punkt um 90° im Uhrzeigersinn gedreht wird.

Zu 15) C.

Gehen Sie in den Reihen von links nach rechts vor: Zuerst wird das Objekt vertikal gespiegelt, anschließend horizontal.

Zu 16) C.

Gehen Sie in den Reihen von links nach rechts vor: Zuerst wird das Objekt an der Diagonalen gespiegelt, anschließend 90° gegen den Uhrzeigersinn gedreht.

Zu 17) D.

Gehen Sie in den Reihen von links nach rechts vor. Die Punkte im vorderen Dreieck wandern im Uhrzeigersinn, die im hinteren gegen den Uhrzeigersinn.

Zu 18) A.

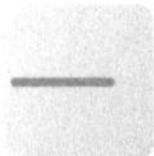

Gehen Sie in jeder Reihe von links nach rechts vor: Der längere Zeiger dreht sich von Feld zu Feld um jeweils 45° im Uhrzeigersinn, der kleine Zeiger rotiert bei jedem Schritt um 45° entgegen dem Uhrzeigersinn.

Zu 19) B.

Gehen Sie in den einzelnen Reihen von links nach rechts vor. Wird das links stehende Objekt an einer senkrechten Achse gespiegelt, erhält man das Objekt der jeweils zweiten Spalte. Dreht man dieses wiederum um 90° gegen den Uhrzeigersinn, kommt man auf das Objekt der rechten Spalte.

Zu 20) B.

Jede Figur enthält vier Felder, die innerhalb einer Spalte ihre Plätze tauschen. Von der oberen zur mittleren Figur tauscht man diagonal, also links oben gegen rechts unten sowie links unten gegen rechts oben. Von der mittleren zur unteren Figur tauscht man die zwei linken Felder gegen die rechten.

Faltvorlagen (Aufgaben 21–30)

Zu 21) C.

Dreieck im Fokus behalten, Würfel zusammenfalten und 45 Grad gegen den Uhrzeigersinn drehen.

Zu 22) D.

Kreis im Fokus behalten, Würfel zusammenfalten, nach hinten kippen und 45 Grad gegen den Uhrzeigersinn drehen.

Zu 23) C.

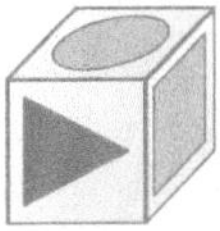

Schwarzes Dreieck im Fokus behalten, Würfel zusammenfalten und nach rechts kippen.

Zu 24) D.

Schwarzes Dreieck im Fokus behalten, Würfel zusammenfalten und nach hinten kippen.

Zu 25) B.

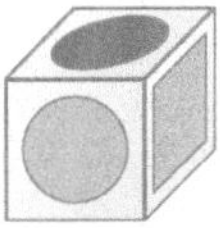

Hellen Kreis im Fokus behalten, Würfel zusammenfalten und nach rechts kippen.

Zu 26) A.

Hellgrauen Kreis im Fokus behalten, Würfel zusammenfalten und nach rechts kippen.

Zu 27) D.

Helles Quadrat im Fokus behalten, Würfel zusammenfalten und nach links kippen.

Zu 28) D.

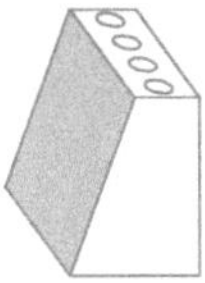

Zu 29) D.

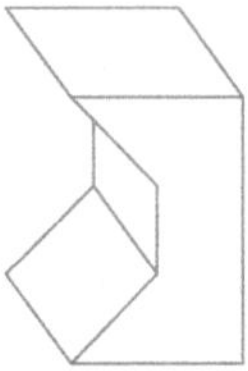

Zu 30) E.

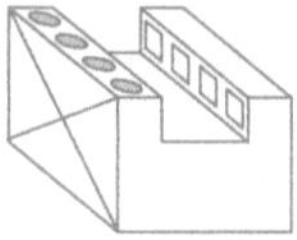

Lösungshinweis

Falls Sie nicht durch das Zusammenfalten des Körpers im Geiste auf die richtige Lösung kommen: Vergleichen Sie die Anordnung der Flächen der Faltvorlage mit den Seiten der vorgeschlagenen Körper. Liegt z. B. eine graue Fläche neben einer weißen, eine Fläche mit einem Kreis neben einer Fläche mit einem Quadrat oder eine quadratische Fläche neben einer schmalen rechteckigen? Bei manchen Aufgaben ist auch die Anzahl der Flächen interessant – hat der Körper genauso viele Seiten wie die Faltvorlage Flächen?

Würfelaufgaben (Aufgaben 31–40)

Zu 31) D.

Kippen Sie den Aufgabenwürfel nach links und drehen Sie ihn um 90 Grad im Uhrzeigersinn.

Zu 32) B.

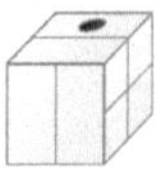

Kippen Sie den Aufgabenwürfel nach hinten und drehen Sie ihn um 90 Grad im Uhrzeigersinn.

Zu 33) B.

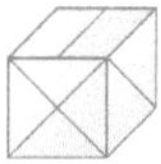

Drehen Sie den Aufgabenwürfel um 90 Grad im Uhrzeigersinn und kippen Sie ihn nach rechts.

Zu 34) D.

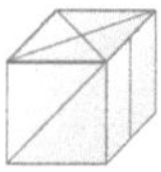

Drehen Sie den Aufgabenwürfel um 90 Grad im Uhrzeigersinn und kippen Sie ihn nach rechts.

Zu 35) C.

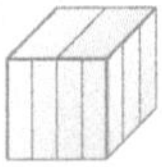

Kippen Sie den Aufgabenwürfel nach hinten und drehen Sie ihn um 90 Grad im Uhrzeigersinn.

Zu 36) B.

Kippen Sie den Aufgabenwürfel zweimal nach links und drehen Sie ihn um 90 Grad im Uhrzeigersinn.

Zu 37) A.

Kippen Sie den Aufgabenwürfel nach hinten und drehen Sie ihn um 90 Grad im Uhrzeigersinn.

Zu 38) B.

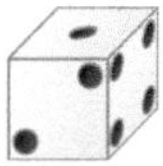

Drehen Sie den Aufgabenwürfel um 90 Grad gegen den Uhrzeigersinn und kippen Sie ihn nach vorne.

Zu 39) B.

Kippen Sie den Aufgabenwürfel nach links und drehen Sie ihn um 90 Grad gegen den Uhrzeigersinn.

Zu 40) C.

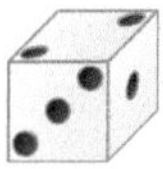

Kippen Sie den Aufgabenwürfel nach links und drehen Sie ihn um 90 Grad gegen den Uhrzeigersinn.

Figuren drehen (Aufgaben 41–50)

Zu 41) D.

Gegenprobe: Drehen Sie den Stern 90 Grad im Uhrzeigersinn und das Quadrat 45 Grad gegen den Uhrzeigersinn.

Zu 42) A.

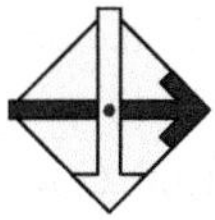

Gegenprobe: Drehen Sie den hellen Pfeil 135 Grad im Uhrzeigersinn, den dunklen Pfeil 45 Grad gegen den Uhrzeigersinn und die Raute 90 Grad im Uhrzeigersinn.

Zu 43) E.

Gegenprobe: Drehen Sie den Pfeil 135 Grad gegen den Uhrzeigersinn, das Kreuz 45 Grad im Uhrzeigersinn und das Dreieck 90 Grad gegen den Uhrzeigersinn.

Zu 44) C.

Gegenprobe: Drehen Sie den hellen Stern 210 Grad gegen den Uhrzeigersinn und den dunklen Stern 60 Grad im Uhrzeigersinn.

Zu 45) D.

Gegenprobe: Drehen Sie den Pfeil 45 Grad gegen den Uhrzeigersinn, das dunkle Dreieck 30 Grad im Uhrzeigersinn und das helle Dreieck 60 Grad gegen den Uhrzeigersinn.

Zu 46) B.

Gegenprobe: Drehen Sie den Pfeil 270 Grad im Uhrzeigersinn und den Stern 45 Grad gegen den Uhrzeigersinn.

Zu 47) A.

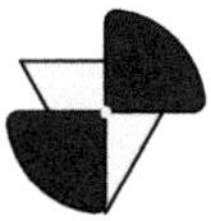

Gegenprobe: Drehen Sie den Propeller 135 Grad gegen den Uhrzeigersinn und das Dreieck 60 Grad im Uhrzeigersinn.

Zu 48) D.

Gegenprobe: Drehen Sie den Pfeil 160 Grad im Uhrzeigersinn, den hellen Propeller 180 Grad gegen den Uhrzeigersinn und den dunklen Propeller 45 Grad im Uhrzeigersinn.

Zu 49) B.

Gegenprobe: Drehen Sie das helle Objekt um 180 Grad, das dunkle Objekt 45 Grad gegen den Uhrzeigersinn und die Linie 90 Grad gegen den Uhrzeigersinn.

Zu 50) E.

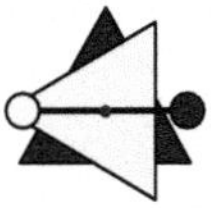

Gegenprobe: Drehen Sie die Kugelstange 135 Grad gegen den Uhrzeigersinn, das dunkle Dreieck 270 Grad im Uhrzeigersinn und das helle Dreieck 90 Grad im Uhrzeigersinn.

Spiegelungen (Aufgaben 51–60)

Zu 51) A.

Zu 52) C.

Zu 53) D.

Zu 54) B.

Zu 55) C.

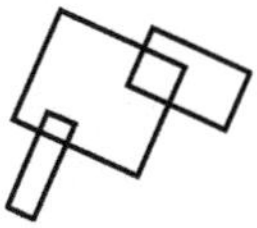

Zu 56) B.

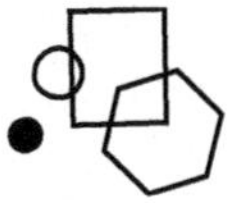

Zu 57) B.

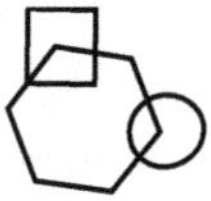

Zu 58) C.

Zu 59) D.

Zu 60) A.

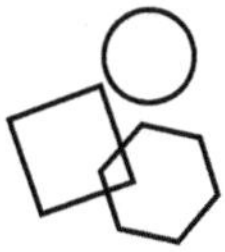

Konzentration und Merkfähigkeit

b/d/p/q-Test

Bearbeitungszeit 1½ Minuten

In diesem Abschnitt werden Ihre Schnelligkeit und Genauigkeit geprüft.

Sie erhalten in jeder Buchstabenzeile bis zu vier Buchstaben, nämlich „p“, „b“, „d“ und „q“.

Ihre Aufgabe besteht darin, in jeder Buchstabenzeile den Buchstaben „q“ zu finden und die Anzahl gefundener „q“s in der rechten Spalte einzutragen.

Hierzu ein Beispiel

Aufgabe

1) p b d q p b d q p b d q p b d q p b d q ____

2) q d b p q d b p q d b p q d b p q d b p ____

3) d q p b d q p b d q p b d q p b d q p b ____

Antwort

1) p b d **q** p b d **q** p b d **q** p b d **q** p b d **q** 5

2) **q** d b p **q** d b p **q** d b p **q** d b p **q** d b p 5

3) d **q** p b d **q** p b d **q** p b d **q** p b d **q** p b 5

Bitte beginnen Sie nun mit der Bearbeitung: Notieren Sie die Zahl der pro Zeile gefundenen „q“s in der rechten Spalte. Sie haben dafür **1½ Minuten** Zeit.

1) p p q b p q p b q p p q b q p d p q p q ____

2) p p b d p p q p d q p q d q p b p q p q ____

3) p b p q p d d p q p b p q d q p d p q p ____

4) p d p b p q p p b p q p q q p d q p q q ____

5) p d q p d q p b q p q b q d q p q d q p ____

6) d p p d p b b p d p q p q q q p q p q q ____

7) b p d q p q p d p p q d q q p b q p q q ____

8) d p d p p q p q b q q p b d p p q p d p ____

9)	p	p	q	q	d	q	q	p	q	p	d	p	b	p	q	b	p	d	p	d	___
10)	p	d	d	p	q	p	b	q	p	b	q	p	q	p	b	p	q	p	q	b	___
11)	p	p	d	p	d	p	q	p	q	p	d	p	q	q	b	p	b	p	q	q	___
12)	p	q	q	p	q	p	d	p	d	p	p	d	q	p	p	d	p	b	q	p	___
13)	p	b	p	d	d	p	d	p	p	q	p	d	p	q	p	b	p	b	p	q	___
14)	p	b	b	p	d	p	d	p	p	q	d	q	p	q	q	d	p	q	p	q	___
15)	p	p	d	p	b	p	b	b	p	d	p	p	q	q	p	d	d	p	q	q	___
16)	p	d	p	b	q	p	b	q	p	q	p	b	q	q	p	d	d	p	q	q	___
17)	p	p	q	p	q	p	q	b	p	q	q	d	q	p	q	d	q	p	q	p	___
18)	p	p	b	b	p	d	q	p	q	q	q	p	d	d	p	b	q	p	b	p	___
19)	p	p	p	b	p	b	d	p	d	p	q	p	b	p	q	p	q	b	p	p	___
20)	p	p	b	p	b	p	d	q	p	q	p	p	q	q	p	d	b	p	q	q	___
21)	p	p	b	q	p	b	q	p	q	q	p	q	p	d	p	d	p	q	p	p	___
22)	p	p	q	q	p	b	q	q	p	b	q	q	p	d	d	p	q	q	p	p	___
23)	p	p	p	b	p	b	p	q	b	q	p	q	d	q	p	d	p	q	p	q	___
24)	p	d	p	b	p	d	p	p	b	p	p	q	q	q	p	b	p	q	q	q	___
25)	b	p	b	p	d	p	d	p	d	p	p	b	p	q	q	p	p	b	d	q	___
26)	p	b	p	b	b	p	p	d	q	p	q	b	q	q	p	d	q	p	q	q	___
27)	p	d	p	b	p	p	b	p	q	p	q	p	q	p	d	p	q	p	q	p	___
28)	q	p	q	q	p	p	q	p	p	q	p	p	p	q	p	p	p	p	p	q	___
29)	p	q	p	d	p	d	p	b	b	p	q	p	q	p	b	d	q	p	q	p	___
30)	p	q	p	q	b	q	p	b	p	d	q	d	q	q	p	b	q	p	q	q	___
31)	p	p	b	d	d	q	b	q	p	q	p	d	q	p	d	b	p	p	q	p	___
32)	p	p	p	p	d	b	d	p	b	q	p	b	q	q	q	p	b	p	q	q	___
33)	p	p	p	b	p	b	d	p	d	p	p	d	p	p	q	p	d	p	p	p	___
34)	q	p	q	q	q	q	p	d	p	q	p	p	p	q	p	p	d	b	b	q	___
35)	p	q	q	p	p	q	q	p	d	q	p	q	p	d	b	b	p	q	p	p	___

Figuren und Zahlen merken *Einprägezeit 10 Minuten*

Merken Sie sich bitte, welche Zahl zu welcher Figur gehört, um sie anschließend richtig zuordnen zu können.

Zum Einprägen haben Sie **10 Minuten** Zeit. Hierbei dürfen Sie sich keine Notizen machen.

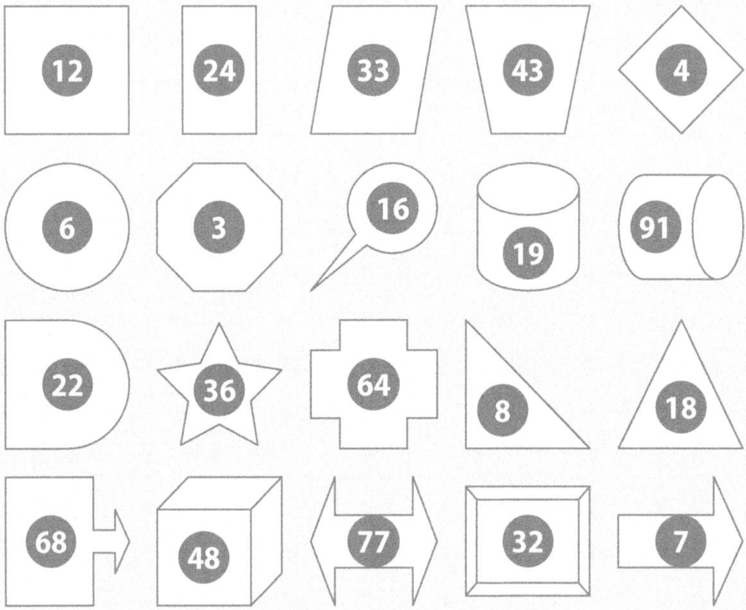

! *Hinweis*

Bei dieser Aufgabe ist keine Unterbrechung notwendig, bitte beginnen Sie direkt mit der Bearbeitung!

Decken Sie diese Seite dafür ab!

Figuren und Zahlen merken

Bearbeitungszeit 5 Minuten

Nun wird getestet, wie gut Sie sich die Kombinationen aus Zahlen und Figuren eingeprägt haben. Bitte notieren Sie jeweils die richtige Zahl.

36) Welche Zahl gehört zu dieser Figur?

37) Welche Zahl gehört zu dieser Figur?

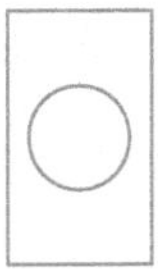

38) Welche Zahl gehört zu dieser Figur?

39) Welche Zahl gehört zu dieser Figur?

40) Welche Zahl gehört zu dieser Figur?

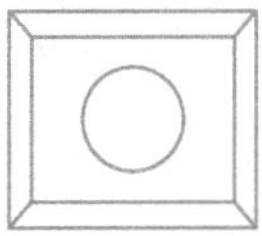

41) Welche Zahl gehört zu dieser Figur?

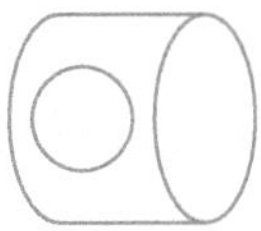

42) Welche Zahl gehört zu dieser Figur?

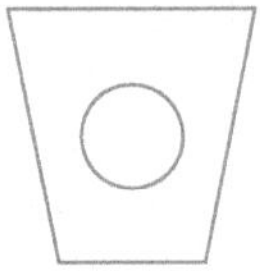

______

43) Welche Zahl gehört zu dieser Figur?

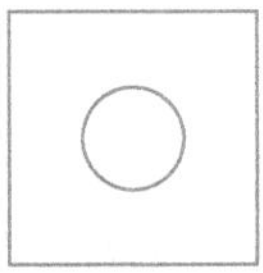

______

44) Welche Zahl gehört zu dieser Figur?

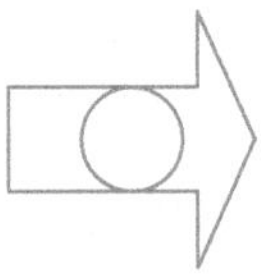

______

45) Welche Zahl gehört zu dieser Figur?

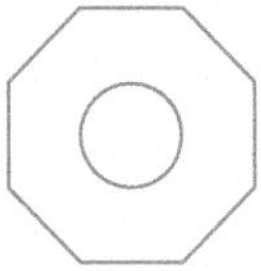

______

46) Welche Zahl gehört zu dieser Figur?

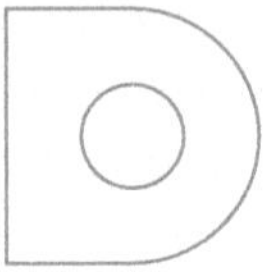

______

47) Welche Zahl gehört zu dieser Figur?

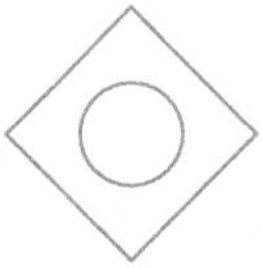

______

48) Welche Zahl gehört zu dieser Figur?

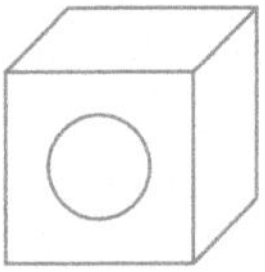

______

49) Welche Zahl gehört zu dieser Figur?

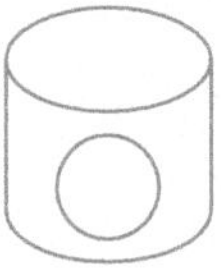

______

50) Welche Zahl gehört zu dieser Figur?

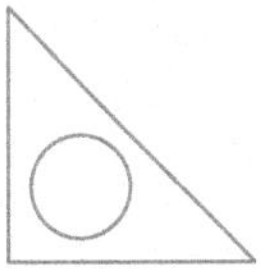

____

51) Welche Zahl gehört zu dieser Figur?

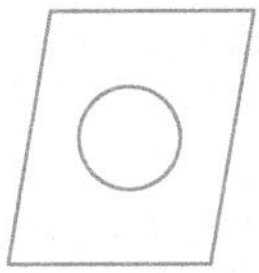

____

52) Welche Zahl gehört zu dieser Figur?

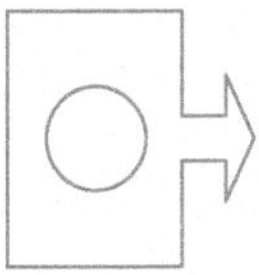

____

53) Welche Zahl gehört zu dieser Figur?

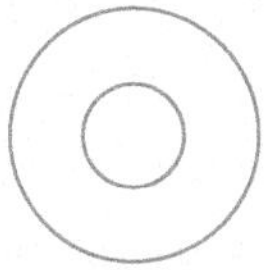

____

54) Welche Zahl gehört zu dieser Figur?

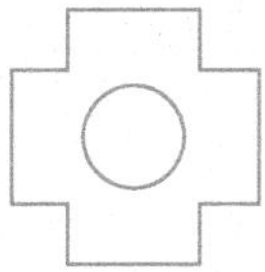

____

55) Welche Zahl gehört zu dieser Figur?

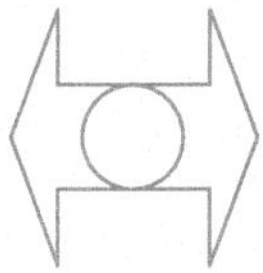

____

Muster vergleichen

Bearbeitungszeit 1½ Minuten

Jede Aufgabenreihe enthält verschieden gemusterte Objekte.

Bitte finden und markieren Sie:

¬ alle Kreise mit vier Punkten

¬ alle Vierecke mit genau drei Punkten

Es spielt keine Rolle, wie die Punkte im Objekt angeordnet sind.

Hierzu ein Beispiel

Aufgabe

1) 

Antwort

1) 

Bitte beginnen Sie nun mit der Bearbeitung: Markieren Sie die gesuchten Objekte. Sie haben dafür **1½ Minuten** Zeit.

56) 

57) 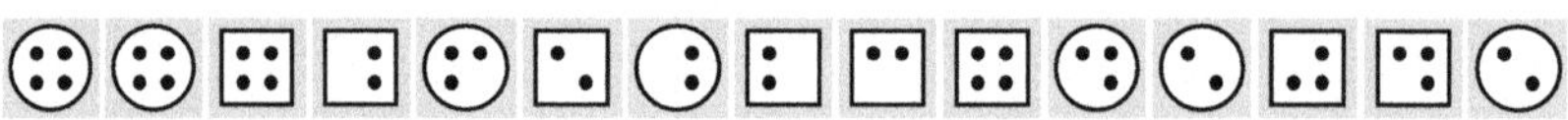

58) 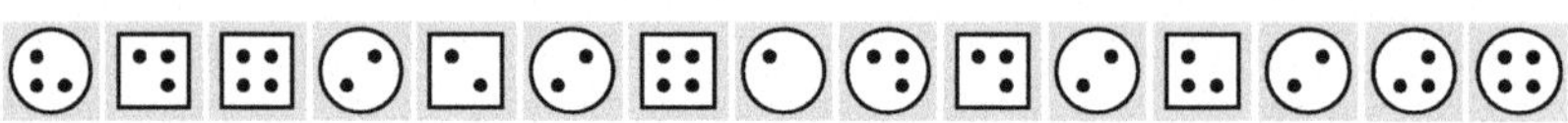

59) 

60) 

61) 

62) 

63) 

64) 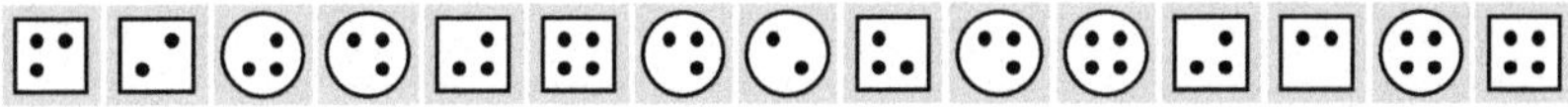

65) 

66) 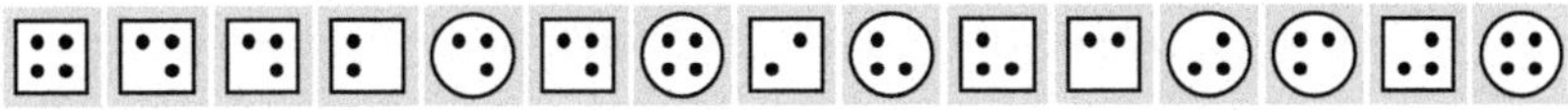

67) 

68) 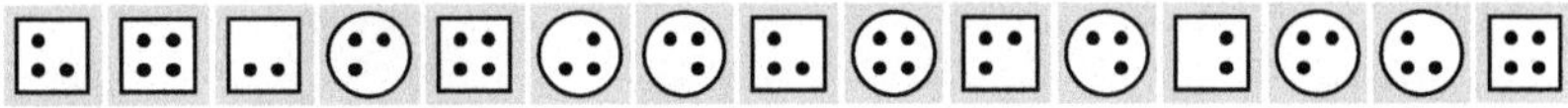

69) 

70) 

Personendatei einprägen

Einprägezeit 10 Minuten

Auf der übernächsten Seite finden Sie eine Datei mit zehn Fotos und personenbezogenen Angaben (darunter Vorname, Nachname und Beruf).

Prägen Sie sich die Porträts und die zugehörigen Informationen gut ein.

Hierzu ein Beispiel

Personendatei

IP: 84.173.232.212	IP: 84.215.136.121	IP: 96.172.137.182	IP: 96.190.166.158	IP: 84.110.151.238
Dekorateurin	Köchin	Handelsvertreter	Schauspieler	Kosmetikerin
Ute Ackermann	Eveline Fritsch	Peter Reinken	Tim Lorenz	Silke Männing

Alle Personendaten sind frei erfunden.

Aufgabe

1) Wie lautet der vollständige Name dieser Person?

A. Ute Ackermann
B. Eveline Fritsch
C. Silke Männing
D. Simone Klein
E. Doris Mader

Antwort

(A.) Ute Ackermann

Merkhilfe:

- Merken Sie sich zu jeder Person sowohl den vollständigen Namen als auch die Berufsbezeichnung.
- Die IP-Adresse kann unberücksichtigt bleiben.
- Versuchen Sie, die Personen zu typisieren. Beispielsweise ist ein älterer Herr im Anzug mit Krawatte wahrscheinlich eher Anwalt oder Bankangestellter als Automechaniker.
- Suchen Sie nach auffälligen Personenmerkmalen wie Haarschnitt, Glatze, Hakennase, Segelohren, Hornbrille, dichte Augenbrauen usw.
- Versuchen Sie, Assoziationsketten zu bilden und so etwa den Vornamen, Namen und/oder Beruf mit dem Aussehen zu verknüpfen.

Zum Einprägen haben Sie **10 Minuten** Zeit. Hierbei dürfen Sie sich keine Notizen machen.

Personendatei

IP: 96.232.235.112
Bauingenieur
Pierre Frey

IP: 84.166.176.251
Verlagskauffrau
Henrike Otter

IP: 96.222.237.242
Rechtsanwalt
Raimund Breit

IP: 84.171.196.185
Tierpflegerin
Margot Ebert

IP: 96.210.251.108
Musiker
Enrico Felici

IP: 84.208.108.128
Medienkauffrau
Bella Fontanella

IP: 96.234.173.231
Fachinformatiker
Ernst Kirsch

IP: 84.172.237.182
Journalistin
Helena König

IP: 96.143.225.239
Personalberater
Martin Ecker

IP: 84.110.151.238
Arzthelferin
Olivia Adam

! *Hinweis*

Nachdem Sie sich die Personendatei eingeprägt haben, sollten Sie sich 5 Minuten mit etwas anderem beschäftigen, bevor Sie die dazugehörigen Fragen aus dem Gedächtnis beantworten.

Decken Sie dafür diese Seite ab.

Personendatei einprägen *Bearbeitungszeit 5 Minuten*

Soeben lag Ihnen eine Personendatei vor, die Sie sich einprägen sollten.

Bitte bearbeiten Sie nun die Aufgaben: Markieren Sie jeweils den Lösungsbuchstaben des richtigen Antwortvorschlags.

71) Wie lautet der vollständige Name dieser Person?

A. Pierre Frey
B. Raimund Breit
C. Enrico Felici
D. Martin Ecker
E. Ernst Kirsch

72) Wie lautet der vollständige Name dieser Person?

A. Henrike Otter
B. Margot Ebert
C. Bella Fontanella
D. Helena König
E. Olivia Adam

73) Wie lautet der vollständige Name dieser Person?

A. Pierre Frey
B. Raimund Breit
C. Enrico Felici
D. Ernst Kirsch
E. Martin Ecker

74) Wie lautet der vollständige Name dieser Person?

A. Pierre Frey
B. Raimund Breit
C. Enrico Felici
D. Ernst Kirsch
E. Martin Ecker

75) Welchen Beruf übt diese Person aus?

A. Verlagskauffrau
B. Tierpflegerin
C. Medienkauffrau
D. Journalistin
E. Arzthelferin

76) Welchen Beruf übt diese Person aus?

A. Bauingenieur
B. Rechtsanwalt
C. Musiker
D. Fachinformatiker
E. Personalberater

77) Welchen Beruf übt diese Person aus?

A. Verlagskauffrau
B. Tierpflegerin
C. Medienkauffrau
D. Journalistin
E. Arzthelferin

78) Welchen Beruf übt diese Person aus?

A. Bauingenieur
B. Rechtsanwalt
C. Musiker
D. Fachinformatiker
E. Personalberater

79) Welchen Beruf übt diese Person aus?

A. Verlagskauffrau
B. Tierpflegerin
C. Medienkauffrau
D. Journalistin
E. Arzthelferin

80) Welchen Beruf übt diese Person aus?

A. Bauingenieur
B. Rechtsanwalt
C. Musiker
D. Fachinformatiker
E. Personalberater

Rechnen mit Hindernis

Bearbeitungszeit 5 Minuten

Im Folgenden müssen Sie Namen in Zahlenwerte umwandeln und damit bestimmte Rechnungen durchführen.

Bei der Umrechnung der Namen zählt:

¬ jeder **Konsonant** 1 Punkt

¬ jeder **Vokal** 2 Punkte

¬ jeder **Umlaut** 3 Punkte

Ist der untere Namenswert kleiner als der obere, muss er von diesem abgezogen werden. Ansonsten addieren Sie beide Namenswerte.

Hierzu ein Beispiel

Aufgabe	*Antwort*
1) Martin:	**1)** Martin: 8
Hans:	Hans: 5
=	=3

Namenswert Martin: 1 + 2 + 1 + 1 + 2 + 1 = 8
Namenswert Hans: 1 + 2 + 1 + 1 = 5
8 – 5 = 3 (großes Ergebnis – kleines Ergebnis)

Aufgabe	*Antwort*
2) Hans:	**2)** Hans: 5
Martin:	Martin: 8
=	=13

1 + 2 + 1 + 1 = 5 (Hans)
1 + 2 + 1 + 1 + 2 + 1 = 8 (Martin)
8 + 5 = 13 (großes Ergebnis + kleines Ergebnis)

Beginnen Sie bitte jetzt mit den Aufgaben: Berechnen Sie jeweils das richtige Ergebnis. Sie haben dafür **5 Minuten** Zeit.

81) Frank:
Bauer:

82) Spott:
Oscar:

83) Maria:
Arnold:

84) Lars:
Öder:

85) Zoe:
Carl:

86) Ernst:
Mai:

87) Karen:
Tai:

88) Klaus:
Mayer:

89) Olaf:
Haupt:

90) Fritz:
Opfer:

91) Helge:
Mika:

92) Kim:
Wenz:

93) Petra:
Hans:

94) Adam:
Kempe:

95) Perle:
Peter:

96) Harm:
Lauf:

97) Mira:
Franz:

98) Erika:
Tina:

99) Rosie:

Utz:

100) Hans:

Meyer:

101) Bernd:

Klein:

102) Groß:

Josef:

103) Ahle:

Ampel:

104) Theo:

Hügel:

105) Stoss:

Davor:

106) Hans:

Wolf:

107) Sven:

Sand:

108) Dana:

Wald:

109) Erika:

Ahring:

110) Mayer:

Ingrid:

111) Meyer:

Mike:

112) Eva:

Kraus:

113) Münch:

Maren:

114) Silke:

Enzo:

115) Lisa:

Theo:

116) Görtz:

Mia:

117) Ute:
Berge:

118) Elisa:
Rohr:

119) José:
Breit:

120) Joe:
Bruno:

121) Klug:
Kai:

122) Jim:
Georg:

123) Christa:
Ulf:

124) Mahler:
Udo:

125) Björn:
Ali:

Wörterliste merken *Einprägezeit 5 Minuten*

Bitte merken Sie sich die vorgegebenen Begriffe, um sie anschließend in einer nach Kategorien sortierten Begriffstabelle wiederfinden zu können.

Zum Einprägen haben Sie **5 Minuten** Zeit. Hierbei dürfen Sie sich keine Notizen machen.

Begriffe

Hannah	Libelle	graublau
Handball	Winter	Kreditkarte
Freude	Dachdecker	Hamster
Fiat	Kempten	Gesamtschule
Birke	Sakko	Pappe
Dreizehn	Meyer	Kuh
Italien	Gerbera	

! ***Hinweis***

Bei dieser Aufgabe ist keine Unterbrechung notwendig, bitte beginnen Sie direkt mit der Bearbeitung!

Decken Sie dafür diese Seite ab.

Wörterliste merken *Bearbeitungszeit 5 Minuten*

Welche Begriffe lagen Ihnen soeben vor? Beginnen Sie bitte jetzt mit den Aufgaben und kreuzen Sie den richtigen Lösungsbuchstaben an.

126) Zahlen:

A. Dreizehn **B.** Sieben **C.** Neunzehn **D.** Acht

127) Sportarten:

A. Reiten **B.** Leichtathletik **C.** Handball **D.** Pilates

128) Insekten:

A. Mücke **B.** Libelle **C.** Heuschrecke **D.** Biene

129) Berufe:

A. Dachdecker **B.** Maurer **C.** Grafiker **D.** Buchhändler

130) Kleidungsstücke:

A. Bluse **B.** Hose **C.** Rock **D.** Sakko

131) Blumen:

A. Geranie **B.** Lilie **C.** Erika **D.** Gerbera

132) Zahlungsarten:

A. Überweisung **B.** Rechnung **C.** Kreditkarte **D.** Vorkasse

133) Schulformen:

A. Grundschule **B.** Gesamtschule **C.** Gymnasium **D.** Hauptschule

134) Nutztiere:

A. Huhn **B.** Rind **C.** Schwein **D.** Kuh

135) Vornamen:

A. Johanna **B.** Julia **C.** Hannah **D.** Franziska

136) Emotionen:

A. Freude **B.** Trauer **C.** Mitleid **D.** Angst

137) Bäume:

A. Fichte **B.** Ahorn **C.** Apfelbaum **D.** Birke

138) Reiseziele:

A. Spanien **B.** Italien **C.** USA **D.** Deutschland

139) Jahreszeiten:

A. Sommer **B.** Frühling **C.** Winter **D.** Herbst

140) Augenfarben:

A. grünbraun **B.** graublau **C.** blau **D.** blaugrau

141) Werkstoffe:

A. Pappe **B.** Holz **C.** Glas **D.** Metall

142) Automarke:

A. BMW **B.** Peugeot **C.** Fiat **D.** VW

143) Städte:

A. Kempten **B.** Freiburg **C.** Kempen **D.** Erfurt

144) Namen:

A. Meyer **B.** Mayer **C.** Meier **D.** Müller

145) Haustiere:

A. Hund **B.** Katze **C.** Kaninchen **D.** Hamster

Zahlensuche nach Rechenregel *Bearbeitungszeit 4 Minuten*

Zu jedem Aufgabenblock erhalten Sie eine mathematische Regel.

Unterstreichen Sie jeweils alle Zahlen, auf die die vorgegebene Regel zutrifft.

Hierzu ein Beispiel

Aufgabe

Unterstreichen Sie alle Zahlen, die ohne Rest durch 2 teilbar sind.

1)	4	8	9	25	67	86	3	81	43	32
2)	76	90	27	69	76	45	55	61	44	18

Antwort

1)	<u>4</u>	<u>8</u>	9	25	67	<u>86</u>	3	81	43	<u>32</u>
2)	<u>76</u>	<u>90</u>	27	69	<u>76</u>	45	55	61	<u>44</u>	<u>18</u>

Beginnen Sie nun bitte mit den Aufgaben: Unterstreichen Sie die gesuchten Zahlen. Sie haben dafür **4 Minuten** Zeit.

Block A

Unterstreichen Sie alle Zahlen, die um 6 kleiner sind als ihr linker Nachbar.

146)	71	63	61	55	48	45	77	86	80	91
147)	70	64	59	88	65	59	68	62	68	74
148)	33	27	23	17	23	15	9	41	35	44
149)	32	26	17	12	6	–6	3	17	9	3
150)	55	29	35	29	51	45	46	39	33	18
151)	56	72	66	48	36	89	87	81	62	56
152)	11	5	–6	1	–5	50	44	93	87	94
153)	19	87	81	–13	–2	–18	–24	0	–6	–9
154)	28	22	14	54	48	42	48	26	19	13
155)	1	33	27	21	11	38	15	9	7	1

Block B

Unterstreichen Sie alle Zahlen, die ohne Rest durch 13 teilbar sind.

156)	70	26	56	87	64	72	104	67	57	66
157)	52	63	61	53	50	39	77	84	38	91
158)	55	247	139	48	52	43	146	91	–26	18
159)	142	42	13	31	85	65	67	39	169	154
160)	120	130	68	91	81	92	13	93	85	26
161)	26	22	14	78	27	42	34	143	50	42
162)	170	169	28	99	11	181	15	157	195	53
163)	33	125	7	221	23	15	23	41	33	44
164)	95	187	156	143	117	18	114	6	–62	–19
165)	208	225	234	12	35	78	3	17	9	259

Lösungen: Konzentration und Merkfähigkeit

1) 7	31) 5	61)
2) 6	32) 6	62)
3) 5	33) 1	63)
4) 7	34) 8	64)
5) 8	35) 7	65) siehe
6) 7	36) 16	66) Erklärung
7) 8	37) 24	67)
8) 5	38) 18	68)
9) 6	39) 36	69)
10) 6	40) 32	70)
11) 6	41) 91	71) C
12) 5	42) 43	72) B
13) 3	43) 12	73) B
14) 6	44) 7	74) E
15) 4	45) 3	75) E
16) 7	46) 22	76) E
17) 9	47) 4	77) D
18) 5	48) 48	78) D
19) 3	49) 19	79) C
20) 6	50) 8	80) C
21) 6	51) 33	81) 14
22) 8	52) 68	82) 13
23) 6	53) 6	83) 16
24) 6	54) 64	84) 12
25) 3	55) 77	85) 10
26) 7	56)	86) 1
27) 5	57)	87) 2
28) 7	58) siehe Erklärung	88) 14
29) 5	59)	89) 13
30) 9	60)	90) 13

91) 1	**116)** 2	**141)** A
92) 9	**117)** 12	**142)** C
93) 2	**118)** 3	**143)** A
94) 13	**119)** 13	**144)** A
95) 14	**120)** 12	**145)** D
96) 11	**121)** 10	**146)** 55 | 80
97) 12	**122)** 11	**147)** 64 | 59 | 62
98) 2	**123)** 5	**148)** 27 | 17 | 9 | 35
99) 4	**124)** 3	**149)** 26 | 6 | 3
100) 12	**125)** 2	**150)** 29 | 45 | 33
101) 13	**126)** A	**151)** 66 | 81 | 56
102) 12	**127)** C	**152)** 5 | –5 | 44 | 87
103) 13	**128)** B	**153)** 81 | –24 | –6
104) 14	**129)** A	**154)** 22 | 48 | 42 | 13
105) 13	**130)** D	**155)** 27 | 21 | 9 | 1
106) 10	**131)** D	**156)** 26 | 104
107) 10	**132)** C	**157)** 52 | 39 | 91
108) 1	**133)** B	**158)** 247 | 52 | 91 | –26
109) 16	**134)** D	**159)** 13 | 65 | 39 | 169
110) 15	**135)** C	**160)** 130 | 91 | 13 | 26
111) 1	**136)** A	**161)** 26 | 78 | 143
112) 12	**137)** D	**162)** 169 | 195
113) 14	**138)** B	**163)** 221
114) 1	**139)** C	**164)** 156 | 143 | 117
115) 12	**140)** B	**165)** 208 | 234 | 78

b/d/p/q-Test (Aufgaben 1–35)

Zu 1) p p q b p q p b q p p q b q p d p q p q *7*

Zu 2) p p b d p p q p d q p q d q p b p q p q *6*

Zu 3) p b p q p d d p q p b p q d q p d p q p *5*

Zu 4) p d p b p q p p b p q p q q p d q p q q *7*

Zu 5)	p	d	q	p	d	q	p	b	q	p	q	b	q	d	q	p	q	d	q	p	*8*
Zu 6)	d	p	p	d	p	b	b	p	d	p	q	p	q	q	q	p	q	p	q	q	*7*
Zu 7)	b	p	d	q	p	q	p	d	p	p	q	d	q	q	p	b	q	p	q	q	*8*
Zu 8)	d	p	d	p	p	q	p	q	b	q	q	p	b	d	p	p	q	p	d	p	*5*
Zu 9)	p	p	q	q	d	q	q	p	q	p	d	p	b	p	q	b	p	d	p	d	*6*
Zu 10)	p	d	d	p	q	p	b	q	p	b	q	p	q	p	b	p	q	p	q	b	*6*
Zu 11)	p	p	d	p	d	p	q	p	q	p	d	p	q	q	b	p	b	p	q	q	*6*
Zu 12)	p	q	q	p	q	p	d	p	d	p	p	d	q	p	p	d	p	b	q	p	*5*
Zu 13)	p	b	p	d	d	p	d	p	p	q	p	d	p	q	p	b	p	b	p	q	*3*
Zu 14)	p	b	b	p	d	p	d	p	p	q	d	q	p	q	q	d	p	q	p	q	*6*
Zu 15)	p	p	d	p	b	p	b	b	p	d	p	p	q	q	p	d	d	p	q	q	*4*
Zu 16)	p	d	p	b	q	p	b	q	p	q	p	b	q	q	p	d	d	p	q	q	*7*
Zu 17)	p	p	q	p	q	p	q	b	p	q	q	d	q	p	q	d	q	p	q	p	*9*
Zu 18)	p	p	b	b	p	d	q	p	q	q	q	p	d	d	p	b	q	p	b	p	*5*
Zu 19)	p	p	p	b	p	b	d	p	d	p	q	p	b	p	q	p	q	b	p	p	*3*
Zu 20)	p	p	b	p	b	p	d	q	p	q	p	p	q	q	p	d	b	p	q	q	*6*
Zu 21)	p	p	b	q	p	b	q	p	q	q	p	q	p	d	p	d	p	q	p	p	*6*
Zu 22)	p	p	q	q	p	b	q	q	p	b	q	q	p	d	d	p	q	q	p	p	*8*
Zu 23)	p	p	p	b	p	b	p	q	b	q	p	q	d	q	p	d	p	q	p	q	*6*
Zu 24)	p	d	p	b	p	d	p	p	b	p	p	q	q	q	p	b	p	q	q	q	*6*
Zu 25)	b	p	b	p	d	p	d	p	d	p	p	b	p	q	q	p	p	b	d	q	*3*
Zu 26)	p	b	p	b	b	p	p	d	q	p	q	b	q	q	p	d	q	p	q	q	*7*
Zu 27)	p	d	p	b	p	p	b	p	q	p	q	p	q	p	d	p	q	p	q	p	*5*
Zu 28)	q	p	q	q	p	p	q	p	p	q	p	p	p	q	p	p	p	p	p	q	*7*
Zu 29)	p	q	p	d	p	d	p	b	b	p	q	p	q	p	b	d	q	p	q	p	*5*
Zu 30)	p	q	p	q	b	q	p	b	p	d	q	d	q	q	p	b	q	p	q	q	*9*

Zu 31)	p	p	b	d	d	q	b	q	p	q	p	d	q	p	d	b	p	p	q	p	*5*
Zu 32)	p	p	p	p	d	b	d	p	b	q	p	b	q	q	q	p	b	p	q	q	*6*
Zu 33)	p	p	p	b	p	b	d	p	d	p	p	d	p	p	q	p	d	p	p	p	*1*
Zu 34)	q	p	q	q	q	q	p	d	p	q	p	p	p	q	p	p	d	b	b	q	*8*
Zu 35)	p	q	q	p	p	q	q	p	d	q	p	q	p	d	b	b	p	q	p	p	*7*

Figuren und Zahlen merken (Aufgaben 36–55)

Zu 36) 16	Zu 41) 91	Zu 46) 22	Zu 51) 33
Zu 37) 24	Zu 42) 43	Zu 47) 4	Zu 52) 68
Zu 38) 18	Zu 43) 12	Zu 48) 48	Zu 53) 6
Zu 39) 36	Zu 44) 7	Zu 49) 19	Zu 54) 64
Zu 40) 32	Zu 45) 3	Zu 50) 8	Zu 55) 77

Muster vergleichen (Aufgaben 56–70)

Zu 56)

Zu 57)
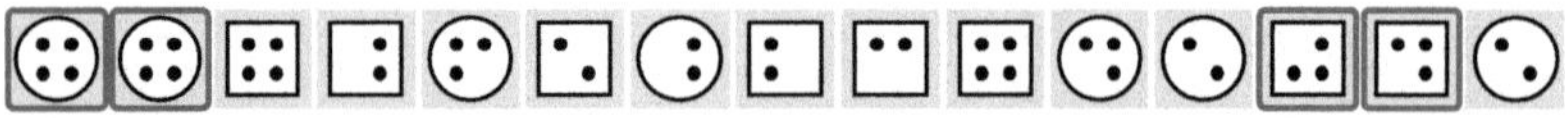

Zu 58)
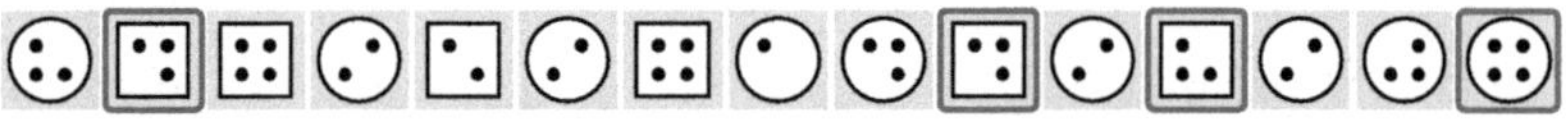

Zu 59)

Zu 60)

Zu 61)
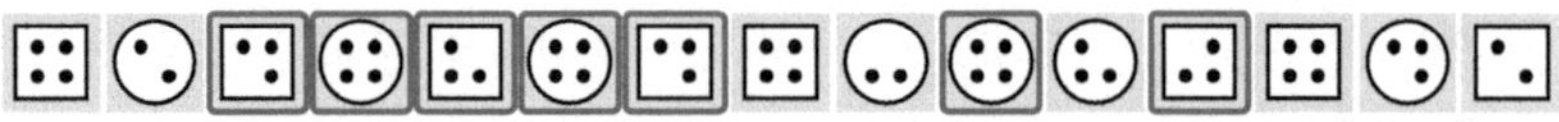

Zu 62)
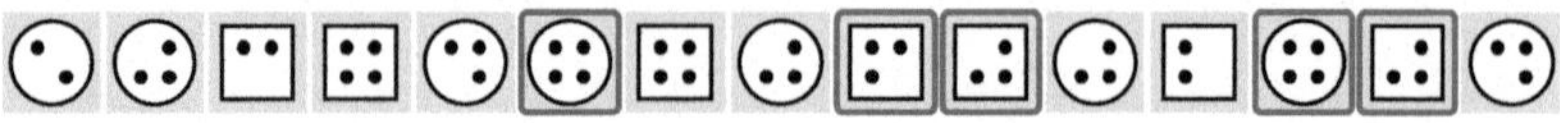

Zu 63)

Zu 64) 

Zu 65) 

Zu 66) 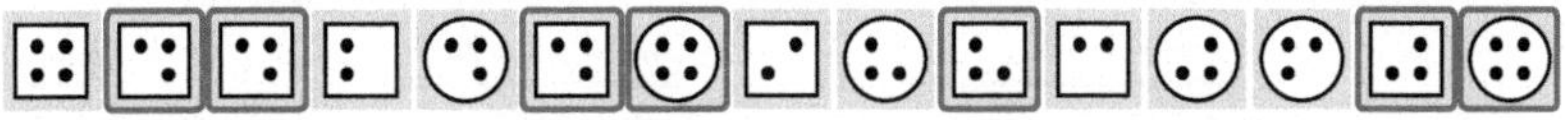

Zu 67) 

Zu 68) 

Zu 69) 

Zu 70) 

Personendatei einprägen (Aufgaben 71–80)

Zu 71) **C.** Enrico Felici

Zu 72) **B.** Margot Ebert

Zu 73) **B.** Raimund Breit

Zu 74) **E.** Martin Ecker

Zu 75) **E.** Arzthelferin

Zu 76) **E.** Personalberater

Zu 77) **D.** Journalistin

Zu 78) **D.** Fachinformatiker

Zu 79) **C.** Medienkauffrau

Zu 80) **C.** Musiker

Rechnen mit Hindernis (Aufgaben 81–125)

Zu 81)
1+1+2+1+1=6
1+2+2+2+1=8
6 + 8 = ***14***

Zu 82)
1+1+2+1+1=6
2+1+1+2+1=7
6 + 7 = ***13***

Zu 83)
1+2+1+2+2=8
2+1+1+2+1+1=8
8 + 8 = ***16***

Zu 84)
1+2+1+1=5
3+1+2+1=7
5 + 7 = ***12***

Zu 85)
1+2+2=5
1+2+1+1=5
5 + 5 = ***10***

Zu 86)
2+1+1+1+1=6
1+2+2=5
6 – 5 = ***1***

Zu 87)
1+2+1+2+1=7
1+2+2=5
7 – 5 = ***2***

Zu 88)
1+1+2+2+1=7
1+2+1+2+1=7
7 + 7 = ***14***

Zu 89)
2+1+2+1=6
1+2+2+1+1=7
6 + 7 = ***13***

Zu 90) 1+1+2+1+1=6
2+1+1+2+1=7
6 + 7 = ***13***

Zu 91) 1+2+1+1+2=7
1+2+1+2=6
7 – 6 = ***1***

Zu 92) 1+2+1=4
1+2+1+1=5
4 + 5 = ***9***

Zu 93) 1+2+1+1+2=7
1+2+1+1=5
7 – 5 = ***2***

Zu 94) 2+1+2+1=6
1+2+1+1+2=7
6 + 7 = ***13***

Zu 95) 1+2+1+1+2=7
1+2+1+2+1=7
7 + 7 = ***14***

Zu 96) 1+2+1+1=5
1+2+2+1=6
5 + 6 = ***11***

Zu 97) 1+2+1+2=6
1+1+2+1+1=6
6 + 6 = ***12***

Zu 98) 2+1+2+1+2=8
1+2+1+2=6
8 – 6 = ***2***

Zu 99) 1+2+1+2+2=8
2+1+1=4
8 – 4 = ***4***

Zu 100) 1+2+1+1=5
1+2+1+2+1=7
5 + 7 = ***12***

Zu 101) 1+2+1+1+1=6
1+1+2+2+1=7
6 + 7 = ***13***

Zu 102) 1+1+2+1=5
1+2+1+2+1=7
5 + 7 = ***12***

Zu 103) 2+1+1+2=6
2+1+1+2+1=7
6 + 7 = ***13***

Zu 104) 1+1+2+2=6
1+3+1+2+1=8
6 + 8 = ***14***

Zu 105) 1+1+2+1+1=6
1+2+1+2+1=7
6 + 7 = ***13***

Zu 106) 1+2+1+1=5
1+2+1+1=5
5 + 5 = ***10***

Zu 107) 1+1+2+1=5
1+2+1+1=5
5 + 5 = ***10***

Zu 108) 1+2+1+2=6
1+2+1+1=5
6 – 5 = ***1***

Zu 109) 2+1+2+1+2=8
2+1+1+2+1+1=8
8 + 8 = ***16***

Zu 110) 1+2+1+2+1=7
2+1+1+1+2+1=8
7 + 8 = ***15***

Zu 111) 1+2+1+2+1=7
1+2+1+2=6
7 – 6 = ***1***

Zu 112) 2+1+2=5
1+1+2+2+1=7
5 + 7 = ***12***

Zu 113) 1+3+1+1+1=7
1+2+1+2+1=7
7 + 7 = ***14***

Zu 114) 1+2+1+1+2=7
2+1+1+2=6
7 – 6 = ***1***

Zu 115) 1+2+1+2=6
1+1+2+2=6
6 + 6 = ***12***

Zu 116) 1+3+1+1+1=7
1+2+2=5
7 – 5 = ***2***

Zu 117) 2+1+2=5
1+2+1+1+2=7
5 + 7 = ***12***

Zu 118) 2+1+2+1+2=8
1+2+1+1=5
8 – 5 = ***3***

Zu 119) 1+2+1+2=6
1+1+2+2+1=7
6 + 7 = ***13***

Zu 120) 1+2+2=5
1+1+2+1+2=7
5 + 7 = ***12***

Zu 121) 1+1+2+1=5
1+2+2=5
5 + 5 = ***10***

Zu 122) 1+2+1=4
1+2+2+1+1=7
4 + 7 = ***11***

Zu 123) 1+1+1+2+1+1+2=9
2+1+1=4
9 – 4 = ***5***

Zu 124) 1+2+1+1+2+1=8
2+1+2=5
8 – 5 = ***3***

Zu 125) 1+1+3+1+1=7
2+1+2=5
7 – 5 = ***2***

Wörterliste merken (Aufgaben 126–145)

Zu 126) Zahlen – **A.** Dreizehn

Zu 127) Sportarten – **C.** Handball

Zu 128) Insekten – **B.** Libelle

Zu 129) Berufe – **A.** Dachdecker

Zu 130) Kleidungsstücke – **D.** Sakko

Zu 131) Blumen – **D.** Gerbera

Zu 132) Zahlungsarten – **C.** Kreditkarte

Zu 133) Schulformen – **B.** Gesamtschule

Zu 134) Nutztiere – **D.** Kuh

Zu 135) Vornamen – **C.** Hannah

Zu 136) Emotionen – **A.** Freude

Zu 137) Bäume – **D.** Birke

Zu 138) Reiseziele – **B.** Italien

Zu 139) Jahreszeiten – **C.** Winter

Zu 140) Augenfarben – **B.** graublau

Zu 141) Werkstoffe – **A.** Pappe

Zu 142) Automarke – **C.** Fiat

Zu 143) Städte – **A.** Kempten

Zu 144) Namen – **A.** Meyer

Zu 145) Haustiere – **D.** Hamster

Zahlensuche nach Rechenregel (Aufgaben 146–165)

Block A

Zu 146)	71	63	61	***55***	48	45	77	86	***80***	91
Zu 147)	70	***64***	59	88	65	***59***	68	***62***	68	74
Zu 148)	33	***27***	23	***17***	23	15	***9***	41	***35***	44
Zu 149)	32	***26***	17	12	***6***	–6	3	17	9	***3***
Zu 150)	55	29	35	***29***	51	***45***	46	39	***33***	18
Zu 151)	56	72	***66***	48	36	89	87	***81***	62	***56***
Zu 152)	11	***5***	–6	1	***–5***	50	***44***	93	***87***	94
Zu 153)	19	87	***81***	–13	–2	–18	***–24***	0	***–6***	–9
Zu 154)	28	***22***	14	54	***48***	***42***	48	26	19	***13***
Zu 155)	1	33	***27***	***21***	11	38	15	***9***	7	***1***

Block B

Zu 156)	70	***26***	56	87	64	72	***104***	67	57	66
Zu 157)	***52***	63	61	53	50	***39***	77	84	38	***91***
Zu 158)	55	***247***	139	48	***52***	43	146	***91***	***–26***	18
Zu 159)	142	42	***13***	31	85	***65***	67	***39***	***169***	154
Zu 160)	120	***130***	68	***91***	81	92	***13***	93	85	***26***
Zu 161)	***26***	22	14	***78***	27	42	34	***143***	50	42
Zu 162)	170	***169***	28	99	11	181	15	157	***195***	53
Zu 163)	33	125	7	***221***	23	15	23	41	33	44
Zu 164)	95	187	***156***	***143***	***117***	18	114	6	–62	–19
Zu 165)	***208***	225	***234***	12	35	***78***	3	17	9	259

Der Persönlichkeitstest

Manche Unternehmen nutzen spezielle psychologische Testverfahren, um der Persönlichkeit eines Bewerbers nachzuspüren. Anhand der Ergebnisse wollen die Prüfer ein unverwechselbares Bewerberprofil erstellen, das heißt eine Art individuellen charakterlichen Fingerabdruck.

Dass viele Experten derartige Verfahren für fragwürdig halten, steht auf einem anderen Blatt. Wie soll es möglich sein, vielschichtige menschliche Charakterzüge mithilfe standardisierter Fragenkataloge abzubilden? Um einen psychologischen Test kommen Sie aber manchmal einfach nicht herum. Intime Details zum Privatbereich muss dabei jedoch keiner verraten: Es dürfen nur Eigenschaften getestet werden, die für die fragliche Stelle wirklich von Belang sind.

Im Finanzbereich sucht man Bewerber, die ...

- service- und kundenorientiert denken.
- gewissenhaft und zuverlässig sind.
- kommunizieren und argumentieren können.
- leistungsbereit und verantwortungsbewusst sind.
- gern und gut im Team arbeiten.
- flexibel und belastbar sind.

Die Vorbereitung

Da der psychologische Typentest auf individuelle Eigenschaften abzielt, gibt es keine eindeutig guten oder schlechten Lösungen. Zwar liegt die „richtige" Antwort bisweilen ziemlich nahe, etwa wenn es ums Teamverhalten geht: Wer möchte schon gern Kollegen haben, die die Arbeit ständig auf andere abwälzen und bei Kritik gleich eingeschnappt sind? Doch oft muss man sich zwischen zwei positiv besetzten Merkmalen entscheiden, beispielsweise Gewissenhaftigkeit und Flexibilität.

Manche raten, völlig unvorbereitet in den Test zu gehen und sich ganz auf die eigene Spontaneität zu verlassen – eine riskante Empfehlung: Erst die bewusste Auseinandersetzung mit dem Testverfahren ermöglicht differenzierte Antworten, und gerade an die ausgefallenen Fragetechniken sollte man sich erst einmal gewöhnen. Zudem setzt ein überzeugender Auftritt voraus, souverän mit den eigenen Stärken und Schwächen umgehen zu können.

Worauf kommt es im Persönlichkeitstest an?

Machen Sie sich vorher klar, worin die **berufsrelevanten Schlüsselqualifikationen** bestehen: Warum sind gerade Sie für diesen Beruf geeignet?

Zeichnen Sie **kein maßlos positives** Bild von sich: Auf die Fähigkeit zur realistischen Selbstkritik legen die Personalverantwortlichen großen Wert.

Schärfen Sie Ihre Sinne für die **Untertöne einer Frage**: Nicht immer ist auf den ersten Blick klar, welche Eigenschaften gerade im Fokus stehen.

Betonen Sie Ihr Profil mit Bedacht: Wer stets den Mittelweg wählt, verrät zu wenig von sich, zu viele „extreme" Antworten wirken übertrieben und unreflektiert.

Manche Fragen wiederholen sich an verschiedenen Stellen in abgewandelter Formulierung: Auf diese Weise möchte man herausfinden, ob ein Kandidat ehrlich antwortet oder das Testverfahren mit strategischem Kalkül zu manipulieren versucht. Wenn Sie eine Frage nicht richtig einschätzen können, antworten Sie am besten gemäßigt.

Denken Sie daran, dass man Sie eventuell in einem späteren Einzelgespräch mit Ihren Angaben im Persönlichkeitstest konfrontiert. Außerdem können Kompetenzen wie Kommunikationsvermögen, Konfliktfähigkeit oder Teamfähigkeit noch einmal in einem späteren Assessment Center geprüft werden. Die Personaler achten dann genau darauf, ob sich Ihr Auftritt mit den Resultaten des Persönlichkeitstests deckt.

Die Testsimulation *Bearbeitungszeit 20 Minuten*

Auf den nächsten Seiten können Sie sich mit einem typischen psychologischen Testverfahren vertraut machen. Dabei bewerten Sie anhand einer Punkteskala, wie sehr Sie sich mit verschiedenen Aussagen identifizieren können.

Die Skala reicht von:

☹ = stimme überhaupt nicht zu (hier Punktwert „1") bis

☺ = stimme voll und ganz zu (hier Punktwert „5")

Kreuzen Sie an, an welcher Stelle der Skala Sie sich am ehesten wiederfinden. Tragen Sie die entsprechende Punktzahl rechts unter „Ihr Wert" ein.

Hierzu ein Beispiel

Aufgabe

1) Ich gehe gern auf fremde Menschen zu.

☹	**1**	**2**	**3**	**4**	**5**	☺	Ihr Wert:

Wenn Sie völlig zustimmen:

Ihr Wert: 5

Achtung!

Es gibt Aufgaben mit umgekehrter Punkteskala, bei denen „stimme überhaupt nicht zu" ☹ mit 5 Punkten und „stimme voll und ganz zu" ☺ mit einem Punkt bewertet wird.

Bitte kreuzen Sie zu jeder Aussage den Wert an, der Sie am zutreffendsten charakterisiert. Wir empfehlen, die Aufgaben in ihrer numerischen Reihenfolge zu bearbeiten – Sie können jedoch auch anders vorgehen, wenn Sie möchten.

Am Ende des Tests finden Sie eine Auswertungshilfe zur Interpretation Ihrer Ergebnisse.

1) Es kommt oft vor, dass ich eine Sache, die ich mir fest vorgenommen habe, nicht zu Ende bringen kann, weil ständig etwas dazwischenkommt.

☹ **5** **4** **3** **2** **1** ☺ Ihr Wert: ____

2) Bei Gesprächen in großer Runde halte ich mich eher zurück.

☹ **5** **4** **3** **2** **1** ☺ Ihr Wert: ____

3) Teamarbeit bietet sich dann an, wenn ich mit guten Leuten zusammenarbeite.

☹ **5** **4** **3** **2** **1** ☺ Ihr Wert: ____

4) Ich gerate fast nie in Konfliktsituationen.

☹ **5** **4** **3** **2** **1** ☺ Ihr Wert: ____

5) Es fällt mir schwer, auf Unbekannte zuzugehen und ihnen meine Hilfe anzubieten.

☹ **5** **4** **3** **2** **1** ☺ Ihr Wert: ____

6) Dinge zu planen und zu organisieren ist die Voraussetzung dafür, dass alles richtig funktioniert.

☹ **1** **2** **3** **4** **5** ☺ Ihr Wert: ____

7) Ich denke nicht gerne über Dinge nach, für die keine Notwendigkeit besteht.

☹ **5** **4** **3** **2** **1** ☺ Ihr Wert: ____

8) Die Zusammenarbeit mit anderen Menschen motiviert mich.

☹ **1** **2** **3** **4** **5** ☺ Ihr Wert:

9) Wenn ich kritisiert werde, mache ich den Kritiker auch auf seine eigenen Fehler aufmerksam.

☹ **5** **4** **3** **2** **1** ☺ Ihr Wert:

10) Mich kann man leicht zum Lachen bringen.

☹ **1** **2** **3** **4** **5** ☺ Ihr Wert:

11) Ich halte meine Termine immer ein, egal was passiert.

☹ **1** **2** **3** **4** **5** ☺ Ihr Wert:

12) Eine Präsentation vor mehreren Leuten macht mir viel Spaß.

☹ **1** **2** **3** **4** **5** ☺ Ihr Wert:

13) Am liebsten bin ich alleine, da ich dann am besten arbeiten kann.

☹ **5** **4** **3** **2** **1** ☺ Ihr Wert:

14) Entspannungsübungen finde ich klasse.

☹ **1** **2** **3** **4** **5** ☺ Ihr Wert:

15) Ich fühle mich selten einsam.

☹ **1** **2** **3** **4** **5** ☺ Ihr Wert:

16) Ich teile mir meine Arbeit so ein, dass ich rechtzeitig fertig werde.

☹ **1** **2** **3** **4** **5** ☺ Ihr Wert:

17) Denken macht keinen Spaß, ist aber oft notwendig.

☹ **5** **4** **3** **2** **1** ☺ Ihr Wert:

18) Wenn ich mir ein Ziel in den Kopf gesetzt habe, versuche ich es mit allen Mitteln zu erreichen.

☹ 5 4 3 2 1 ☺ Ihr Wert: ______

19) Ich teile lieber, bevor ich einem Wettkampf ausgesetzt werde.

☹ 5 4 3 2 1 ☺ Ihr Wert: ______

20) Aufgaben, die in Abstimmung mit anderen erledigt werden müssen, liegen mir eher weniger.

☹ 5 4 3 2 1 ☺ Ihr Wert: ______

21) Ich versuche, alle anfallenden Aufgaben immer perfekt zu lösen.

☹ 1 2 3 4 5 ☺ Ihr Wert: ______

22) Umständliche Reden können andere Leute besser halten, ich komme lieber auf den Punkt.

☹ 1 2 3 4 5 ☺ Ihr Wert: ______

23) Die Zusammenarbeit mit anderen empfinde ich oft als anstrengend.

☹ 5 4 3 2 1 ☺ Ihr Wert: ______

24) Wenn ich kritisiert werde, überlege ich, ob der Kritiker vielleicht Recht hat.

☹ 1 2 3 4 5 ☺ Ihr Wert: ______

25) Ein kleiner Scherz am Rande kann nicht schaden und zeigt, dass ich Humor habe.

☹ 1 2 3 4 5 ☺ Ihr Wert: ______

26) Wenn ich an einem Problem festhänge, dann fange ich am liebsten mit einer neuen Aufgabe an.

☹ 5 4 3 2 1 ☺ Ihr Wert: ______

27) Ich mag es, wenn Arbeitsabläufe sich wiederholen.

☹ 5 4 3 2 1 ☺ Ihr Wert: ______

28) Ich finde es wichtig, dass jeder einen Beitrag leistet, um das beste Ergebnis zu erreichen.

☹ 1 2 3 4 5 ☺ Ihr Wert: ______

29) Um ein sehr gutes Ergebnis zu erzielen, braucht man viel Glück.

☹ 5 4 3 2 1 ☺ Ihr Wert: ______

30) Es macht mir nichts aus, meinen Schreibtisch von der Wand eher in die Mitte des Raumes zu verlagern, um dadurch Platz zu gewinnen.

☹ 1 2 3 4 5 ☺ Ihr Wert: ______

31) Ich arbeite gerne an Dingen, deren Früchte ich erst im Nachhinein ernte.

☹ 1 2 3 4 5 ☺ Ihr Wert: ______

32) Ich schwanke oft in meiner Meinung hin und her, wenn unvorhergesehene Dinge passieren.

☹ 5 4 3 2 1 ☺ Ihr Wert: ______

33) In neuen Situationen fällt es mir leicht, mein Verhalten anzupassen.

☹ 1 2 3 4 5 ☺ Ihr Wert: ______

34) Ich setze mir oft Ziele ohne wirklich zu versuchen, sie zu erreichen.

☹ 5 4 3 2 1 ☺ Ihr Wert: ______

35) Veränderungen müssen schnellstens umgesetzt werden.

☹ 5 4 3 2 1 ☺ Ihr Wert: ______

36) Es kommt häufig vor, dass ich entmutigt bin, wenn mich jemand kritisiert.

☹ **5** **4** **3** **2** **1** ☺ Ihr Wert: ______

37) Ich überlege gerne, wie ich eine Aufgabe mit neuen Methoden bewältigen kann.

☹ **1** **2** **3** **4** **5** ☺ Ihr Wert: ______

38) Meistens sind meine Lösungen die besten, da ich sehr genau arbeite.

☹ **5** **4** **3** **2** **1** ☺ Ihr Wert: ______

39) Ich erstelle lieber die Präsentation für einen Vortrag und überlasse das Moderieren anderen.

☹ **5** **4** **3** **2** **1** ☺ Ihr Wert: ______

40) Ich bin bekannt dafür, dass ich immer den Anfang mache.

☹ **1** **2** **3** **4** **5** ☺ Ihr Wert: ______

Die Auswertung

Bitte tragen Sie zu jeder fettgedruckten Fragennummer die Punktzahl ein, für die Sie sich entschieden haben. Beachten Sie dabei, dass die Fragen in der Übersicht nach Kompetenzbereichen geordnet sind. Ihr Ergebnis für einen Kompetenzbereich erhalten Sie, indem Sie die Werte der zugehörigen Einzelfragen zusammenzählen. Durch die Addition der Teilresultate ergibt sich schließlich Ihre Gesamtpunktzahl.

I. Soziale Kompetenzen

Kontaktfähigkeit			**Teamfähigkeit**		
5)		Punkte	**3)**		Punkte
10)		Punkte	**8)**		Punkte
15)		Punkte	**13)**		Punkte
20)		Punkte	**18)**		Punkte
25)		Punkte	**23)**		Punkte
Σ		**Punkte**	**Σ**		**Punkte**

Konfliktfähigkeit			**Kommunikationsvermögen**		
4)		Punkte	**2)**		Punkte
9)		Punkte	**12)**		Punkte
19)		Punkte	**22)**		Punkte
24)		Punkte	**39)**		Punkte
36)		Punkte	**40)**		Punkte
Σ		**Punkte**	**Σ**		**Punkte**

II. Persönliche Kompetenzen

Zuverlässigkeit		Flexibilität	
1)	Punkte	7)	Punkte
6)	Punkte	27)	Punkte
11)	Punkte	30)	Punkte
16)	Punkte	33)	Punkte
21)	Punkte	37)	Punkte
Σ	**Punkte**	Σ	**Punkte**

Belastbarkeit		Ergebnisorientierung	
14)	Punkte	28)	Punkte
17)	Punkte	31)	Punkte
26)	Punkte	34)	Punkte
29)	Punkte	35)	Punkte
32)	Punkte	38)	Punkte
Σ	**Punkte**	Σ	**Punkte**

Ihr Gesamtergebnis: ______ **Punkte**

Auf den folgenden Seiten können Sie nachlesen, was Ihr Testergebnis aus Sicht der Personaler über Sie verraten könnte – bitte nehmen Sie diese Einschätzungen nicht allzu ernst. Denken Sie daran: Die Aussagekraft psychologischer Typentest ist ziemlich umstritten. In der Vorbereitung geht es vor allem darum, ein Gespür für derartige Verfahren zu entwickeln.

Der Mittelwert pro Kompetenzbereich liegt in unserem Beispieltest bei 15 Punkten. Generell ist es günstig, wenn Sie in jeder Kategorie 15 bis 22 Punkte erreichen. Aber Vorsicht: Herausragend hohe Punktzahlen in mehreren Bereichen wirken eher unglaubwürdig. Manchmal weisen die Top-Werte sogar auf negative Eigenschaften hin.

Kontaktfähigkeit

Fällt es Ihnen leicht, Kontakte zu knüpfen? Oder halten Sie sich lieber zurück? Auf gute Beziehungen zu Ihren Kollegen sind Sie in jeder Branche angewiesen. Im Finanzsektor sollten Sie darüber hinaus in der Lage sein, mit vollkommen Unbekannten schnell auf eine gemeinsame Wellenlänge zu kommen: Beim Verkauf von Finanzprodukten und Dienstleistungen stehen Sie schließlich in direktem Kundenkontakt.

mehr als 20 Punkte: Sie sind extrem kontaktfreudig und gewinnen die Sympathien schnell für sich. Passen Sie aber auf, nicht zu offen, leutselig und geschwätzig zu erscheinen. Eine Tätigkeit bei Banken, Sparkassen oder Versicherungen setzt ein hohes Maß an Vertrauenswürdigkeit und Verantwortungsbewusstsein voraus.

15–20 Punkte: Sie können von sich aus auf andere Menschen zugehen und finden zu ihnen in der Regel einen guten Draht. Dabei empfindet man Sie als angenehm unaufdringlich. Bleiben Sie am Ball und lassen Sie sich nicht ins Abseits drängen, so sammeln Sie jede Menge Pluspunkte.

weniger als 15 Punkte: Auch wenn es Überwindung kosten kann, Kontakte zu knüpfen: Mit zu viel Zurückhaltung findet man in neuen Umgebungen nur sehr langsam Anschluss. So wird es schwer, sich produktiv ins Team einzubringen und in Kundengesprächen souverän aufzutreten. Im Finanzbereich braucht man Mitarbeiter, die Sicherheit ausstrahlen und gut mit Menschen umgehen können.

Teamfähigkeit

Teamfähigkeit heißt, produktiv mit anderen Menschen zusammenarbeiten zu können. Eine Gruppe ist mehr als nur die Summe ihrer Mitglieder – wenn alle an einem Strang ziehen. Die verschiedenen Temperamente unter einen Hut zu bringen und alle Fähigkeiten sinnvoll einzubinden, ist die wichtigste Grundlage erfolgreichen Teamworks. Gelingt das nicht, hat man anstelle von Teamplayern am Ende nur einen versprengten Haufen von Einzelgängern.

mehr als 20 Punkte: Sie sind das Musterbeispiel eines Mannschaftsspielers. Im Kollektiv blühen Sie auf, nehmen dabei die eigenen Interessen auch gerne mal zurück. Solange Ihre Selbstständigkeit darunter nicht leidet, sind Sie auf einem guten Weg.

15–20 Punkte: Eigensinn und Teamgeist halten sich bei Ihnen die Waage. Damit sind Sie in jeder Gruppe gerne gesehen, auch wenn Ihnen die Integration ins Team nicht immer leicht fällt. Manchmal könnten Sie Ihre persönlichen Befindlichkeiten noch etwas mehr zurückstellen, um die Gruppendynamik zu stärken.

weniger als 15 Punkte: Sie spielen lieber Golf als Fußball, richtig? Die Teamarbeit jedenfalls liegt Ihnen anscheinend nicht so gut. Denken Sie daran: Sie sind Teil eines großen Orchesters, das nur dann gut klingt, wenn alle harmonieren. Nehmen Sie Rücksicht auf Ihr Umfeld und bringen Sie sich ein – davon profitieren alle.

Konfliktfähigkeit

Meinungsverschiedenheiten sind im Berufsalltag nichts Seltenes. Und auch nichts besonders Schlimmes: Denn dadurch kommen existierende Probleme offen auf den Tisch, was vernünftige und tragfähige Lösungen ermöglicht. Konflikte sind dazu da, dass man sie bewältigt – dabei kommt es auf ein besonnenes, zielgerichtetes Vorgehen an. Erst recht natürlich in der Kundenberatung! Wenn es ums liebe Geld geht, verstehen Kleinsparer wie Großanleger mitunter nämlich wenig Spaß.

mehr als 20 Punkte: Sie weichen keinem Konflikt aus und sprechen an, was Ihnen nicht gefällt. Gut so – solange Sie das weiterhin vernünftig, selbstkritisch, nüchtern und zielgerichtet tun. Ihre Kunden und Kollegen werden es sicher zu schätzen wissen.

15–20 Punkte: Probleme sind dazu da, dass man sie löst – das könnte Ihr Motto sein. Obwohl Ihnen Harmonie wichtig ist, besitzen Sie auch das nötige Quäntchen Durchsetzungsvermögen. So tragen Sie in strittigen Situationen dazu bei, konstruktive und sachliche Lösungen zu finden.

weniger als 15 Punkte: Meinungsverschiedenheiten gehen Sie gern aus dem Weg, Ärger schlucken Sie herunter? Wenn hinter der heilen Fassade in Wahrheit tiefe Gräben klaffen oder jede Mücke zum Elefanten wird, hilft das allerdings weder der Gesundheit noch der Arbeitsleistung. Sehen Sie Konflikte als Chance, Sachfragen zu klären und den eigenen Standpunkt weiterzuentwickeln.

Kommunikationsvermögen

Können Sie sich einbringen, sich verständlich machen? Wenn nötig auch im größeren Kreis oder im Gespräch mit völlig Fremden? Dann verfügen Sie über Kommunikationsvermögen – und erfüllen eine Kernvoraussetzung für einen Job im Finanzgewerbe. Rhetorisches Talent hilft nicht nur, Kunden komplexe Anlageformen anschaulich zu erklären, es fördert auch den Austausch im Kollegenkreis und steigert die Souveränität bei Präsentationen.

mehr als 20 Punkte: Respekt – Sie treffen anscheinend immer den richtigen Ton. Sie drücken sich geschickt aus und wählen Ihre Worte wohlüberlegt. Dank des Verzichts auf platte Floskeln und abgehobene Schwafelei können Sie sich im Kollegenkreis Gehör verschaffen und Kunden schnell für sich einnehmen.

15–20 Punkte: Ein ratsuchender Kunde kann sich bei Ihnen glücklich schätzen, und auch die Abstimmung im Kollegenkreis dürfte reibungslos funktionieren. Mit etwas mehr Vertrauen in Ihre Ausdrucksstärke könnten Sie Ihre kommunikativen Fähigkeiten allerdings noch ein wenig gewinnbringender ausspielen.

weniger als 15 Punkte: Weniger reden, mehr tun – in manchen Branchen mag diese Devise ratsam sein, im Banken- und Versicherungsgeschäft ist sie ein Widerspruch in sich. Denn ein Wesenskern der Finanzdienstleistung liegt ja gerade in der Beratung, das heißt im kommunikativen Austausch.

Zuverlässigkeit

Zuverlässigkeit hat viele Erscheinungsformen: zum Beispiel Ordnung, Pünktlichkeit und Disziplin. Mit gewissenhaften, aufrechten Menschen hat man gerne zu tun, ob als Kunde oder Kollege. Und im Umgang mit Zahlen oder sensiblen Informationen ist Zuverlässigkeit das A und O. Aber manchmal gibt es auch in diesem Kompetenzbereich Schattenseiten. Hin und wieder ist eben Spontaneität gefragt, das schnelle Umschalten zu anderen Methoden, das Ausweichen auf alternative Lösungswege. Penible Perfektionisten, die jeden Schritt im Voraus planen müssen, bekommen dann Schwierigkeiten.

mehr als 20 Punkte: Auf Sie kann man sich wirklich verlassen. Wer mit Ihnen etwas abspricht, muss keine Bedenken haben, Sie prüfen jede Nachkommastelle akribisch und wissen Bescheid, welche Vorschrift wann anzuwenden ist. Was aber, wenn plötzliche Veränderungen flexible Reaktionen erfordern?

15–20 Punkte: Sie halten sich an Absprachen und arbeiten sorgfältig, ohne gleich ein Erbsenzähler zu sein. Sie haben es gern, wenn alles seinen gewohnten Gang geht, kommen aber nicht ins Straucheln, wenn etwas Unvorhergesehenes geschieht. Weiter so!

weniger als 15 Punkte: Termine, Ordnung, Disziplin – all das steht bei Ihnen eher im Hintergrund. Sie brauchen die Abwechslung und lassen es gerne locker angehen. Das erschwert mitunter die Zusammenarbeit. Zuverlässigkeit zählt zu den beruflichen Kernkompetenzen und setzt nur eines voraus: sich an gegebene Konventionen zu halten.

Flexibilität

Als Azubi bekommt man es mit verschiedensten Aufgaben zu tun, die man meist noch nicht kennt. Gedankliche Beweglichkeit und Multitasking-Fähigkeit sind daher ziemlich gefragt, erst recht natürlich im dynamischen Bank- und Versicherungsgewerbe: Veränderung steht auf der Tagesordnung, jeder Kunde hat andere Bedürfnisse und will individuell betreut werden – eingespielte Routinen helfen da nicht immer weiter.

mehr als 20 Punkte: Ihnen macht es nichts aus, wenn sich eine Vorschrift ändert, neue PC-Software eingeführt wird oder ein Kunde seine Anlageentscheidung spontan noch einmal überdenken möchte. Aber Hand aufs Herz: Können Sie auch stereotype Aufträge zuverlässig und akkurat abarbeiten?

15–20 Punkte: Sie verbinden Disziplin und Ordnungssinn mit der Fähigkeit, sich rasch auf neue Gegebenheiten einzustellen. Das macht Sie zu einem gefragten Mitarbeiter, der sich in schwierigen Situationen meist zu helfen weiß und dabei die einschlägigen Vorgaben beachtet.

weniger als 15 Punkte: Was Sie gewohnt sind, daran halten Sie fest. Sie sind eher der gewissenhafte Typ, der seine Arbeit gerne vollständig überblickt und von A bis Z durchorganisiert. Doch es gibt nicht für alles eine perfekte Vorbereitung. Insbesondere im Finanzwesen ist manchmal einfach Situationsgefühl gefordert.

Belastbarkeit

Das Persönlichkeitsmerkmal Belastbarkeit findet sich in nahezu jeder Stellenanzeige der Finanzwirtschaft.

Aus gutem Grund: Wohl kaum ein Bank- oder Versicherungs-Azubi bleibt von Stress verschont, sei es wegen der ungewohnten Arbeitsumgebung oder den intensiven Berufsschul-Lehrgängen. Doch auch wenn es mal heiß hergeht, gilt es kühlen Kopf zu bewahren und konzentriert zu arbeiten. Nur wer belastbar ist, bleibt auf Dauer leistungsfähig; ansonsten drohen Überforderung, Ärger und Frustration.

mehr als 20 Punkte: Auch unter hohem Druck arbeiten Sie nüchtern und rational. Dass Sie so schnell nichts umhaut, wissen Kunden, Kollegen und Vorgesetzte sehr zu schätzen. In einer stürmischen Brandung sind Sie ein fester Fels – aber kennen hoffentlich auch Ihre eigenen Grenzen.

15–20 Punkte: Sie vertrauen auf Ihre Fähigkeiten und erreichen auch unter ungünstigen Bedingungen gute Ergebnisse. Herausforderungen nehmen Sie gelegentlich mit Bedenken an, weil Sie wissen, was Ihnen bevorsteht. Gehen Sie Anstrengungen auch künftig nicht aus dem Weg und schätzen Sie Ihr Leistungsvermögen realistisch ein.

weniger als 15 Punkte: Natürlich haben Sie als Azubi oft erst einmal einen Sonderstatus. Aber mittel- und langfristig vertrauen Kunden und Kollegen darauf, dass Sie alles im Griff behalten und nicht emotional, hektisch oder fahrig werden – auch in stressigen Situationen.

Ergebnisorientierung

Prioritäten setzen und mit den vorhandenen Ressourcen das optimale Ergebnis erzielen: So lautet das Geheimnis effizienter, ergebnisorientierter Arbeit. Die Triebkraft dahinter heißt Motivation, gepaart mit nüchterner Sachlichkeit und Koordinationsvermögen. Wer Vorgänge analytisch planen, kritisch reflektieren und Probleme zielgerichtet lösen kann, spart auf Dauer Zeit und Geld. Verständlich, dass Personalchefs bei Banken, Sparkassen und Versicherungen diese Fähigkeit überaus interessant finden.

mehr als 20 Punkte: Sie verlieren Ihr Ziel selbst dann nicht aus den Augen, wenn auf dem Weg dorthin Stolpersteine lauern. Dank einem gesunden Mix aus Ehrgeiz und strategischer Weitsicht finden Sie immer das richtige Mittel, um zu einem guten Ergebnis zu gelangen.

15–20 Punkte: Sie arbeiten zuverlässig und effizient, kennen das Ziel und verfolgen es mit Engagement. Blicken Sie manchmal noch etwas weiter über den Tellerrand und passen Sie Ihre Strategie überlegter an die Anforderungen der jeweiligen Situation an – Vorgesetzte und Kollegen werden es Ihnen hoch anrechnen.

weniger als 15 Punkte: Wer eine gute Lösung anvisiert, sollte sich weder durch persönliche Interessen ablenken lassen noch seine Kräfte in ziellosem Aktionismus verschwenden. Versuchen Sie, Aufgaben etwas strukturierter anzugehen – was wollen Sie erreichen, welche Methoden sind dafür am erfolgversprechendsten?

Anhang

Tabelle: Maße und Einheiten

Einheit	Einheitenzeichen	Umrechnung
	Länge	
Kilometer	km	1 km = 1.000 m
Meter	m	1 m = 10 dm = 100 cm
Dezimeter	dm	1 dm = 10 cm = 100 mm
Zentimeter	cm	1 cm = 10 mm
Millimeter	mm	1 mm = 1.000 µm
Mikrometer	µm	
	Fläche	
Quadratkilometer	km^2	1 km^2 = 100 ha
Hektar	ha	1 ha = 100 a
Ar	a	1 a = 100 m^2
Quadratmeter	m^2	1 m^2 = 100 dm^2
Quadratdezimeter	dm^2	1 dm^2 = 100 cm^2
Quadratzentimeter	cm^2	1 cm^2 = 100 mm^2
Quadratmillimeter	mm^2	
	Volumen	
Kubikkilometer	km^3	1 km^3 = 1.000.000.000 m^3
Kubikmeter	m^3	1 m^3 = 1.000 dm^3
Kubikdezimeter	dm^3	1 dm^3 = 1.000 cm^3
Kubikzentimeter	cm^3	1 cm^3 = 1.000 mm^3
Kubikmillimeter	mm^3	

Hektoliter	hl	1 hl = 100 l
Liter	l	1 l = 10 dl
Deziliter	dl	1 dl = 10 cl
Zentiliter	cl	1 cl = 10 ml
Milliliter	ml	1 ml = 1.000 µl
Mikroliter	µl	

Masse

Tonne	t	1 t = 20 ztr = 1.000 kg
Zentner	ztr	1 ztr = 50 kg
Kilogramm	kg	1 kg = 1.000 g
Pfund	pf	1 pf = 500 g
Gramm	g	1 g = 1.000 mg
Milligramm	mg	1 mg = 1.000 µg
Mikrogramm	µg	

Zeit

Jahr	a	1 a = 365 d
Woche	w	1 w = 7 d
Tag	d	1 d = 24 h
Stunde	h	1 h = 60 min
Minute	min	1 min = 60 s
Sekunde	s	1 s = 1.000 ms
Millisekunden	ms	

Geschwindigkeit

Kilometer pro Stunde	km/h	1 km/h = 0,2778 m/s
Meter pro Sekunde	m/s	1 m/s = 3,6 km/h

	Kraft	
Newton	N	$1\ N = 1\ kg \times m / s^2$
	Druck	
Bar	bar	1 bar = 100.000 Pa
Pascal	Pa	1 Pa = 0,00001 bar
	Temperatur	
Grad Celsius	°C	$T_{Celsius} = T_{Kelvin} - 273{,}15$
Kelvin	K	$T_{Kelvin} = T_{Celsius} + 273{,}15$

Ausbildungspark Verlag GmbH

Bettinastraße 69 • 63067 Offenbach am Main
Tel. (069) 40 56 49 73 • Fax (069) 43 05 86 02
E-Mail: kontakt@ausbildungspark.com
Internet: www.ausbildungspark.com